"十二五"国家重点图书出版规划项目
新视野教师教育丛书·专业养成系列

未来教师的困惑及愿景

主　编　吴　艳
参　编　鲍明洁　邓玫琦　顾乃琛
　　　　李亚琳　施　帅　吴谷丰
　　　　肖楠楠　颜　雯　张诗雅
　　　　赵　鑫　李尚洋

图书在版编目(CIP)数据

未来教师的困惑及愿景/吴艳主编. —北京：北京大学出版社，2015.5
（新视野教师教育丛书·专业养成系列）
ISBN 978-7-301-23837-0

Ⅰ.①未… Ⅱ.①吴… Ⅲ.①中小学教育－教学研究－高等学校－教材 Ⅳ.①G632.0

中国版本图书馆 CIP 数据核字（2014）第 018990 号

书　　　名	未来教师的困惑及愿景
著作责任者	吴　艳　主编
策 划 编 辑	姚成龙
责 任 编 辑	温丹丹
标 准 书 号	ISBN 978-7-301-23837-0
出 版 发 行	北京大学出版社
地　　　址	北京市海淀区成府路 205 号　100871
网　　　址	http://www.pup.cn　　新浪微博：@北京大学出版社
电 子 信 箱	zyjy@pup.cn
电　　　话	邮购部 62752015　发行部 62750672　编辑部 62765126
印　刷　者	北京溢漾印刷有限公司
经　销　者	新华书店
	787 毫米 × 1092 毫米　16 开本　11.75 印张　289 千字
	2015 年 5 月第 1 版　2015 年 5 月第 1 次印刷
定　　　价	32.00 元

未经许可，不得以任何方式复制或抄袭本书之部分或全部内容。
版权所有，侵权必究
举报电话：010-62752024　电子信箱：fd@pup.pku.edu.cn
图书如有印装质量问题，请与出版部联系，电话：010-62756370

前 言

未来教师的成长不只是一个专业化的成长过程，更体现为一个专业化的生命历程。在生命历程的视野下，未来教师成长的土壤、时空、载体和形式成为公众关注的焦点。《教育——财富蕴藏其中》一书中在"教师在探索新的前景"中提出了令人担忧的问题："社会对教师寄予的合理期望是什么呢？向他们提出何种要求才是现实的呢？在工作条件、权利、社会地位方面他们又能指望得到什么补偿呢？什么人可以成为一个好教师，又如何发现此种人才，如何培养他和保护他的积极性，并提高他的教学质量呢？"在一个万物变革、瞬息万变的时代，中小学校、幼儿园需要和欢迎什么样的师范毕业生？一位优秀的教师到底需要具备哪些方面的资质能力？面对诸多亟待解答的问题，我们应当深刻反思当今师范教育培养的未来教师是不是合格，能不能担任教育教学工作。下面从三个方面来讨论。

生命关怀：适应角色转变

在传统教育走向现代化的进程中，教师的教育理念应发生转变，教师在整个教育教学活动过程中也应注意提高自身素养。现今的应试教育在造就大批标准化人才的同时，也在不断地生产众多失败者。面对这些所谓的"失败者"，是否应当给予他们更多一些人文关怀和生命关怀？

伴随现代教育技术的发展，学习者的个体化主动性学习已成为可能。教师在教育教学过程中的角色也随之发生变化，教师不再仅仅是知识的灌输者或传递者，而是整个学习过程的组织者和引领者。教师的任务则是帮助学习者开发和利用一切学习资源，设计教育过程，评价教育活动，提高教育效率，使教育教学活动的成效达到最优化。

专业成长：符合职业需要

教师的专业成长是指教师作为专业人员，在专业思想、专业知识、专业能力等方面不断发展和完善的过程，具体表现为对教育教学活动的深入了解、全面掌握，以及传授能力和教学实践等方面，使教师教学遵循教学规律，开展有效教学，这就要求教师去学习和掌握现代教育理论和现代教育技术，对新鲜事物有着敏锐的感知能力，能及时获取信息并发掘有意义的实际知识以及包括科学、文学、美学、哲学、政治和伦理等学科的原理和方法，同时在组织教育的全部过程中充分注意人本身资源的开发。教师的专业成长是教师不断研究、实践和探索的过程，是一个持续不断的循序渐进的动态过程，而且贯穿于教师的整个职业生涯。

情感养成：关注内涵发展

教师情感是教师在教育职业中表现出来的具有支撑作用的内在品质，是以教育爱为核心成分的教育价值观、思维方式、行为艺术以及教育风格等组成的综合体。教师的情感主要表现在教师的语言、面部表情、体态和类语言上；教师情感的影响因素主要表现在主观和客观两个方面；教师情感的教育效果有即时性和长期性。教师情感的养成是一个长期的系统工程，利用学生在学校期间对其职业情感进行积极培养开发，可以充分利用学校教育优势，抢抓先机，让准教师们对未来的职业有一个清醒、正确的认知，在他们心中树立崇高的职业情感，使"当教师就当一名好教师"这样的信念深深地根植于学生心中，为他们成为一名符合社会需求的优秀教师打下坚实的思想情感基础。新时期教师情感应具有如下主要特征：从事教育工作的使命感；稳定而持久的职业动力；对学生一生的发展和幸福负责任的爱；求真务实的事业心与上进心；获取成就的动机与争当教育专家的渴望；强烈的求知探索、创新兴趣；善于交往的性格；高度的自我调节和完善能力；高雅、时尚的审美情趣与昂扬振奋、热爱生活的执着精神；淡然处世、心怀感激、不计功利、无私奉献的平和心境。

吴　艳

2015 年 5 月

目 录

第一篇 现实生活 (1)
案例1 你的师范生活充实吗? (1)
案例2 茫→忙→mang? (8)
案例3 师范生,你为什么不快乐? (15)
案例4 我们的危机——毕业=失业? (21)

第二篇 课外学习 (27)
案例1 师范生,你的课外学习充实吗? (27)
案例2 为什么越来越忙? (30)
案例3 人际还是学业——大学生涯论成败 (36)

第三篇 课堂学习 (45)
案例1 大学课堂的有效性有几成? (45)
案例2 教书匠还是火炬? (50)
案例3 课堂主角谁来当? (56)
案例4 无形的课程表就真的"无形"吗? (65)

第四篇 职业认同 (72)
案例1 以爱为先,还是以能为先? (72)
案例2 教师,你幸福吗? (80)
案例3 选择做教师,你会坚持到底吗? (86)
案例4 如何承袭"老夫子"的优良师德? (92)
案例5 教师不能承受之重 (99)

第五篇 未来发展 (107)
案例1 专业性视野下教师专业发展研究 (107)
案例2 教师之路,如何行走——从语文教学视角浅谈教育之路 (113)
案例3 基于校本课程开发的教师成长之路 (121)
案例4 未来教师的门槛有多高? (128)
案例5 道德教育中教师的"不做" (133)

第六篇　师范生招生及培养制度　(141)

案例1　本科层次小学教师的培养——"2+2"模式之设想　(141)

案例2　师范生的优势在哪里？　(154)

案例3　难道这就是师范课程？　(160)

案例4　师范生的培养还有何缺失？　(168)

参考文献　(176)

后记　(181)

第一篇　现实生活

案例1　你的师范生活充实吗？

【案例介绍】

在父母的陪同下，我来到一个陌生城市的师范大学报到。我能考上师范大学，父母都很开心，但是离家这么远，他们又实在不放心。父母高兴的脸上掠过一丝担忧。他们不知道从没离开过父母的我能否独自面对陌生的城市和学校、陌生的老师和同学，能否照顾好自己……

上大学以前，我的衣食住行都是由父母包办，导致缺乏独立生活能力，而进入了大学，就要逐渐学会照顾自己的生活起居，锻炼自己的独立生活能力。独立的大学生活，不仅意味着独自面对吃穿住用行，也意味着开始独立地规划并创造自己的人生，很多事情要开始独立思考和解决。但是，我发现不论我怎么试图调整心态去适应大学生活，始终不能够像其他同学那样享受大学生活，体会不到大学生活的真正意义。

入学仅仅半年时间，我就感受了一种不适应。

我仍然记得高考前披星戴月，以班为家，刻苦读书的那些同学。我们那时会用许多话来激励自己奋斗。有人说，不经历高考的人生是残缺的人生；有人说，经历了高考就会明白真正意义上的长大……我记忆犹新的有两句——"为了母亲的微笑！""这是最后的战役，让我们将考试进行到底！"也许那时候的我们离大学还是那么遥远，唯一的动力只是高考后的解放了。当最后的综合考试结束时，我听到了海潮般的欢呼声，恍然觉出了一种舒畅。那天的太阳不是灿烂，而是绚烂！

真的是彻底摆脱了厚厚的参考书，雪花般的模拟题，大家用了几天的时间来确定这个事实。睡觉、上网、游泳、看电视……憋闷了太久的激情在释放的一瞬间确实显得有点疯狂。有时抚摸着布满灰尘的文具盒，心里也有一种莫名的感伤……

所有的雄心壮志在步入大学校门的那一刹那都化为乌有了，自己仿佛进入了另一个世界，看到了更广阔的世界。拿到课程表时，看到稀稀拉拉的几节课，就像又回到了幼儿园时代，除了上课时间，就是睡觉、上网、吃饭。男生开始疯狂地打球、打游戏，女生则充分发挥嘴巴的特长：说和吃。丧失了目标，无所事事，我感受到了一种前所未有的失落。

到后来实在没有事情做没有寄托的时候，我也习惯了玩电脑游戏。玩游戏很好打发时间，通常不知不觉中就在宿舍的电脑前度过了一天，有时候甚至忘记吃饭，也偶尔逃课。在游戏里我不需要想大学的意义，人生的价值，只有持续的闯关。在通关的那一瞬间，我获得了游戏带给我的满足感。就为这瞬间的满足感，我开始沉迷于游戏，几乎整个大一都在玩游戏。后来游戏也满足不了我，不能再帮我打发时间，我又开始空虚了，不知道在大学里该干些什么了……

【案例分析】

案例中的师范生或许代表了很多师范生大学生活的现状，面对高中到大学生活的转变不知道如何应对，不知道如何利用大学的闲暇时间来提高自己、发展自己，进而对大学生活感到空虚和迷茫。

从高中到大学，我们的学习生活发生了巨大的转变，具体体现在三个方面：个人生活独立的转变，个人学习风格的转变，个人思想独立的转变。

一、个人生活独立的转变

现在的大学生大多是独生子女。独生子女家庭中长辈多，孩子少，他们不仅得到了父母的宠爱，还有祖父母一辈和其他亲戚朋友的宠爱。在大人百般宠爱下长大的大学生自然更加柔弱一些，就像温室里的花朵，脆弱的心没有经过大风大雨的摧残。从小父母就告诉他们读书最重要，其他的事情都不需要操心。他们的生活几乎完全被父母安排好：父母为他们洗衣做饭，父母为他们选择学校，父母为他们填报高考志愿……似乎父母是他们生活的导演，而学生只是自己生活的演员，只需要按导演的要求演出就行了。在长期这样的生活环境下，学生对家人的依赖越来越强，遇到问题的时候也很自然地第一时间想到找父母商量解决。但是在大学里，生活只能靠自己来安排，他们要学会当自己生活的导演和主角，需要学会自己独立生活。

大学生活不只是洗衣吃饭那么简单，除了洗衣吃饭，还需要有正确的理财观。每个月的生活费，都是父母工作赚来的钱，有限经济能力的学生们，要学会正确使用这些钱，懂得理财、懂得节制。此外，大学生还需要学会与人的交往。高中的时候，同学们的相处建立在课堂学习的基础上，课后的交流也不过是几个同学之间的小聚。但在大学里，大家不仅学习在一起，还住在一起。同学不再是单纯陪你上课的人，还是走进你生活的人。同学的缺点、情绪都与你的生活有关，你不能再只顾自己的感受和生活，而要和同学一起建立起友谊。

二、个人学习风格的转变

学习风格由学生特有的认知、情感和生理行为构成，是指学生如何感知信息、如何与学习环境相互作用并对之做出反应的相对稳定的学习方式。因此，每个学生都有自己的学习风格。在高中，由于高考的压力学生面临繁重的课业负担，在这样大压力的学习环境下学生的学习风格得不到充分的体现。很多学生只是跟着老师的指引按部就班地进行自己的学习，不会花太多的时间去思考自己学习风格的问题，甚至没有学习风格的意识。但在大学里，学习环境相对轻松了，对于同样的科目同样的作业，拥有不同学习风格的学生所达到的成绩水平是有很大差距的。因此，在大学里，对于学习风格的把握和运用对学生的学习起着很大的作用。作为学习教育的师范生，我们更应该意识到学习风格的不同及其对学习质量的影响，发展自己的学习风格以适应大学的学习环境。

三、个人思想独立的转变

个人思想的形成，都是受外界因素影响的。我们的思想或许很丰富，但大多都是吸收他人的间接经验而来的。从小父母的教育会让我们有意识地去思考问题，老师的指导会影响我们价值观的改变。但很多思想都不是我们主动去获取的，我们只是在用别人的思想来思考我们自己的事情，而从来没质疑过自己思想的主动性和正确性。在大学里，你会发现教授对自己的学术理论很有思想，学长对自己的人生发展很有思想，同学对自己的兴趣爱好很有思想，但是这些都不是你的思想。我们不能在倾听了别人好的思想后盲目跟从别人而丢失了自我，而要在实践生活中得出自己独立的思想，用自己的方式、方法发现问题，解决问题。

案例中的师范生没有意识到大学生活方式的这三个转变，没有顺利适应好这三个方面的转变，导致他的大学生活空虚无意义。作为师范生，我们现在的身份是大学生，将来的职业是教师，针对如此清晰准确的发展方向，我们可以用大学四年的时间为将来的职业做充分的准备，而不是到毕业的时候盲目地找工作没有方向感。并且，我们只有安排好了自己的大学生活，将来走向工作岗位才能安排好自己的工作，教育学生树立自我发展的意识去安排他们自己的学习生活。因此，师范生的大学生活应该是有所追求的、丰富多彩的、有意义的。

但为什么仍然有很多师范生像案例中的学生一样，不断怀念中学的生活，难以走出以往的学习生活模式，对大学生活没有积极向上的心态，而使自己的师范生活迷茫无意义呢？除了上述"三个转变"问题之外，这类师范生还存在以下几个问题。

（一）师范生缺乏明确目标

目标是行动的导航灯，没有目标，我们就不会有动力，因为我们不知道为什么要努力。就像大海中的航船，如果不知道靠岸码头在哪里，加油又有什么用？没有目标，我们几乎同时失去机遇、运气、他人的支援。目标给我们的行为设定明确的方向，使我们充分了解自己每一个行为的目的；目标使我们知道什么是最重要的事，有助于合理安排时间；目标使我们能清晰地评估每一个行为的进展，正面考量每一个行为的效率；目标使我们在没有得到结果之前，就能"看"到结果，从而产生持续的信心、热情与动力。

目标可以分为短期目标和长期目标，即大学生活目标和未来发展目标。有了短期目标和长期目标，大学生的生活才有方向感，才有动力去追求，并为之而奋斗，不会再无所事事虚度光阴。大学是一个从学校到社会的过渡期，在这个时间有限的过渡期里大学生应该不断完善自己，为进入社会做准备。

在学校里的每一个学期都应有一个生活目标，可以是个人行为习惯目标，可以是发展交友表达能力的目标，可以是坚持兼职的目标……生活目标不在于要定位多高，关键是针对自己不足的现状进行改进。如果生活的每一天都是朝着自己的目标前进，你就会有无穷无尽的动力，你的努力所换来的是越来越完美的自我，而你积极向上的生活态度也会给大学生活增添不少色彩。

长期目标不仅关系到大学生的生活，还关系到其进入社会后的发展。就师范生的大学四年而言，可以有一个长期目标，即大学毕业后的方向是什么，要做什么。师范生的大方向是当教师，按教育层次可分为幼教、小学教育、中学教育等，可以根据自己的特长和爱好选择自己想从事的领域和想从事教学的项目。这些理想和方向都是凭借自己的努力来实现的，我们有自己的选择权。如果师范生对自己的发展方向只是随波逐流、听之任之，那怎么对自己今后的工作生活负责？工作后怎么对那些学生负责？如果师范生不喜欢自己的职业，不自主选择自己的职业，又怎么能够成为一名优秀的教师对学生倾心奉献呢？

（二）师范生如何安排闲暇时间

和高中生相比，师范生的闲暇时间非常多，但不是每个师范生都知道如何安排利用好自己充足的闲暇时间。

如果你有兴趣，可以在闲暇时间里多读读自己喜欢的书，培养自己的爱好，提升自己的素养，逐渐将自己变成有书生气质的理想的自己。如果你有想法，可以在闲暇时间里参加一些社团活动，锻炼自己的思维能力，扩大自己的社交圈，让自己变成有能力有魅力的人。如果你想实践，可以在闲暇时间里找兼职，体会学校与社会的不同，为将来步入社会做准备。在大学里你可以尝试任何你想做而没有做过的事情，但前提是这些事情对你来说必须有意义、有价值。如果你整天坐在电脑面前追美剧、玩游戏，任由大量的时间从身边溜走，那你自然会感到空虚迷茫，对大学生活毫无兴趣。

安排好自己的闲暇时间更是师范生能力的体现。现代社会对教师的能力有越来越高的要求，其中两个重要要求就是教师的上进心和责任心。首先，教师要有一颗上进心，要对教育工作充满信心，始终以积极向上的健康心态指引学生的学习和陪伴成长。其次，教师要有一颗责任心，这包括对教师自身的责任和对学生的责任。对教师自身的责任指的是教师对自身生活品质的责任和对职业发展的责任。一名教师只有对自己负起责任，拥有对生活的热情，才能把他的"光"和"热"传播到教育学生的工作中。对于教育工作上的问题和难点，教师要勇于承担责任，改进自己的教学以提高学生的学习效率。师范生就是未来的教师，在大学中早日培养自己的上进心和责任心，对自己的大学生活和未来教师职业的发展都具有重要意义。

师范生对闲暇时间的安排和实践，能够体现其上进心与责任心，以及自身的能力培养。有上进心和责任心的师范生，会在闲暇时间广泛学习自己所需要的职业技能或兴趣活动；有能力的师范生，不会让自己的闲暇时间闲置或者事件安排有冲突。无论从主观目的看还是从实践过程看，合理安排大学的闲暇时间对师范生的大学生活质量起到了重要作用。

【启示与建议】

师范生的大学生活应该是充满朝气与希望的，空虚和迷茫不应该成为大学生活的主旋律。

一、师范生要养成良好的生活习惯

好的生活习惯和方式不仅能促进个人的身心健康，而且对个人的未来发展也起到很重要的作用。好习惯是一生受用不尽的财富，坏习惯是一生偿还不尽的债务。师范生应主动适应这种生活的变化，坚持自己的事情自己做，今日事今日毕。从点滴入手，严格要求自己，控制生活的节奏，处理好学习与娱乐之间的关系。

养成良好的生活习惯，首先要离开父母温柔的庇护。在父母的照顾下，我们很容易养成懒散随便的生活习惯，什么都由父母打理而我们坐享其成。离开父母的庇护，就是我们树立独立意识、形成良好生活习惯的开始。其次，我们要有健康的作息时间。正所谓一日之计在于晨，在新一天的早晨，我们就应该想好一天的作息安排，把事情有理有条地完成。判定计划，按照计划顺序一个个完成。这样做不仅能提高我们的办事效率，还能让我们在每完成一件事时具备成就感，更好地完成下一件事。最后，我们对自己独立生活的意识和计划，要做到坚持不懈，决不能半途而废。养成良好的生活习惯是需要时间积累的。在完全形成良好的生活习惯之前，通常会碰到一个瓶颈期，在这段时间里我们会觉得坚持不住了，很想放弃计划松懈一下。但是，这个时候的我们绝不能松懈，这就是养成良好习惯最关键的一步。可以让同学或朋友帮忙，熬过了这段时间，就像度过了黎明前的黑暗，就会形成自己的生物钟和良好的生活习惯，接下来只需要好好保持就行了。

二、师范生要学会自我管理

自我管理能力对于师范生而言十分重要，它影响着师范生的学习、生活的质量和方向。自主、自立、自律是大学生活的主旋律。师范生要锻炼自己独立生活的能力，努力适应这些变化，找到适合自己的生活方式，自主合理地处理好学习和生活问题。未来教师的自我管理是对今后教师生涯的一个重要铺垫。作为任课教师，我们要有课堂管理能力；作为班主任，我们要有班级管理能力；作为学校领导，我们要有行政管理能力。无论身处什么岗位，无论具有哪种管理能力，它都是对人的管理，对团队的管理。而自我管理，就是管理团队的第一步，通过自我管理能发现人的复杂性和事物的多变性。

（一）生活物品管理

与同学生活在同一个宿舍里，生活用品的管理不能马虎。生活用品的摆放和使用，都要有规律。只有在整洁有序的宿舍中生活，才能有良好的心情和心态、才能构建和谐的宿舍关系。

（二）钱财管理

对于每个月的生活费，要有合理的理财计划。生活上哪些开支是必需的，哪些开支是不必要的，在合理消费的基础上要尽量避免生活奢侈品消费。要根据家庭的经济能力和自己"勤工俭学"的能力来合理进行日常消费。根据这些情况的分析，再确定自己每个月的"消费计划"，使之切实可行。可以对每个月的支出和收入做一个统计，了解每月大概的花费情况。做了计划要尽量按计划执行，节余的钱可以存入银行，以备急需之用。用结余的钱和同学一起旅游，做慈善等一些有意义的事情都是不错的选择。

（三）时间管理

师范生可以对大学四年的时间做一个规划，合理安排自己学习、娱乐、实践的时间。例如大一大二的时候，可以多花些时间在读书上，不论是专业书籍还是课外书籍都可以有所涉猎。书籍是使人思想进步的阶梯。此外，还可以多参加些社团、学生会活动，在各种活动中学习发挥自己的组织领导能力、交际协调能力等。大三的时候可以考虑考研或者毕业工作的方向，确定短期具体的目标，为大四的生活做准备。若时间安排合理，又有积极主动的心态去完成每个阶段该完成的事情,那你的大学生活就会丰富多彩,不至于虚度时光。

(四) 情绪管理

师范生刚进入大学的时候情绪波动可能比较大,离开温暖的家,离开父母置身一个全新环境,自己的情绪会因环境改变而波动。但这种情况不是某个学生的特例,而是所有学生必须面临的挑战。因此师范生要学会控制好自己的情绪,管理好自己的情绪,不能一遇到不顺心的事情就随意发泄自己的情绪,要顾及他人的感受和想法。每当遇到这种情绪波动的情况,应当合理调节与疏导。写日记就是一种不错的管理情绪的方法。每天把自己的情绪写在日记里,把新鲜的想法写在日记里。在日记中你能发现自己情绪和思想的变化,可以对自己的行为进行反思。此外,师范生可以在大学里交一个与自己志趣相投的好朋友,通过和朋友之间的交流表达自己的情绪和想法,互相分享快乐、分担烦恼。当然交友也是一门学问,在大学里能交到好朋友是一笔丰厚的财富。好朋友不在于能陪你吃喝玩乐,而在于了解你的思想和行为,甚至在你犯错之后仍然对你不离不弃。朋友之间不应有过多的指责和要求,而应是心灵思想的交流和理解,为彼此生活得更好而互相支持。

三、师范生要确立适合自己的目标

目标的制定与个人特点密切相关。师范生只有结合自己的性格、特长、爱好和追求,才能确定一个稳定可行的目标。例如,如果性格比较内向,不太擅长交流和表达,但是希望自己能成为一个乐观开朗的、具有演讲才能的人,那么可以为此制定一个短期生活目标。每个学期,你可以参加各种不同的社团活动,或者加入学生会。大学中的社团有很多种类,有关于心灵成长、伙食管理、体育锻炼等,可以根据自己的爱好和特长选择加入。一个社团里往往集中了不同专业的学生,你可以通过交流互相了解专业特征,发挥个人的人格魅力。社团活动最大的意义在于认识更多的朋友,与各种类型的朋友交流,从中获得活动的乐趣。因此,参加社团是一个很不错的提高自己交往能力和口才能力的方法。相对社团而言,学生会更能锻炼个人的组织领导和协调的能力。不过无论是什么活动,只要针对自己的个人特点积极参加适合自己的大学活动,制定短期生活目标,在使大学生活变得丰富多彩的同时也能提高自己的各项能力。

关于长期目标的制定,更多的是与你的专业和未来职业相联系。师范专业就业方向比较明确,将来的发展方向基本上是当教师。如果你对教师职业不排斥,那长期目标可以是教师。随着年级的上升,所学的专业知识越来越多,目标可以定的更明确一些:什么地区什么学校的教师,什么年级的教师,什么学科的教师等。目标定的越明确,你就越有动力为之努力,你的大学生活就越有意义。

一旦制定好长期目标,不要轻易改变,要坚持不懈为之奋斗。最忌讳的就是左右摇摆、频繁更换目标,弄得自己完全没有方向感。不要怕长期目标难以实现,要记住,心中有梦想才有可能。长期目标不能和生活目标分离,而应是所有生活目标的集合。短期生活目标的实现都是为了达到长期目标而做的努力,生活目标和长期目标的大方向是一致的。再拿上述"提高表达能力"的例子来说明:你的生活目标是提高自己的表达能力,你的长期目标是成为一名优秀的小学语文教师。这两个目标之间有必然的联系。口才能力、演讲能力等表达能力都是对语文教师的基本要求。一个语文教师站在讲台上教学生,要有能吸引学生认真听讲的能力，这种能力就来自于语文教师的综合表达能力所展现出的吸引力。当教师声情并茂地朗读课文时，当教师慷慨激昂地发表见解时，当教师亲切温柔地帮学生解答疑惑时，这都需要不同的表达方式和口才能力。因此，生活目标和长期目标是密不可分的，也是同时进行的，这都是我们对未来教师职业做准备的过程。

四、师范生要合理安排闲暇时间

师范生要合理安排闲暇时间这一点是至关重要，因为大学里除了学校安排的课程，还会有大把的课余时间，而这些课余时间的所作所为将直接影响我们今后的生活。师范生一旦合理安排好自己的闲暇时间，大学生活就不至于迷茫空虚，而是丰富多彩让人回味无穷。

当代大学生闲暇时间内的主要活动包括四种类型：娱乐型、知识型、学术型、实践型。学校里的运动会、迎新晚会、球赛，还有学生自己的娱乐活动等，这些属于娱乐型的活动；学院和学校举办的讲座、图书馆举办的展览等，这些属于知识型的活动；社团举办的学术交流活动、各学院的等级考试或竞赛、学术论文大赛等，这些属于学术型的活动；学生的课外兼职、志愿者活动、勤工俭学活动等属于实践型的活动。对于如此丰富的活动，师范生可以根据自身的兴趣爱好和特长选择性地参与。

在选择活动安排自己的闲暇时间时，应该遵循以下几个原则。

（一）选择的活动应适度适量

大学里虽然时间宽裕，学校对学生的管理比较宽松，但学生的主要任务仍是学习，活动应该排在学习的后面。也许你喜欢的活动有很多，但毕竟时间是有限的，有些活动的时间有冲突，有些活动需要做大量的准备工作。师范生要根据自己的课程安排，从中选出自己最感兴趣的活动，避免一时兴起随意乱选，以免不能尽情参与给自己和他人都带来麻烦。而且参加学校活动本身就是做自己感兴趣的事情以提升自己的能力，不需要把自己弄的太累而失去了参加活动的真正目的。

（二）选择的活动应符合自己的兴趣和特长

选择课外的大学活动，有点类似于上小学的时候我们选择兴趣班。回忆一下，当时你的兴趣班是自己选择的还是父母帮你选择的？如果是自己选择的，那肯定是自己选择喜欢的、感兴趣的课程，这样在上课的时候就会认真听老师讲课，真正会因为对所学的感兴趣而学习到一些课外知识。如果父母对你有所期望帮你选了你自己不喜欢的兴趣班，那么你上课的时候又发挥了多少的主动性呢？你上这个兴趣班真正开心吗？但是在大学里选择课外活动就没有这么多麻烦了，你完全可以按照自己的兴趣爱好或者特长进行选择。比如，如果你喜欢羽毛球，就可以参加羽毛球社团，社团里的人都是羽毛球爱好者，其中不乏球技高超的人，打球时可以互相学习，互相提高。这样你既能得到锻炼和提高，也能充实大学生活。

（三）选择的活动应有利于自己的发展，有利于提高自己的修养

师范生主修教育方面的专业，未来的发展方向是教师，可以根据自己的需求多参加一些教育类、心理类、手工类的活动。师范生可以在活动中实践自己的教育理论，发展自己的教育内容，扩宽自己的教育视野，这不仅迎合了师范生的专业特长，还能提高自己作为教师所需的一些辅助技能。对于师范生接触少也不擅长的活动，不在我们专业特长和兴趣爱好之内，也不能对我们的能力有多大的提高，那就没有参加的必要，大可把时间交给其

他对自己更有益的活动。

(四) 闲暇时间的安排应劳逸结合

在大学里，我们不能"两耳不闻窗外事，一心只读圣贤书"，也不能"今朝有酒今朝醉"，而应该把学习和休闲活动结合起来，有张弛、有效率地合理安排闲暇时间。就一个学期而言，学期刚开始两个月是比较轻松的，学生刚放完假想在新学期里有所作为，也没有考试的压力。这段时间，师范生就可以多花点时间在课外活动方面，充分施展自己的能力把社团活动搞得有声有色，或者多做一些家教兼职，把教师的理论知识付之于实践经验。在临近学期末的时候，就应该把主要时间花在学习方面，为期末测评做准备。就一个星期的周期而言，师范生可以根据自己的课程表来安排自己的课外活动实践时间，避免与主课产生冲突。因此在大学里的每个学期开始，师范生都应根据自己的课时表安排自己的时间，制订自己的计划，并有毅力地坚持实践。安排好自己的课余时间，把自己从单一学习的枯燥之中拉出来，让自己的潜力有被开发的机会，从生活的各个层面充实自己的头脑，师范生会找到一个充满活力、有成就感的自己。

(邓玫琦)

案例2　茫→忙→mang？

师范生所修的专业旨在教书育人，将来的就业目标较为明确，就是为了到各级各类学校或教育机构从事教学管理工作，是未来教师的预备者。就是这样一群未来的人民教师，祖国后花园的园丁们，在生活中的处境与状态对于他们的成长将会起到至关重要的影响，这些影响也将间接对师范生素质的养成以及人格的形成起到一定作用。

师范生在学校的生活中会遭遇很多的问题，这些问题有一个特点，就是阶段性。它们出现的时机是集中在某个特定的时间，是师范生生活状态的转变，由此引发了一系列问题。

师范生在大学期间的状态可分为三个主要的阶段，分别是茫、忙、mang。这第一个"茫"，指的是茫然，主要指的是师范生在作为一名新生初入大学时，所处于的状态。第二个"忙"指的是忙碌，是师范生在经历第一个状态的"阵痛"期后，在习惯了大学特有的生活节奏之后，所处的生活状态。这也是现在大部分师范生所处的状态。最后一个"mang"，是有双重含义的，即"盲目"和"锋芒"。这个状态指的是师范生在面临毕业时所处的状态，而这个状态的决定因素，就在于能否顺利，正确地度过前一个"忙碌"时期。

茫　然

大学是人生的一个重要转折点。面对这个新鲜而又陌生的校园环境，许多师范生在这里将会迎来一次人生意义上的重生。然而在一个新的环境当中生活，就意味着自己的生活将会面临许多新的问题。每一个新生都会对于如何适应这样一个新的生活产生很大的疑虑和困惑，此时，他们的生活将处于茫然的状态。下面来看一个典型的案例。

【案例介绍】

张某，女，十九岁，某师范大学一年级新生。上大学前，她的一切事宜均由父母料理，自己从不承担任何家务劳动，甚至连衣服袜子也不用自己洗。进入大学后，张某非常想念异地的家，在大学生活极不适应，产生了许多心理上的矛盾与困惑——我真不该来这里上大学！我现在就连一天也待不下去了！我日日夜夜都在想家，晚上上床，想到睡的地方不是自己的家，很难入睡。梦中经常梦到的都是爸爸妈妈。我也知道是梦，不愿意醒过来，但是终归要醒啊！醒来一睁眼就心烦、心酸，真不想起床。不想吃早饭，也不想服从校规去做早操，但又怕身体垮了父母着急，便强迫自己起床锻炼、吃饭。在校园里散步，听见广播里放的音乐有"妈妈"之类的歌词就要哭，一边走一边哭，走回寝室时，已哭成泪人。在校园、在街上，到处听见的都是本地人的口音，深深觉得自己是被抛弃到异地的游子，我真是孤独极了。班上组织春游、秋游，我毫无兴趣，看到同学玩得高兴我更是感到孤独、感到伤心。而且，看见天上的鸟儿，看到车站、码头，看到电影里的南方景色，就想回家，回到寝室就钻到被窝里哭。周末，看见本地同学纷纷回家，更是伤心得心口剧痛。

【案例分析】

正如案例中所看见的，这位新师范生，在独自生活的新环境中面临的主要问题就是不知道应该如何适应，处于茫然的状态，这其中主要包括以下几个方面。

一、独立生活的困惑

在离开了自己的亲人以及昔日的朋友的陪伴之后，许多师范生将要学会如何在一个陌生的环境中独立生活。如果不能够很好地适应这种生活的话，将会诱发深层次的心理问题。

二、生活环境的落差

师范生的生源是来自全国各地的。中国是一个人口众多的多民族国家，城市与乡村的差异、自然环境和地域环境的差异以及南北差异是十分大的。此外，还包括了一些师范生与师范生之间的贫富差距以及学校风气等一系列人文差异。如果不能很快地"入乡随俗"的话，很容易产生消极的情绪甚至严重的心理疾病。

三、生活习惯的不适

在大学当中，主要还是以群体的寝室生活为主，每个人都有不同的生活习惯，很难回避他人对于自己的习惯的看法，甚至这些习惯会招来他人的厌恶感。比如，较为常见的是一个寝室的室友，当有人晚上睡觉时打呼噜，就会严重地影响到其他同学的睡眠质量。而在大学，如果一直处于不规律的作息习惯，将会给学习和生活带来很大的影响，严重的甚至会导致忧郁症。

四、课余生活的安排

由于大学的课程安排较为宽松，丰富的文化活动也将会相应地增多。对于那些从小被学校和家长来安排自己的日常生活的师范生来说，如何面对这种自主安排自己一下子多出来的空余时间，是摆在师范生面前的一个很大问题。安排得当就会相当充实，如果不当，则会较为空虚。

五、管理方式的适应

在中小学期间，学校都有严厉的校规，紧凑的安排，使得学生几乎没有机会来管理自己。但是，学生步入大学校园后，管理方式将有质的转变，自我管理成了校园生活主线。如何抵制来自社会，来自学校外的诱惑，进行良好的自我管理，将会是每一位师范生额外的必修课。如果无法合理地进行自我管理，终日沉浸于酒醉金迷或者网络游戏中，将会荒废人生，便无法成为一名合格的教师。

六、经济统筹的困惑

如今，师范生自入校之日起，生活中的所需物品几乎都需自己购置，在面对品种繁多、琳琅满目的商品时，在面对渐渐"瘦去"的荷包时，我们却无法合理地安排"它们"。师范生每年都会得到国家的补助，应该如何把补助用在有意义的事情上呢？师范生在经济方面拥有支配权的同时，应更多考虑如何去理财，在这方面的能力培养，将是一名新师范生的生活必修课。

七、如何对自己的角色进行定位

90后是一个以独生子女为主体的群体，这一代的师范生几乎都是家中的"皇帝"和"公主"，从小受到家人的关注和呵护。如今，要学会如何从家中的"掌上明珠"，变成一位未来的优秀教师，这种角色转换与定位，会给新师范生带来这样或那样的困惑。这个问题俨然已经成为师范院校所要解决的一个棘手的问题。

面对全新的大学生活，师范生难免在生活中会遇到各式各样的障碍和困惑，或多或少都会出现一些对于大学生活不适应的情况。面对这种情况，解决的唯一途径就是需要师范生调整自己、改变自己，再不断了解大学生活的状态。同时，学校的辅导员应采取不同的引导教育手段，抓住新师范生入学的关键时期，对他们进行正确的引导，帮助他们能够更好、更快地适应大学生活，使他们顺利进入到新的角色当中。

如果师范生能够做好以下几点，相信他们在处理一些生活中的问题时，必定会有很大的帮助。

一、学会如何处理人与人之间的交际

在进入大学这个新的小型社会之后，师范生会发现在这个小社会里有很多与其他人交流的机会，有的是主动的，有的是被动的——但是无论如何，增加和他人交流的机会，使自己的交际圈扩大，对自己的今后发展有着重要的影响。对于师范生来说，将来作为老师，必定需要和学生及家长有所沟通和交流，这是一门"必修课"。而在大学这个"大平台"上，师范生能够很好地锻炼自己的沟通能力，同时可以不断提升自身的修养，学会换位思考来为他人设身处地的考虑，学会尊敬他人和关爱他人，懂得如何博得大家的喜爱，这样将来才能更好地适应教师岗位。

二、从容面对独立生活

当离开家人后，来到这个小型社会，将要面对的生活不再是父母和挚友如影随形的陪

伴。生活中很多自己从来没有在意过的细节，开始逐渐成为自己独立生活中最大的障碍：衣物、饭食、生活用品……对于一些家乡远隔千里的师范生，甚至面临生活习俗的巨大反差。如何分配好自己的经济、如何使自己的生活作息有规律、如何合理地运用自己的课余时间，如何从容应对生活中的困难等，这些事情的安排其实也是对自己自律的一种锻炼，而自律是每个教师必备的素质。

三、按时作息有规律

刚刚进入大学，相信每个人都会感受到大学和以往学样生活的天壤之别：以前两点一线式的生活，永远有写不完的作业背不完的书，进入大学以后，这一切都只存在记忆里。学习压力会明显减小，更重要的是再也没有家长和老师的监督。面对这种期待已久的自由，大部分的学生犹如刚刚破笼而出的野兽，肆无忌惮，但同时又犹如无头苍蝇，不知所措。这时，师范生就需要制定一张作息表，除了把自己的学习时间排进去外，还要安排好自己的课余时间，养成良好的生活习惯，让自己的大学生活能够过得充实，拒绝漫无目的和无规律的生活！

四、养成良好的习惯

俗话说：一个好习惯受益终身，一个坏习惯后患无穷。习惯的重要性不言而喻，它可能伴随着人的一生，影响着人的身心健康和成长道路。甚至可以说，良好的习惯就是人生的导师，指引着人走向成功。习惯所能反映出一个人的修养和素质，好的习惯在很大程度上能够提升人的生活质量，进而使他获得幸福。对于师范生来说，养成良好的习惯，不仅个人终身受益，而且能够用这些养成的好习惯感染自己的学生。

五、准备更多与就业相关的证书

证书是事业的通行证，更是个人能力的体现。这里所指的主要证书就是教师资格证书。当然如果为了使自己的专业背景能够更加有深度，就需要考相应的证书，如英语专业四级证书、应用数学毕业证书等。而这些证书的获得过程本身也是一次个人能力的完善和体验过程。

六、选择更多的与教育相关的兼职

相信每一位师范生在报考师范院校时都梦想着自己有一天能够站在讲台上侃侃而谈，但是长城不是一日建成的，即使是天才，没有后天的努力，也无法直接站上教师这个神圣的岗位。在师范生毕业之前，能够站在讲台上为学生上课的机会并不多。主要的机会集中在大四的实习阶段。为了能够更好地胜任教师这个职业，师范生就需要有更多的授课经验，这就需要师范生利用自己的课外时间在校外兼职。兼职的种类主要有家教和社会教育机构，这两类都各有特色。家教针对性会更加强一些，一般家教都是一对一辅导，有利于师范生针对特定的学生设计出专属学生特点的教学方案。而社会上的教育机构则会偏重于锻炼师范生的控班能力和教学能力。

忙 碌

当师范生逐渐习惯了大学的生活节奏之后，将会进入大学的第二个状态——忙碌。大学忙碌的生活，会给不同的人带来不同的经历：也许它会使人收获很多，能够学会坚强和勇敢；又或者会使人从此堕落颓废。这主要取决于师范生所忙碌的事情是否具有意义。

下面是一段访谈：

问：你觉得，大一大二和大三有何区别？

答：大一大二还没有紧迫感，觉得考进大学就是解放了，要到处吃吃玩玩，学业求过就好，有点颓废。

现在大三突然觉得自己大学荒废了一半，看到其他同学有的在兼职，有的在考研，自己也紧张起来，时间过得很快，也已经见习过，明年就要去实习，现在应该好好充实自己，学好专业知识。如果有机会就去实践，积累经验，为将来真正走上讲台打好坚实的基础。

在业余时间，我会以做一些兼职为主，休闲娱乐的时间相对少了，校外的活动会有意选择一些对以后自己职业技能有帮助的，或者积极参加志愿者活动、爱心学校等。

被采访者是一位大三小学教育专业的同学。很明显，能够从这个问题的回答中看出来，这位同学在大一大二时处于茫然的状态，荒废了大量的空余时间去吃喝玩乐，如今感觉到了颓废。但是庆幸的是她能够及时地发现自己的问题，然后在接下来的日子里，学会了如何去安排自己的生活，从茫然的状态中走出，随即就进入到下一个阶段——忙碌。

那么，师范生到底在忙些什么呢？

一、学习任务、考研任务

在适应了校园的生活之后，师范生要将自己的精力主要放在学习上，学习如何掌握基础知识（教育学、教育心理学等）和实践性的知识（教育学科研究、简笔画等），为将来能够在讲台上施展拳脚"添砖加瓦"。同时，有很多学生志向远大，为了能够在教育领域施展自己的才华，立志于考上研究生，所以他们会在学习方面更加刻苦，忙碌于准备考研事宜。而对于一些贫困家庭的师范生来说，通过刻苦学习，以优异的成绩获得奖学金和助学金，则是减轻学费压力的重要途径之一。

二、社团工作、学院工作

大学里拥有许许多多的社团，这些社团都是针对具有某方面特长、爱好、兴趣，关注某一焦点问题而自发成立的团体（比如支农社、国学社等）。这些团体通常会吸引很多学生踊跃参加报名，为社团的组织、策划、设计贡献自己的力量。忙碌于社团活动，也能收获良多，如组织活动的经验、扩展自己的人脉、学会策划活动、懂得如何管理社团等。

除了社团活动外，学生会的存在是不可忽视的。学生会是学校与学生联系的桥梁与纽带。它的基本任务是：遵循和贯彻党的教育方针，促进同学德、智、体全面发展，团结和引导同学成为热爱祖国、适应中国特色社会主义现代化建设事业要求的合格人才；发挥作为党和学校联系同学的桥梁和纽带的作用，在维护国家和全国人民整体利益的同时，争取和维护同学的具体利益；倡导和组织自我服务、自我管理、自我教育，开展健康有益、丰富多彩的课外活动和社会服务，努力为同学服务。如果能荣幸地成为学生会的一员，就要为此忙碌于学校、学院乃至为其他同学服务。

三、考各种资格证书

在师范生毕业之前,都会经历许多场考试,这些考试除了专业课考试和选修课考试外,还有许多资格证书的考试、计算机等级考试、大学英语等级考试等。同时,师范生为了确保自己说话口齿清晰,能够让学生听清楚自己在说什么,还需要参加普通话等级考试。每场考试都是一次学习、成长和进步的过程,俗话说不打无准备的仗,为了顺利通过考试,师范生需要挤出平时的空余时间抓紧复习和练习。

四、个人兴趣的讲座

大学是人才的培养基地,讲座则是大学生活中浓墨重彩的一道风景。丰富多彩的讲座对于繁荣校园文化,活跃学术气氛,鼓励理论研究和学术创新等,具有良好的促进作用。而对于人才培养和教育而言,特别是师范生的教育,在"通才教育"理念占据教育哲学主导地位的时代,讲座是其中不可忽视的培养和塑造人才的手段。指导性讲座能给师范生以切实的人生指导,引导其养成健康的生活方式;学术性讲座是大学生开阔知识视野,发掘学术兴趣和增强学术功底的第二通道,并能广泛涉猎各个学科领域,这对于优化师范生的知识结构,提升他们的综合素质具有不可替代的作用。

在讲座中,师范生有机会和自己所崇拜的人接触,能从他们那里听到许多在校园中接触不到的事情,丰富人生的阅历;在学术科研讲座上,师范生有机会分享大师、学者们潜心研究的成果,聆听他们的观点和见解,了解人生的平凡与伟大……以上种种,都是讲座给我们带来的收获。所以师范生更加会不自觉地热衷于参加每一场好的讲座,因为在平日里,师范生往往不自觉地被束缚在本专业的框架中,而一场好的讲座,可以拓展知识面和眼界,甚至可能改变古板的思维方式。每一场讲座,都有可能是我们人生中发现一块新大陆的开始。

五、学校、学院组织的活动、准备实习

实习是每个师范生必经的一次学习过程,在成为专业的老师之前,实践机会为数不多。每次实习并不能像旅游一样逛逛学校就可以了,而是一种检验,检验我们平时在学校所学到的理论知识能否合理的运用到实际之中,因为任何知识源于实践,归于实践。同时,在实习的过程当中,我们可以验证自己当初选择去做一位老师是否适合自己,并且能够通过实习了解我们工作的内容和标准,了解到自己与教师这个职业的差距,并且能够在毕业之前"对症下药",努力弥补自己在某一方面的差距。

学校除了会组织师范生实习外,还会组织一些和师范生职业相关的技能大赛,就像之前提到的"三笔字比赛""模拟课堂比赛"等。通过这些比赛,可以让师范生能够了解到自己的不足,并且继续磨炼自己,提升自己的能力。为了在这些比赛中,能够取得好成绩,几乎每个师范生都会很认真的准备,这本身也是一种学习提高的过程。

六、社交聚会、校外兼职、社会实践活动

除了在学校里忙碌外,在离校后,师范生的生活也应该是十分充实而又忙碌的。和自己的亲朋好友聚会,能够让自己在忙碌了一个星期之后,得到适当的放松。而一些同学为

了能够更早地融入社会当中,在休息的时候会选择去某家公司、企业或者教育机构等兼职,在获得更多的社会经验和人脉关系的同时,也能为自己的"小金库"增添点资金。

七、其他(情感、网络、游戏等)

每个人在一天的忙碌之后,都会选择一种娱乐方式让自己放松,放松是为了更好地学习。要学会用积极、健康的方式来放松自我,不要过度放纵,否则就是危险的导火索。

Mang?

这一阶段将会是一个人生的分叉口,是师范生在毕业前必将经历的状态,但同时也是一种将来时,对于师范生来说还是未知数。当大学生活临近尾声时,所有的师范生近乎完成了一个成型的教师素质培养过程。此时,大学四年中师范生所经历的一切,都将会在此刻得到一个结果。当忙碌阶段过后,那些在忙碌时所获得的经验,就会直接影响到师范生的未来。如是在过去的几年当中没有浪费自己的时间,合理地安排运用,使自己在各方面的能力得到提升,那么必定能够获得学校的赏识,并且能够逐渐朝着成为所在学校的骨干教师的方向发展,将来必定锋芒毕露;反之,则可能无法获得自己想要的结果。

当然,未来对于师范生来说还存在很多种不确定状态,但相信没有人会在毕业之后庆幸自己仍处于盲目的状态而无所事事。

【启示与建议】

首先,师范生必须具备良好的思想和道德素质,这有助于师范生忠诚于教育事业,培养强烈的事业心和责任感;为人师表,必须严于律己,才能够言传身教。

身处于 21 世纪这个信息化的时代,对教师的要求也在日渐提高,师范生只有不断地提高自己,扩大自己的知识面,才能不被这个快速发展的社会淘汰,才能跟得上学生接受信息的节奏,才有希望成为一个好老师。

其次,师范生应该具备先进的教学理念。教育不仅仅只有传授知识,而且应该在教授知识的同时,能够教会学生如何运用这些所学到的知识去实践,让他们知其然知其所以然。因此,不能在建立起先进的理念后,再被传统的落后的教学理念同化。

最后,师范生要培养自己健康的身心素质,这是思想品德、知识能力等素质建立的基础。如果要成为一名合格的教师,必须保持健康的心理,不断调整自己的思维方式,以一种平和的心态面对不同的学生所带来的不同的问题,在克制不良情绪困扰的同时,能不断提高自己的知识素养,并且养成乐观的、豁达的心理,提高自我调控能力。

师范生应该在生活中试着做到以下几点来养成自己健康的身心素质。

(1) 学会摆正自己的心态,坦然面对现实。
(2) 加强自身的修养,让自己变得冷静与理智。
(3) 学会倾听与倾诉,倾听可以借鉴别人的得失,倾诉可以缓解自己的压力。
(4) 平静地面对生活,不去攀比、不去计较。
(5) 乐观一点儿,在生活的小事中去寻找那些快乐与感动。
(6) 包容一点儿,你会发现,别人对你的包容更大。

(金奕阳)

案例 3　师范生，你为什么不快乐？

【案例介绍】

小张，男，21岁，师范大学外语系英语教育专业，身高大约1.68米，体型偏瘦。既往健康状况为：母亲高龄剖腹产，未足月。幼儿期患过肺炎，高中时又患过心肌炎、胸膜炎，体质一直较差。小张家住城市，家境优越，是家中独子。父亲是机关干部，母亲是医生，对小张虽然宠爱但要求也还算严格。小张个性细腻，偏内向，在家里是个听话温顺的孩子。在市重点中学学习，成绩较好，但因高考前三个月突患急性胸膜炎，影响了考试成绩，只达到了专科院校的分数线。经历了高考失利的小张本打算复读以图来年，但经老师、亲友的劝说和两个月的心理调整，还是如期到一所较好的师范学校的外语系报到。刚入校时小张心里仍存有一些遗憾，随即就被新鲜感和兴奋所代替。美丽的校园、学长们的热情使他对未来三年的大学生活燃起了希望。可是好景不长，问题随之而来：食堂里的伙食不合胃口、浴室和盥洗室是公用的、日常生活要自己打理等，更让他伤脑筋的是处理与五位室友的关系。首先，寝室里狭小的空间就让小张不舒服。小张从小有自己的房间，现在与别人同住，他极不习惯。更何况这五位同学来自较贫困的农民家庭，穿着打扮都挺有"乡土气息"的。除一名同学的普通话还算标准外，其余四位同学的说话必须通过猜测和手势才能弄明白。"普通话都说不明白还想学英语？"这是小张看不起室友的一个重要原因。同学的晨读在他看来是不知羞耻的表现——那么难听的英语也亏得他们好意思读出来。虽然这些话他未公开说过，但他也承认这种态度会在言谈举止中不经意地有所表露。另外，寝室里每天的话题都是有关体育、农活和女性的，小张对此既陌生又毫无兴趣，总认为他们低级趣味，属于下里巴人一类。其次，室友们曾趁他不在时，偷偷地从他的抽屉、书包里拿出他的数码相机、文曲星电子词典或是他的电脑摆弄。小张自认为自己不是一个小气的人，但他觉得不经允许随意动用他人物品，这是对人的不尊重。当他恰好碰到室友擅自用他物品并面露愠色时，一位同学的话伤害了他："有什么了不起的，不就是有两个臭钱么！"于是他和这位室友大吵一架。其他室友虽没有卷入争吵，但从此小张在寝室里感到被孤立了。开始几天他还能忍受，可是随后发生的一些事情使他彻底地成了孤家寡人：一位室友为了和女生约会体面些，穿了他洗干净还没来得及收的衣服；某室友开玩笑自诩"皇帝"，说小张女性化，"封"他为"张妃"，全寝室一致哄笑赞同；某室友买早餐或打电话差几毛钱连招呼也不打就翻找他挂在床头的衣兜；甚至连他每天用洗面奶洗脸、九月份要洗热水澡都成了同学的笑柄谈资……于是，小张讨厌寝室里的每个人，讨厌他们的言论、他们的行为举止。他不再与同寝室的人说话，尽可能地远离他们，每天早出晚归，独来独往。他常常暗自落泪，后悔来大学报到，屡次产生退学回家的念头，感慨自己是"落了毛的凤凰"，要不是生病又怎么会与"鸡"为伍。生活上的无助，情感上的孤独，身体健康状况下降，学习上的无力，使他的大学生活越来越不快乐。

【案例分析】

根据对小张既往生活史、健康史及当前生活情景资料的收集以及相关的测验结果，可以判断小张面临的问题属于心理问题范畴，问题主要反映在两个方面：大学生活适应不良和人际关系紧张。每个人的心中都有一道用来防御的墙，自我保护是人的本能，一个拳头打过来，谁都会本能地躲闪或者抵挡反抗。小张想要逃避，是一种完全可以理解的本能反应，他其实不必太担心，有问题就有解决问题的办法，他该做的就是首先反省自己的所作所为是否存在不妥当的地方。

从案例中可以得到一个明显的信息，即小张属于独生子女。博汉农在1898年发表的论文《家庭中的独生儿童》中将独生子女列为特殊儿童（问题儿童），我并不认同将独生子女本身视为问题儿童——任何事物都有其自身的矛盾，矛盾又以各种问题的形式表现出来，只有当存在于独生子女身上的问题（例如缺乏独立能力、团体意识薄弱等）导致了极端行为时，才可将其视作问题儿童。事实上，真正表现出行为异常的独生子女是占少数的，由本案例中得知，小张已经表现出一些极端行为，因此我们可以暂且把小张视为"有问题的孩子"，可以试着从独生子女所具有的普遍特征来进行分析。

"独生"导致家庭结构的"倒三角化"，在客观上强化了孩子在家庭结构中的特殊地位，容易引发一些极端的教养方式，如过分关注、过分溺爱、过分保护或过分严格等。而这些，从以上各方面的具体分析看，与成长缺陷的形成确有一定关联。小张的家庭条件优越，父母的职业福利好、社会地位也高，他们对小张也算是比较宠爱，虽然也会有一些较为严格的要求，但这种程度的严格要求并不至于驱使小张自省自律，他从小到大一直都还是处于"享受幸福，无忧无虑"的状态下，即使是身体状况不佳，遭受了一些痛苦，但始终有家人细心周到地照料，并未懂得人间疾苦。或者说，正因为小张身体不好，父母会更加疼爱小张，对小张的保护有加，小张更少有机会去体验真正的痛苦的经历。优质的家庭环境使得小张从来不会为生活犯愁，他平时很少有机会碰到困难，因而也没什么机会去思考生活中的问题，自我反省的意识得不到唤醒和强化锻炼，他习惯了长辈为他安置一切事务。

小张学习一直都很好，从这点上来看，他是具有一定的优越感和一定骄傲资本的，小张曾经想不通"高考失利，导致进入非理想大学"这件事情，这可算得上是他经历的第一个较难跨越的障碍。在学长们的安慰鼓励下，他还是很快地放下了这个负担，决定正视现实，步入大学生活，可是这种平静心态持续不长。室友们的到来，使小张重新陷入了困惑。他从来就是习惯了接受好的事情，而不懂怎么面对和处理坏的事情，他不懂怎么去接受不愉快的经历，所以在室友们以一种他不喜欢的面貌出现时，他表现出了厌恶、看不起他人、觉得他人低俗。小张并不知道，他这样看不起他人的同时也得不到他人的认同和尊重。在家庭环境中，他总是处在被包容的角色，家人不会常常告诉他他哪里做得不对，哪里需要改进，他便以为自己是没有问题的，自己总是比别人好很多的。小张总是认为自己高人家一等，所以他不会有融入团体的意识，他对自己的定位不容许他自己跟室友们打成一片，他不愿意成为跟室友一样的低俗之人，连跟他们讲话，小张都抱着不屑的态度。因此，小张心里有什么不满，从来都不会主动与室友们沟通。因为缺乏沟通，他与室友之间的矛盾总是小事变大，误会不及时说明，心结不及时打开，总是会使人心与人心之间越来越遥远，心灵的距离使得人与人的肢体接触也越来越趋于水火不容的程度。人与人之间本就存在一道无形的心墙，不沟通，则会使这道墙越来越坚不可摧，自我保护没有错，有自己的骄傲没有错，可是错就错在，小张忘了，人人生而平等，他有骄傲，他有尊严，别人也有。小张仅仅想到了自己的感受，所以他在和室友发生不愉快的时候，往往将矛头指向别人，似乎自己就没有一点不妥当的言行，似乎自己就没有给他人造成困扰和伤害。

小张在室友说出"有什么了不起的，不就是有两个臭钱么！"这句话后与其发生冲突，并不能全责怪小张。其实他心里并不是真想动手，他是觉得室友误会他了，可他不知道怎么去解释也懒得去跟他们解释，他实则是想表达，他并不是那种小气的人，并不是满身铜臭味的势利小人，只是室友的行为逾越了他忍受的极限，可室友还误会他，他实在气急了才动了手。室友集体调侃小张甚至称他为妃子是对小张人格的侮辱，小张本来是觉得自己姿态很高的，怎么样讲自己的各方面都比室友要好、要体面得多，但是却被室友这样羞辱，他感到前所未有的耻辱感，室友的各种嘲讽侵犯了他的自我认同，他于是感到惶恐不安，内心的压力也越来越大。小张意识不到，这就是他先不尊重室友的后果，却还一味地觉得自己受了多么大的委屈而无法自拔。

其实我们可以想见，小张与室友之间的很多矛盾，只需要小张动动嘴，礼貌而立场鲜明地向室友表达自己的不满，并友善地提出希望室友能够有所收敛的愿望，就可以缓解他与室友之间紧张的人际关系，可是他从来不说，只是选择沉默，躲开室友。独处并不利于人的社会化，小张的心理年龄还比较幼稚，他依旧以孩子的方法在处理问题，可是逃避并不可以解决问题，只会将问题越拖越复杂。室友们会把小张的躲避视为小张看不起他们，不屑跟他们多废话。室友的心，肯定也受到了很大的伤害，但是他们同样也不会说，他们同样也不会跟一个看不起自己的人"多废话"。越这么想，室友们也就越容易继续做出一些招惹小张的行为，矛盾就这样趋于恶化了。小张向来不需要怎么多开口就可以得到家人周到的照顾和理解，这就是他为什么不懂得与人沟通，不懂得表达自己内心的思想感情的根本原因，沟通交流的技能是需要锻炼的，平时不说、不思考，是不会知道如何协调人际交往中的矛盾的。

被室友孤立的小张，内心的痛苦无法通过交流沟通而很好地排解出来，身体终于也顶不住了，在心灵与身体同时面临崩溃的情况下，小张这才萌生了退学回家的念头。

由以上案例的分析，可以总结三点。

一、人际关系紧张，造成不快乐

南昌大学心理咨询中心曾在一项新生心理测试中发现，存在心境苦闷、失望、悲观，甚至有自杀倾向的学生达4.82%，在所有测试项目中排列第三位。与此同时，因不善于处理各种人际关系以及由理想与现实强烈心理落差等因素引发的大学生心理问题也日益突出。当一个问题普遍地存在的时候，那就是需要整个社会为其反思了。大学，是我们拓宽人际关系的好地方，也是我们重塑自我的好时期，然而由于现代家庭教育的诸多弊病以及社会发展过程中给青少年带来的不良影响，大学生们多多少少带着些心理问题步入了大学生活。作为担当未来教育大任的师范生，也存在着不少的性格缺陷。他们习惯以自我为中心，只乐于接受与自己思想观念、生活习惯相似的事物，而不屑关心那些相异的部分，要么选择激烈争论与反驳，要么干脆封闭内心，不与人交流，这种极端的做法激化了人际关系紧张的问题。他们习惯以一种极端的方式去向他人诏示自己内心对某样事物的坚持，然而这些只能证明他们不成熟，证明他们太缺乏社会经验，才会这么不懂得去倾听、去付出，只是一味地想要告诉外界自己是怎么样的，同时，还要求外界接受这样一个自己，却不愿意去接受他人。他们大多数倾向于自我修炼，而对他人不闻不问，他们只在乎自己的得与失，乐于暗暗较劲，不懂得在自我陶醉的同时多看看他人的优点，欣赏他人的美，一旦发现自己有不如人的地方，就会立刻陷入狭隘的嫉妒之中无法自拔，他们很容易因为一点点成就而自鸣得意，也容易因为一点点挫折而自暴自弃。不管有意无意，他们多数会给人一种高高在上的感觉，似乎脸上都写着"生人勿近"的字样，难道这便是现代青年的个性吗？答案无疑是否定的，越是高度发展的社会越是需要交流沟通，因为越来越复杂的人际关系容不得我们再互相猜疑了，也没有时间给我们去猜疑他人的心思，我们只有善于沟通，才能在最短的时间内做最正确的决定。我们也只有善于沟通，善于表达和倾听，才能够拓宽自己的思路，接受更多的、更全面的信息。任何的关系都是互相的，否则这种关系不会积极，不会长久。有的师范生在大学里交朋友，泛滥而没有质量；有的甚至跟所谓的朋友说假话，却为了跟陌生人促进关系而掏心掏肺，这样的交友观也在很大程度上造成了人际关系的恶化。

二、缺乏自信造成不快乐

大学是一个全新的环境，在这个新的环境中，大学生必定会被要求重新认识自己，他们自身当然也渴望借助这样一个新的环境把过去自己身上的不堪通通丢掉，然后活出一个漂亮的自己！理想自然是美好的，几乎所有人都会认为只要进了大学，自己就会自然变成幻想中的样子，可是自己不去努力，光靠环境是改变不了本质的。大学只能为大学生提供一个舞台，在这个舞台上，能演绎出怎么样的人生，全靠自己。若想要在这个舞台上找到自己的一片天，就必须重新建立自信心，一种足以承认过去的不堪，也敢于追求未来之美的自信心。很多师范生多为美女帅哥，平时也一副自信满满的样子，但为什么他们之中还会出现不快乐的人呢？其实他们未必真的自信！这种表面上的风光是为了让同伴觉得自己自信，然而他们的内心是没有安全感的，他们试图通过外在的华丽去掩饰内心深处的惶恐。现代社会的审美观似乎时时都在逼迫着我们去向某一种固定模式的美靠拢，然而我们自己究竟是谁？我们自己的美究竟在哪里？我们的自信到底从哪里开始建立？自我认识模糊，无法获得身份认同，使得师范生们无从获得可靠的自信。有的人会抱着过去的辉煌不放，多么的不可一世，却因为在新的环境里一直没有做出成绩而苦闷心忧。有的人被过去的失败阴影笼罩，不敢踏出新的一步，封闭自己，过分的自我保护，导致大学生活了无生趣而闷闷不乐。有的人，则是认为自己已经够厉害了，不需要努力了，自我感觉特别好，时间长了，看到其他人一个个都忙前忙后，小有成绩，便开始惶恐不安，对自己也信心大减。大学是个思想、个性得以锻炼和成长的地方，各种资源的开放，社会元素的加入，使得大学生产生各种不适应，他们需要认识自己，认识外界，重新构建自信心，如果没有建立起一种与大学程度相匹配的自信心，就容易产生消极行为，自信的建立又基于对自己身份角色的正确的、全面的认识。

三、无法走出困境导致不快乐

大学生的社会适应性较差，遭遇困境时习惯于请求他人帮助，或出于种种原因没能得到帮助则趋向于选择逃避，逃避问题导致问题保持无法解决的状态，因此又导致当事人长久处于困境之中无法逃脱出来。逃避很多时候是因为太逞能了，不想因为向他人求助而显出自己的脆弱，总想在他人面前多么风光，害怕他人看见自己的弱点，害怕他人知道自己遭遇的事情而丢了面子，诸如此类的想法，把简单的问题复杂化，也逼着他们选择隐藏问题，而不是积极地去面对和解决问题。其实他们的内心并不坚强，因为一直以来他们所经历的都是顺顺利利的，不曾有艰难的坎坷，没有机会学会坚强，到了大学里，突然面对一些矛盾或者压力，总是不想接受现实，自欺欺人，不愿意花时间和精力去解决矛盾，然而问题拖着只会越来越复杂、越来越难解决。其实在大学里，能遇到的问题都不是什么大问题，怕就怕走不出自己心里那道坎，怕就怕自己封锁内心，不敢直面现实。为什么他们会常常惶恐？不就是因为问题还摆在那里不曾解决吗？如果这一刻就动身去解决问题，这些惶恐不安就会随着问题的解决而消失。

【启示与建议】

　　小张认为家庭是最安全最充满关爱的地方，他自己扛不住了，就想到回家躲避，可他不了解，家里让他觉得安全让他觉得有爱让他觉得可以信任，那是因为家人懂得包容他、体谅他、爱护他，而爱是可以由人创造的，可以经由社会成员的互相传递而蔓延开来的，宿舍也可以成为他的第二个家，只要他拿出一点牺牲精神，拿出一点真诚来，去跟室友们寻找共鸣，大家都是20多岁的青年，总会有共同点的，不应该一下子就否决了团体共性存在的可能性。个体的差异在制造矛盾的同时也提供了个体弥补自身不足、增加人生阅历，学会为人处世之道的机会，我们应该生活在一个各美其美、美美与共的环境里。所以说，要想做个好教师，看待人和事就不要太主观，不能太早下结论，凡事先尝试了再说，这不仅能使自己的心更宽，也能够为你的学生提供一种舒适而富有创造空间的学习环境。

　　有时候外表强硬、冷漠的人未必就是真的强，外表看起来特别笃定、胸有成竹的人未必就是真的自信，这类人的外在表现往往反映的是他们内心的脆弱与自信心不足。正因为他们在团体里找不到自己的位置，得不到身份认同，才会在外表上表现出一副坚不可摧、万事难不倒的样子，来向同伴证明自己不需要同情与帮助，这种现象很普遍但是却很少能被人们识破，误会、矛盾也就往往从这里产生。我们看到一种现象，先不要过分自信地去臆断其本质，而是要先思考这种现象产生的可能原因以及原因背后的难以为人察觉的可能的隐情。其实人的内心在很多时候都会面临无助的境地，此时我们需要得到安慰和帮助却常常羞于表达内心真实的愿望，总想等待着他人主动领悟自己的需求，然后给予援助。一旦得不到这种需求，就会产生不平的、委屈的情绪，却又不愿意承认自己真实的心理活动，人的心理上的矛盾会导致行为上的矛盾，从而在集体生活中发生一些冲突。如果想成为教师，就要具有敏锐的洞察力，要能够在短时间内抓得住关键的细节，从中分析出他人真正想要的是什么、真正想表达的又是什么。这样的话，作为教师的你才能够在解决各种矛盾时高效率地抓住问题的症结，而不是在没有必要的点上纠缠不休又毫无成效。

　　有人愿意跟你对着干，说明你还有存在的价值，说明他人还在乎你，你在这个集体里还是引人注意的，只要他们还在意你，你就有理由好好地去维护这种人际关系，从这点上来说，没必要因为伙伴之间的冲突而太过于困惑，更犯不着为此影响自己的学业。如果以后要做教师，那么就不能轻易放弃自己，放弃自己在工作团体里的地位，无论你为这个团体贡献了多少，哪怕一点功劳都没有，也不能否定自己在集体中的地位，只有建立了牢固的自我认同感，在内心建立起一种无可击败的信心，才能够在事业路上长久地走下去。不要遇事就逃避，做个内心强大的教师！

就上面案例，可以概括出以下三个启示与建议。

一、提高沟通能力

教师基本的技能之一就是能言善辩，不会与人沟通是不能成为合格教师的。想要加强自己的沟通能力，不妨先从与寝室同学的沟通开始，可以将某一天定成寝室交流日，大家促膝而坐，谈谈心，当然这需要一个善于调停的成员作为引导者，自然地将大家的注意力聚集到一起，并能有效地引起大家的兴趣，打开内心畅谈生活感想。此外，要多留心校园公告栏里的通知，获得信息以后，与同伴一起分享，然后结伴去参加一些活动，在公共活动中获得交际的机会。有余力的可以接一两份家教兼职，为以后的教学先积累起经验，借家教的机会熟悉一下教科书，了解一下现在的学生校园之外的学习生活和家庭生活，以大哥哥大姐姐的身份贴近孩子们的内心，从而知道他们内心的需求和真实的感受，同时开始练习如何与家长沟通，这些都是以后从事教师工作需要的技能。

二、获得职业认同

作为教师如果连走上讲台的自信心都没有，如果连对职业身份的认同都无法获得，那是无法展开教学工作的。要获得作为一个教师的自信心，最基本的就是要获得上台讲课的经验。建议师范生能够多多地利用大学里的资源，利用微格教学、平时课堂演讲，来多多表现自己，敢于锻炼自己的口才。不管目前你是否能说会道，只要多开口，就一定会有进步，给自己机会表达自己的思想，聆听同学和老师们的建议，在这样展现和反馈的良性循环中，不断地修炼自己的演讲技能。此外，平时可以抽出一些时间找一个安静的地方，选择一本有思想内涵的书籍或者诗歌集，放声朗读、朗诵，注意声音的高低起伏，这么做是为了训练自己的声音，让自己说话的时候有一种韵律美，吸引他人的注意力，要相信，没有人会拒绝动听的声音。

三、树立服务学生的意识

当你的学生遇到问题，需要你帮助，而你缺乏协调矛盾的能力，那么你是没有资格管理学生的。当你与同事、领导发生分歧，你选择逃避，保持被动，那么将面临职业危机。要获得解决问题的能力，可以多关注身边小事，在生活中知道了同学的困难就热心一点，多关心他人，为别人的事情出一点自己的建议，这样做就是在训练自己处理矛盾的能力。可能一下子要面对自己的困难，解决自己的问题会让人很惶恐迷茫，但是去帮助解决他人的问题，则可使我们站在一个更为客观的位置上，更为冷静地去思考问题，以后在教学过程中必定会遇到学生之间产生矛盾，这个时候就需要教师解决问题的智慧了，不能太直接，也不可太婆婆妈妈没有效率，处理矛盾的时候要考虑到每一个当事人的感受。另外，要多参加一些志愿者服务的项目，在服务他人的过程中观察各种各样的人，多看看各种各样的事情，这么做就是为了不让自己倾向于自我为中心，在教学中遇到问题的时候，多站在服务者的角度考虑问题。其实教师在学生面前就是一个辅助者、服务者的角色，千万不能认为教师就是高高在上的，对学生一定要谦虚、真诚，要记住，教师是在为学生提供帮助,而不是在控制和指挥他们。

（王陈慧）

案例 4　我们的危机——毕业＝失业？

　　大学生就业难是现如今社会上非常严峻的一个问题,而作为大学生群体中的"特殊"人群——师范生,也正在面临着前所未有的挑战。曾经的师范生,在就业方面,享受着"统分统配"的优惠,可称得上是"铁饭碗",但是在 2000 年后,国家取消了计划分配政策,师范生不再享有包分配的优惠,同时在择业以及就业的时候,遇到的困难越来越多,可谓是"步步惊心"。

　　现如今的师范生毕业情况令人担忧,至少与他们心里所憧憬的是大不一样的。很多学生在了解了师范生的就业情况后,突然有种迷茫的感觉。就好似曾经众星捧月,现今却是虎落平阳被犬欺。下面这则案例挺让人揪心的,看完之后不禁让人一声叹息,师范生现在真的没有"市场"了吗？

【案例介绍】

　　小李是北京一所院校的中文系师范生,从小李找工作以来,投递的简历不少,参加的面试、试讲也快 10 次了,可她至今还没有被一所学校相中。以至于从 2012 年 10 月到 2013 年 4 月,小李的人生规划已经修订了好几次。刚开始,小李给自己的定位是北京市属重点高中;可现在,即便是再普通的学校,她都会"饥不择食",奋力一搏。小李在求职道路上的心态从开始的"心高气傲"变成了现在的"一职难求"。她感觉师范生现在没什么吃香的,没什么可傲的。很多师范的学生现在的心理就和小李所说的是一样的,"考大学的时候,我以为师范生不愁出路,进了大学,工作基本就定了。没想到在就业市场上,竞争教师岗位的,并不仅仅限于师范生,还有不少是很有准备的'非师范生'。""面试时,了解到很多应聘者都是名校毕业,还去国外读了教育学方面的硕士,我们这些师范类毕业生就更没有优势了。"就像之前北京举办的一场教师专场双选会上,各中学前排起了长长的队伍。一所知名高中收到的应聘者简历中,有人是"北大本科＋北师大硕士",有人是中国人民大学应届硕士毕业生,至于名牌师范类院校的毕业生,更是数不胜数。就连一位负责招聘的老师也直接表明态度,"除了教师资格证是硬指标,我们招聘教师时,已经不太关心他是否是师范出身。"

　　看了上述案例,无疑会给师范生沉重的一击,就连名牌师范院校毕业的学生都很难找到对口的职业,那些被社会定义为"非名牌"的师范毕业生,真的会有出路吗？有位师范生就此现象调查了他家附近的一所小学,了解到这所小学的老教师,基本都是师范学校毕业,而新教师中师范生和非师范生的比例则是一半对一半。这位师范生开始对非师范学校毕业的教师尝试一次访谈,想知道为什么非师范生也很有"市场"。接受访谈的这名教师为上海某小学英语教师,下面就是访谈的基本情况。

　　问：你好,请问你现在的工作是什么？
　　答：小学英语教师。

问：请问你是师范生毕业还是非师范生毕业？

答：非师范毕业。

问：是什么原因让你选择当教师的呢？

答：教师工作收入稳定、有寒暑假以及双休日，一年加起来也就有5个月在上班。

问：比起师范生，你觉得非师范生当教师有什么优势或者不足？

答：师范生就专业学的好呀，也不是每个师范生都适合做教师的，非师范的教师只要有自己的教学手段也不会比师范生差。

问：你觉得比起学校里师范毕业的教师，你有什么优势？

答：非师范毕业的教师同样掌握了师范生的教学能力，同样学过教育学、心理学，同样是经过层层考试取得的教师资格证。非师范毕业的教师学的专业范围更加宽广，思维也比科班出身的要广。师范生的思路已经被传统的教育模式框死了，所以教出来的学生也是死板的，很循规蹈矩，毫无乐趣。

问：就你的经验而言，你觉得当教师需要哪些技能和素养？

答：教师的职业技能，除了自身的专业知识外，还要精通教育学、教育心理学、社会学、哲学等相应的理论体系。因为教师跟其他职业不一样，不是那种有一项技能就可以支持一生的工作。教师教书育人，不仅要教好孩子知识技能，还要教他们如何做人。现在的教师都是全能的，上课要有教学创新能力，要会唱歌跳舞，上知天文下知地理，还要管理好课堂，虽然唱唱跳跳很开心的，但是也不能乱，教师能否有效驾驭课堂，是课堂教学成败的关键。

问：就你们学校而言，教师群体中师范生和非师范生的比例大致是怎样的？

答：老教师都是师范毕业的，新教师一半一半吧。

问：师范毕业的老师和非师范毕业的教师待遇方面有差别吗？

答：这要看教育编制，有编制待遇是一样的，没编制的代课老师待遇很差。

问：在教学成果方面，你和师范毕业的教师相比，孰优孰劣？

答：差不多，没什么差距。

问：在现在师范生学生呈现饱和状态的情况下，还有很多非师范生选择从事教师行业，你怎么看待这问题？

答：优胜劣汰。

【案例分析】

看过上面案例后，不得不承认师范生的处境非常堪忧，非师范毕业生综合素质比师范生高出很多，在教学方面也有许多自己的见解，而且非师范毕业的教师首先将教师作为自己的第一职业意愿，面对工作的热情可想而知。导致师范生现在就业危机四伏大致有两方面原因，一个是自身因素，另一个是外界因素。

统观自身因素方面，大致分为以下四点。

一、师范生缺乏就业核心竞争力

以上海师范大学为例，同专业师范生的课程比非师范生仅多了七门课程：教育原理、教学与课程导论、德育与班主任、教育学科研究方法心理学与教育、学习心理与教育、青少年心理与辅导。这就是所谓的师范生技能，即师范生的"绝招"。众所周知，非师范生在考取教师资格证书的同时，同样需要自学这些师范生课程，并且必须通过才能得到证书，那么结果就是相同的。难道师范生和非师范生虽然起点不同，但是因为一张教师资格证书，他们的终点就会落在一块吗？师范生仅仅通过这几门课程真的就能专业化了吗？况且这些课程在非师范生考取教师资格证书时都能学到；相反，非师范生，在学习学科专业知识时更加透彻，知识抓得紧，学的深，在以后考取教师资格证书时，又能潜心学习教育类课程，自然成效不可小觑。所以说，师范生缺少的是真正属于师范生特有的专业知识，可以和非师范生综合素质媲美的师范生的专业技能。除了师范生与非师范生课程设置的不同以外，师范生专业能力的下降也是另外一个大问题。据一些实习单位和用人单位对近年来师范生的评价来看，大致集中在师范生存在教学能力低，专业化水平不高等问题上。例如，师范生在教学过程中表现出对于教材的分析组织运用能力差、教学手段方法呆板等，课堂语言表达能力不够活跃、太呆板、缺乏对主次的掌握以及对学生道德教育能力欠缺等现象。师范生就业的核心竞争力就是师范性、专业性，但是现在的师范生却砸在本该持有的"拿手招牌"上，导致社会、学校对师范生的信任度降低，阻碍了他们的"师途"。

二、师范生就业心态存在误区

师范生就业心态存在误区这个因素可能是大学生就业普遍遇到的共同问题，刚毕业的大学生，血气方刚，想要在青春中潇洒走一回，于是想找个现成的好机会，好好挥洒青春。可是事实往往并不如人所愿，要么用人单位不要，要么自己瞧不上，认为是大材小用了。于是高不成低不就，哪都不去。而对于刚毕业的师范生，这种好高骛远的心态也是存在的，很多师范生在应聘的时候首先会考虑到对方学校编制的问题，往往没有编制就直接放弃，不情愿成为代课教师。这样的心态对于刚毕业的师范生来说是绝不能有的，他们需要积累的是经验，经验累积到一定程度，自然会有契机出现。教学上的经验是需要在实践过程中积累的，师范生如果忽略这些小的实践机会，抛开施展的平台，那该如何体现师范生的技能及其专业化呢？

三、师范生就业观念不当

师范生在寻找工作时缺乏一定的竞争意识，面对竞争时，没有进取动力转而希望以靠熟人关系或者社会关系等找到工作。同时，在择业时将思维固定在纯教育岗位，认为教育工作与师范生应是百分百配对的，忽视了其他的竞争危机，过于盲目自信。除此之外，很多师范生为了躲避就业的竞争，从而报考研究生。当然，报考研究生是个不错的方法，但是这些师范生的报考初衷是为了躲避行业竞争而不是想真正探究知识的更深层次。正是师范生对就业的消极性、逃避性才使其陷入了就业窘境当中。

四、师范生个人非专业就业选择倾向

师范生选择了师范专业并不意味着选择了教师职业，越来越多的师范生因其就业行为的城市和地区指向性明显，择业中利益与自身价值观矛盾的突显从而使很多师范生在择业时投眼于教师之外，公务员、新闻媒体或者一些事业单位等都是现在师范生比较青睐的。

从上述的四点自身因素看来，可以说师范生的就业危机有些情况下是因为个人原因导

致的,将自身的价值观等与教师行业的不尽如人意综合起来,亦会导致师范生主动"放弃"。有这样一个案例,江西一名姓方的高中英语教师,在从事了几年的英语教师兼班主任工作后,毅然放弃了教师这个行业开始从事外贸工作。用她自己的话来说,"做了教师以后我才发现酸甜苦辣样样俱全,和我想象的完全不一样。这样的日子不是自己想要的生活,教师这个职业不想再干了,太累了,心累、脑累,还吃力不讨好。46个学生和他们的家长搞得我疲惫不堪。现在的孩子都是家长的宝贝,稍微严厉些就说我体罚学生,布置作业太多;不管吧,又说我没有做好做教师的本分,管的不够严,又说教不严,师之惰,逃课打架……总之怎么都是我的错,孩子永远都是对的,家长永远都有话要说,我永远都无法让他们满意,从来都不会检讨自己的错误或者认为是孩子的问题,只会是老师的问题。总之,真的是里外不是人。周一到周五要从早到晚工作近15个小时,周末还要备课、批作业,连买个东西的时间都没有。在我看来,教书其实是一个完全靠时间和体力苦熬的职业,拼体力、比后台、熬资历"。于是方老师放弃了教师的工作,在"失业"后根据马云、王树彤的经历自己开始创业,进行网络贸易,现在作为一名曾经是师范生的她已经能很好地胜任这份非教师工作。这个案例可以说是具有冒险性的,毕竟在师范生放弃教师职业后,从事其他职业都是一种未知数。可是我们究其初始原因发现,方老师认为教师这个工作困难重重,压力太大。从这个案例看来,教师这个职业给人的幸福感太低,认同感也不够,这让师范生对未来的就业情形忧心忡忡。

在危机四伏的就业战场上,除了师范生自身的因素,还有很大一部分来自外界的原因,大致分为以下四点。

一、师资来源多元化

就文章开头的第一个案例来说,在招聘会上的负责人亮出的"底牌"说明,学校聘用教师讲究的是复合型人才,学校师资队伍也趋向多元化。从学校的角度出发,当然是考虑到学校的升学率,招生率等情况,对新教师的聘用也越来越严谨,在不冒太大的风险下,希望招收到的是综合素质较高,能力较强的教师。因为师范生的"先天不足",学校招聘方也开始青睐于非师范生,研究生甚至是博士生等,这样无疑让师范生面临更多的就业危机。学校选择非师范生,是因为非师范生的综合素质以及能力比师范生高,或许在最初几年,师范生在板书或者教学技能方面略高一筹,但是今后对教学方面要求越来越高,非师范生就会体现出更高的学科专业知识背景,对学生的学习更加有益。

二、国家政策的限制

就资料来看,2010年全国师范院校师范类毕业生总数将超过60万,而整个教育系统提供的用人需求不足30万。近几年,我国中小学招生人数一直呈下降趋势,教师的需求也因此受到了一定的影响,而由于高校扩招,毕业生的人数却越来越多。这一增一减,使得师范生的就业形势日益严峻。学校的编制越来越少,师范生的"供大于求",也让很多师范生望而却步。就最新的教育部消息,从2013年起,上海教师资格考成为国家首批试点省市,升格为"国考",考核的内容更有针对性。此外,社会人员加入教师队伍前,需要先参加教师资格的考核;对于应届大学生,上岗时必须参加一年的见习规范培训,并作为教师资格首次注册的依据之一。虽然这个方案的目的是为了优化师资队伍,提高学校教学能力，但是对"受考核"的师范生来说，就形成了一种压力，产生一种危机感，优胜劣汰的压力无疑让每个师范生都为此忧心忡忡。这些政策的目标很明确，完善教育体制，提升教师素养。

三、学校注重复合型人才

在前方已经提到过相关的学校聘用人才方面的要求，这两点是密切相关的。正是因为学校有这样的需要，才应运而生许多非师范生的师资；而正因为这些非师范生所表现出的能力，让学校在招聘人才方面，要求越来越高。但是师范生为什么不被青睐？究其原因还是出于自身，学校为了谋求发展，提升学校综合实力，招人必定是想录用可造之才，师范生的被选择性以及期待值的降低也是因为有的师范生确实技不如人，何况这个社会本来就是本着优胜劣汰的原则的。

四、社会及家长各方施加的压力

现在的家长对教师期望过高，认为既然把孩子送进学校，教师就该什么都教。有的家长认为孩子学习跟不上，那就是教师没教好；孩子发生意外，那就是教师没看好。学生的问题，从"找家长"渐渐转变为"找老师"，这对教师来说，是非常有压力的。一个教师面对这么多孩子，如何做到不疏漏？如何做到四方兼顾呢？这也正是家长对教师的期望值过高，导致越来越多的年轻教师顶不住压力，放弃教师职位。现代社会"望子成龙、望女成凤"的风气盛行，在教学上，很多家长的想法甚至超过教师，这让许多教师非常为难，就像上文提到的方老师案例一样，许多教师受不了压力转而从事其他行业。

【启示与建议】

就上述师范生就业危机的自身因素以及外界因素来看，我们自己要改，而外部环境也必须改。对我们自身而言，师范生要加强的方面应该是迎合当下热门的教师教育专业化，这样才能在就业时打着"现代教师"的招牌拔得头筹。因此我们应拓宽知识视野，扎实专业功底，提高师范生实践能力；加强教学基本功锻炼，提高师范生必备的职业技能。因为在这个信息量日益激增的时代，教师也是需要不断学习，自我完善的。现代教师同样也要终身学习，苏联教育家马卡连柯说过："学生能原谅教师的严厉、刻板甚至吹毛求疵，但不能原谅教师的不学无术。"作为一名教师，如果不能及时解决学生的疑惑，那么连传统的教师定义都不能达到。教师要给学生一杯水，自己就要有一缸水。丰富的知识不仅是现代教师从事教学工作的基础，还是树立教师形象的前提。面对这个知识爆炸的世界，学生可以从多种渠道获得知识，为了更好地应对，现代教师必须打破因循守旧，跟上时代的步伐。因此，作为现代教师的"培养对象"——师范生必须树立起终身学习，不断进取的思想，在学习学科知识以外，加强实践积累，可以通过家教等课外实践展开教学活动，并在此过程中慢慢培养师范生的师德教育，培养对教育事业的热爱。就像有句话说："教师不仅要热爱教育事业，更要热爱学生。"正所谓"德高为师，身正为范"，作为一名教师，最基本的就是应该爱学生，没有一颗爱学生的心，纵使有更多的知识，都只能是一个教书匠，而成不了一名育人者。现代教师，就应该把热爱教育和热爱学生联系起来，爱生、惜才。而且这种爱还不能是消极的爱，应是积极的爱，其成效应以产生信师、信道为准。套用一种说法：为了学生的一切，一切为了学生，为了一切的学生。以此来要求现代教师，不失为一个好办法，这"一切"对现代教师的要求，作为师范生应该提前做好准备，这样才能在竞争岗位时大大提高他们的胜算。当然在个人教师素养的培养以外，在师范生择业的时候，应转变就业观念，树立正确的择业意识，把每次获得的小机会都认真加以对待，锻炼自己的能力，获得经验的积累，在实践中探索出自己的风格。

对于外界因素，很多政策法规都是无法改变的。用人单位的大方向也不是完全倾向于师范生的，而且来自社会方面的压力也不是短时间能改变的，这一切虽然不能得到很快的响应，但是可以积极争取，提出一些创设性建议。就目前国际上的形势看来，美国师范学院的顺利转型，日本师范教育的改革也已完善，而欧洲师范教育也有了新趋势。对于我国来说，确立现代化教育理念，培养师范生终身素质教育势在必行。当下，素质教育这个话题已经十分炙手可热了，这对师范教育也提出了新的要求，即高等师范院校必须确立现代化教育理念，重视师范生现代教育技术的培养，提高学生的素质，在未来的社会竞争中立于不败之地。就此，国家首先应改进有关师范生的就业政策，激励就业。比如，积极推行免费师范生政策，既缓解了师范生就业难的问题，也符合当今师范生求编求稳的就业观念；而且还促进了教育的均衡发展，免费师范毕业生一般回生源所在地中小学任教。这将更有利于解决我国农村地区长期存在的师资短缺问题，促进师资质量的大幅度提升；此外，也利于教师教育质量的提升。当然，免费师范生的政策还是有待改进的，因为据调查，很多人对于其严格的十年的从业时间规定而望而却步。如果这个政策更灵活一点，就能招徕更多的优秀人才。其次，国家可以推进人才培养模式改革，这样可以提高师资队伍的素养，优化教师队伍。国家应建立稳定的见习、实习基地，并有专门提携师范生的部门，及时为师范生出谋划策，提高师范生的实践能力，可以更快适应教学环境以让师范生在初涉教师岗位时可以得心应手。再次，学校应加强对师范生的就业指导，转变其就业观念，给学生提供更多的就业机会。例如，上海师范大学成立了一个职业生涯规划中心，以举办招聘会，创办模拟简历大赛，面试大赛等给学生提供更多的就业方向指导和机会。在高校加强就业指导以外，应保证师范生的基本功和教学技能。众所周知，教师最基本的要求是能说一口流利的普通话、一手漂亮的粉笔字，这种基本功在很多中小学校长的眼里，依然是教师岗位的"门面"工作。练课以外，应该督促学生的学习进度，给予物质支持，提供训练场地训练设施等保证学生扎实训练。最后，国家可以创办新学校，或者加大对民办学校的投入来吸引师范生的目光。民办学校需要的教师是双规型人才，对教师的要求也更严格。这样，更多的非师范生可以选择这类适合集理论与实践于一体的学校，减少了师范生的压力。所有的外部影响在得不到解决或者未出台相关的法律政策之前，这些只能说是师范生共同的愿景，不过有一句话说得好：理想很美好，现实很骨感。在外界因素尚不能即时得到回应的时候，师范生能做的就是提升自己的素养，提高自己的综合能力以便应对一切挑战。

毋庸置疑，师范生现在面临的危机层出不穷，有自身的不足，也有来自其他方面的威胁，而毕业生将面临一毕业就失业的风险。在面对这些困难以及就业的危机面前，师范生不能畏惧，不能知难而退，坚持不抛弃、不放弃，秉承教师文以载道、诲人不倦、学无止境的文化使命。

（毛晓艳）

第二篇 课外学习

案例1 师范生，你的课外学习充实吗？

【案例介绍】

近日，广西师范大学教育发展基金会以"希望常青"游学活动为载体，专门组织了一次"城乡互换"活动，把该校学生所在支教点的孩子们从山里接出来，让他们和乡村教师一起感知山外的精彩世界。

2007年，广西师范大学一群大学生第一次走进三江侗族自治县的深山采风。进山不久，这次采风就变换了主题：义务支教。从此，一批又一批大学生走进深山，与侗寨孩子们延续了5年的深厚情谊，而且这种情谊还将延续下去。

2007年夏，广西师范大学美术学院2006级的学生们刚刚步入大二。在老师的带领下，他们从桂林来到柳州三江侗寨采风。上山作画，下河拍摄……一天忙碌下来，师生们却发现：当地基础教育发展仍比较滞后。屯里唯一的教学点，校舍是20世纪50年代建的老木屋——四面漏风，摇摇欲坠；教室少、教师更少，复式班教学，一堂课只上二十多分钟；孩子们没有任何课外读物，因和外界缺乏交流，几乎没有人会说普通话。一双双小眼睛盯着大哥哥大姐姐手中的相机和画笔，脸上写满了对外面世界的渴望与向往。"我们得为他们做些什么。"当晚，大学生们连夜展开了热烈的讨论。最终，大家一致决定利用暑假到这里进行义务支教。为此，他们专门成立了一个义教社——"小雨滴"。"十多天的义教并不能给大山的孩子在求学路上带来多大的帮助，但我们坚信，和他们的交流和沟通能让他们明白一些东西。""小雨滴"义教社第一届负责人胡邦杰说，这一定可以帮助他们在将来的路上走得更好、飞得更高，让孩子们得到更好更多的教育。

然而，义务支教远比大学生们想象的要困难。"我们想做得越多，需要的支持就越大。"修缮校舍、购置学习用品、派出义教团队等亟须解决的问题越来越多。于是，一场场"爱心助学义卖募捐"活动出现在广西师大校园里，出现在桂林市的繁华路段……同学们的画作、手绘石头、手绘T恤、印章等物品，都被摆上了义卖台。

"孩子们憨厚淳朴、勤奋好学，无论走到哪里都有热情的问候，尽管有的村民说话我们听不懂，但他们的一个动作，一个表情，都让我们感到温暖。"2008年，当武成龙接过爱心"接力棒"成为第二届义教社负责人时，他和其他同学都有同一个信念：一定要让更多的人关注山区的孩子，让孩子们得到更好更多的教育！课后，义教队员们经常包饺子送给屯里的留守儿童。但从教学点到屯里，必须走两个小时的山路。有一次下雨，义教队员们给学生送饺子，路面泥泞湿滑，大家便手拉手，小心翼翼，碎步挪动。不管路途多艰辛，队员们都毫无怨言。刘晓嫦说："屯里孩子的父母大部分外出打工，很多人第一次吃到饺子，看着他们开心的样子，我特高兴！"校舍变了，寨子变了，孩子变了。到2012年，已是"小雨滴"义教社走进这个小村子的第5个年头。5年的坚持，使得这个深山侗寨发生了翻天覆地的变化。5年前，屯里唯一的学校是20世纪50年代的老木房。如今，通过"小雨滴"牵线，在广西师范大学及社会爱心人士的帮助下，一栋两层钢筋水泥结构的教学楼拔地而起，学校里操场、篮球架、乒乓球台等一应俱全。5年前，这里的孩子用夹杂着当地方言的普通话和大学生们艰难地对话；而现在，他们已经能够用比较流利的普通话与大家交流了。5年来，已有9批120多名大学生参与支教活动，使得"小雨滴"义教从不起眼的小活动成为校级活动，从单一的暑期义务支教到集义卖募捐、支教、科研调查、专业写生实践等于一体的综合性活动，受益学生累计达1000多人次。义教队员们无法忘记：今年暑假支教的最后一天，学生们正在操场上做游戏，却有几个孩子在教室里认真地写着什么。

"时间如一个调皮的精灵，在我们的快乐时光中偷偷溜走，我们虽然不舍，但也不能将你们留下，我们只希望明年的今天，你们能再次来看看，调皮的我们将会变得更乖更听话……"孩子们歪歪扭扭的字迹，让队员们不禁感动落泪。

那天，村民们在操场上摆起了"百家宴"，以侗族人最高的礼遇盛情款待义教队员。一次又一次的握手，一杯接一杯的敬酒，让队员们幸福地醉了。"我们还会再来的！"这是"小雨滴"的承诺。

【案例分析】

看了上面这个案例之后，相信大家感触颇多。目前，师范生绝大多数的现状是被动地接受知识，课外业余时间大多数都被玩游戏、上网、聊天、看电视剧之类的娱乐活动所占据，真正可以沉下心来专心学术，不被浮躁的社会所影响的屈指可数。难道大学的现状还是那种要维持老师填鸭式的教学，还是那种老师布置了作业我才做，老师不布置的作业我就不做？难道还是那种只关注课堂不关注课外？难道大学这么充分的课外时间仅仅是在游戏与上网中度过的吗？难道信息时代的大学生的学习用品只是一台电脑、一个手机，书本知识和个人课外实践活动的学习对于大学生来说毫无价值了吗？

培根有一句名言"书是人类进步的阶梯。"课外学习有两个作用：一是巩固课堂学习内容；二是扩大知识面，培养兴趣。对于大学的学习，师范生应该做到课堂上跟随着老师学习知识，课堂外自己查阅资料巩固课堂学习内容。而且，师范生要秉承"多读书，读好书，读书好"的理念，在课外多余时间跟随着自己的兴趣爱好读一些书籍。

课外学习除了要学习知识方面的内容，还要学习实践方面的内容。作为师范生，我们要向广西师范大学的大学生学习，学习他们的那种奉献精神，一批又一批的大学生走进深山，与侗寨孩子们延续了5年的深厚情谊，而且这种情谊还将延续下去，这是作为师范生所值得学习的。捷克斯洛伐克教育家夸美纽斯说过："教学是一种使人感到愉快的艺术，它不会使教师感到烦忧，或使学生发生厌恶的心情，它能使教师与学生全都得到最大的快乐；它是一种教得彻底，不肤浅、不铺张，却能使人获得真实的知识、高尚的情谊和最深刻的、虔诚的艺术。教育人是艺术中的艺术，因为人在一切生物中是最复杂的、最神秘的。"我想，这正是广西师范大学的大学生坚定信念，五年义教的原因吧！

现在很多师范院校都为学生提供了义教的广阔平台，师范生应该提前将自己转变为未来教师的角色，怀着一份承担着"教书育人"的神圣使命，要善于发现支教学校每个学生的不同个性，精心呵护这些生命，走进他们独特的个性世界，对他们加以引导和帮助，给以悦纳和确认，予以延伸和发展，让每一个学生都享受到爱的阳光雨露，在温暖、滋润的环境中茁壮成长。

【启示与建议】

古代思想家韩愈说过："师者，所以传道，授业，解惑也。"教师是人类社会最古老的职业之一。现在我国已经步入信息化的时代，强调以人为本，综合素质教育，因此，作为培养祖国花朵的教师就成为推进社会经济发展和文化进步的重要力量，他们的素质关系着一个国家和民族的前途和命运。因此，我们现在都很重视教师的专业素质问题。具备良好的专业素质，与社会同步发展，这是时代发展对教师的要求。

从教师专业化角度来讲，专业知识、专业技能，专业情意是构成教师专业素质的主要部分，但是对于尚未步入社会的在校大学生来说，应该主要加强专业知识学习。

首先，作为师范生，要掌握具有陶冶人文精神、养成人文素质的普通知识，为了适应针对各种类型的学生教学，能够解决学生们提出的各种问题，提高各方面的知识水平显得尤为关键。在还没有跨出大学校门之前，师范生可以在良好的学习环境中充分利用教育资源，广泛地阅读各方面书籍，扩大知识面，为当教师做好充分的知识储备。

作为师范生，还要掌握专业知识，这才是从事教育工作最为关键的。师范生要在专业学习中进行点点滴滴的积累，逐渐深入的研究，加强对专业学科的理论、科研成果、章法知识等各个方面的知识的了解。只有这样，师范生才能在以后的教学过程中有所侧重，有更深的感悟。这也是教师教学的法宝。

只有这些是不够的，教学工作是一个培养人的工作，"学者未必是一个良师"，只有真正能把自己的知识讲出来的老师才是真正的好老师，这就要求师范生在能够综合运用的基础上，还要具有教育管理方面的知识，所以师范生要充分利用宝贵的课余时间去学习教育、管理方面的书籍，这是盖好教师这栋楼的基石。

其次，教师的专业技能是从事教育教学工作的基本工具。虽然师范生在大学里无法真正提升自己的教学技能、教学技巧和教学能力，但是可以从日常的生活和学习中慢慢地去体味、学习和加强。钢笔字、毛笔字和粉笔字和用普通话说话、讲课、朗读以及会制作教具、会编写教案、会编排板书，这些都是教学的基本功，虽然这些有的师范生无法通过实践去感知，但是他们可以勤于练习，刻苦去练习师范生的"三字"；师范生可以通过在日常生活中的交流，加强普通话的练习、加强自己讲话的逻辑思维和有条理性、加强为人处世的能力；通过教师的授课，师范生可以汲取他们在教学中的优点，提高自己的教学技能意识，例如，如果某学院有微型课堂活动，师范生可以去亲自站在讲台上锻炼自己，深入地了解教学中可能会遇见的难题或在教学中需要挖掘的潜力……

最后，作为师范生，作为未来的人民教师，需要培养专业性情。都说兴趣是最好的老师，因此，只有热爱它、喜欢它，才有可能做好它，这两者较前两者具有更深的含义和更高的境界。师范生的人格特质、价值取向都需要其在大学时代逐步培养，因此，师范生要树立正确的人生观和价值观。

找准自己的目标，合理安排好自己的课外时间，做到学习和实践相结合，为自己将来的教师之路打好扎实的基础。

（施帅）

案例 2　为什么越来越忙？

【案例介绍】

小李是上海师范大学的一名大三学生，相对于大一、大二而言属于自己支配的时间多了许多。本学期她在课余时间找了一份晚托班的兼职，主要负责接孩子放学和为他们辅导家庭作业。上班时间是下午4点到8点，除了星期二她有晚课与工作时间冲突外，其余周一至周五，她一直奔波在晚托班和学校之间。有时因为工作还会影响到第二天的上课质量，这样的生活节奏真的是她想要的吗？

【案例分析】

一、学校课程设置与师范生参加社会实践的现状

（一）社会实践的含义

社会实践活动是青年学生按照学校培养目标和要求，利用节假日等课余时间参与社会政治、经济、文化生活的教育活动。社会实践活动有以下几种主要特点。首先，它是一种教育活动，是中国特色社会主义高等教育的一个有机组成部分。其次，它在组织学生参与社会生活的过程中达到教育的目的，是以学生亲身参与为主要教育途径的特殊教育形式。社会实践活动的教育目的是使学生在实践中受到教育，增长知识和才干。最后，它是在课余时间进行的特殊教育活动，是教育实践环节的必要补充。同教学实习不同，社会实践活动主要在教学计划外的课余时间进行。

（二）实践性环节的培养方案

以上海师范大学四年制本科小学教育（文科）专业教学计划表为例，四年的课程计划分为公共必修课（学位课）比重占总学分的15.7%，公共必修课（非学位课）比重占总学分的12.0%，专业必修课（学位课）比重占总学分的24.7%，专业必修课（非学位课）比重占总学分的13.9%，限定选修课比重占总学分的17.5%，任意选修课比重占总学分的6.0%，实践性环节比重占总学分的10.2%。值得注意的是实践性环节包括了教育见习（4周）、教育研习（1周）、教育实习（8周）。另外，学校还要求每一名学生在校期间完成120小时的社会实践。通过对师范生实践性环节的培养方案的了解，可以看到虽然学校给师范生安排了一些社会实践，但在某些教育见习或者研习上其质量和时间不能很好地保证，学校留给师范生真正接触工作和社会的机会和实践还是非常有限的。

（三）师范生参加社会实践的现状

对上海师范大学大三师范生随机抽样的30份关于"师范生社会实践现状"调查问卷，从五个方面来反映师范生参加社会实践的现状，如表2-1～表2-5所示。

从表2-1中的调查结果来看师范生总体对学校安排的社会实践机会不是很满意。但是

学校主要教授给我们一些知识原理和课本知识。从师范生培养方案来看，大三主要还是以书本上的理论知识为主，见习为辅。大三学生在掌握了一定的理论知识之后渴望马上运用到实践当中加以验证，这种理想与现实的差距凸显了这一矛盾。

表 2-1 你对学校给你安排的社会实践机会满意吗？

A. 很满意	B. 满意	C. 一般	D. 不满意
6.7%	13.3%	50%	26.7%

在表 2-2 中，超过 50%的大三师范生参加过 5 次以上的社会实践，可见社会实践已经成为大学生活中不可缺少的一部分，师范生的业余生活丰富多彩。

表 2-2 你在大学期间参加过几次社会实践？

A. 0～1 次	B. 2～3 次	C. 4～5 次	D. 5 次以上
13.3%	16.7%	16.7%	53.3%

根据表 2-3 和表 2-4 可以看到超过半数以上的师范生在社会实践方面会考虑与自己的本专业相关，并且有意识地去锻炼自己的实践能力。值得关注的是仅有 6.7%的人对自己的未来有很详细的规划，其余 83.3%的人有过规划但是对于自己未来的职业发展和现阶段所要努力做的事情还不是很清晰。另有 10%的人对于自己没有职业规划，这是一个危险的信号，可能会给自己将来在职场的发展带来一定的困惑。

表 2-3 在参加社会实践活动的时候，你会有意识地根据自己所学的专业参加吗？

A. 有很强的意识	B. 有意识	C. 偶尔会有	D. 没有
6.7%	56.7%	20%	10%

表 2-4 你对以后的就业有自己的职业规划吗？

A. 有很详细的规划	B. 有规划	C. 想过	D. 没有
6.7%	43.3%	40%	10%

几乎没有同学认为在大学期间参加的社会实践对以后的工作没有帮助，无法肯定这种社会实践的作用，但可以从表 2-5 这项调查中发现社会实践已经融入到学生的学习生活。

表 2-5 你认为现在参加的社会实践对以后就业有帮助吗？

A. 有很大帮助	B. 有帮助	C. 帮助不大	D. 没有帮助
10%	50%	36.7%	0%

通过调查发现学生参加社会实践的原因有的是为赚零花钱，有的是为将来就业积累经验，有的是为了拓宽自己的人脉丰富大学生活，也有少部分同学是因为学校要求和对于周边同学参加社会实践从众的心理而参加的。调查显示有 6.7%的学生参加社会实践总是会占用自己在校的学习时间，16.7%的学生选择经常会占用在校的学习时间，60%的学生参

加社会实践偶尔会占用在学校的学习时间,仅有16.7%的学生选择从来不会影响自己在校期间的学习。

二、师范生参加社会实践的原因以及对社会实践的看法

师范生为什么不惜牺牲自己的休息甚至是学习时间,忙碌地奔波于学校和实践地呢?或许可以从对一名大三师范生的访谈中找到一些答案。小李是上海师范大学教育学院教育学专业的一名学生,她认为参加社会实践对于当今大学生来说已经成为很平常的一件事。俗话说"读万卷书不如行万里路",杜威也说过"做中学"。大学毕业以后要找工作要融入到社会中去,小李认为社会实践是一个很好的过渡期,能达到一个桥梁作用。而在她的心目中师范生应该学到的技能是怎么上课、怎么样对待学生,还有就是要提高自己的口语表达能力、处理问题的能力、要学习为人处世的礼仪等。总结下来就是要想成为一名教师,师范生必须具备理论加实践的专业知识。有一些知识,例如怎么样提高自己的口语表达能力,怎样为人处世在学校没有相关课程去学习。而这些无法在学校学习的技能和素养对于一个教师来说的确很重要。通过参加社会实践就可以弥补学校教育的不足,这也是师范生积极参加社会实践的原因和目的之一。再者,进入大三的学习,学校和社会的大环境会让人觉得焦躁。环境左右你的想法让人觉得迷茫,特别是当学校举行招聘会,看着有的毕业生投递上百份简历却只有寥寥几家公司给了面试的机会,就会发现找工作之路的艰难。趁现在大三赶紧多给自己的简历修饰几笔,这也是师范生忙碌的原因。

社会的浮躁气氛影响着当下的人们,从父母们让孩子参加各种早教机构,不让孩子输在起跑线上,到近年来再一次在农村涌现的高考无用论,无一例外地显现着人们急功近利的心态。人们常说大学是一个象牙塔,但是如今在这种气氛的感染下也会影响着莘莘学子在大学学习的态度。越来越多的学生渴望能够学习直接帮助自己职业发展的知识,从而把大学当作一个职前训练基地。一旦大学教育与所希望获得的知识有所不同时,就迫不及待地通过各种方式来强化自己。而社会实践就是弥补学校课堂知识不足的很好的方式。然而在另一方面,我们也要看到21世纪对人才的要求,即必须有正确的政治方向和高尚的思想品德;必须有参与国际竞争的意识和能力;必须有较强的创造能力和开拓精神;必须有良好的心理素质和较强的应变能力;必须具备适应科技发展的合理知识结构。仅仅通过大学教育已经无法满足时代对人才的要求,社会实践中培养的包括社会经验、为人处事、创新合作能力就显得尤为重要。

三、高校教师对于师范生参加社会实践的看法

教师对于大学生参加社会实践持一种支持的态度,但是也提到了大学的主要任务是要在不影响学习的前提下适量地开展实践活动。并且在参加社会实践的内容方面希望学生参加一些与本专业相关的实践,例如,师范生家教、校外教育机构就是一个不错的锻炼机会。

就业是每个人踏上社会必经的过程,等待着被选择,会让一些师范生显得不自信,从而产生一些焦躁情绪。这些都是正常的,师范生应该学会用平常的心态看待这些就业道路上的挫折;其实被选择的过程中也是一次双向选择的过程。师范生可以在择业的过程中进一步认识自己的能力优势和不足之处。对于大三的师范生来讲,鉴于大部分学生毕业后选

择从事教师的职业，他们更应当加强自己的师范技能锻炼，既要不断地为将来的职业充电，也不必过早的杞人忧天。

四、师范生参加社会实践的利弊

（一）师范生参加社会实践的利端

光明日报记者曾经有过这样一篇报道："有这样一所学校，它没有围墙；它在全国各大城市乃至大洋彼岸的社区和街道落地开花；它没有报名限制；从学龄前儿童到耄耋老人，从外来务工人员子女到下岗工人，从高墙内到福利院，最小的学员只有4岁，最年长的学员是106岁的老寿星"。这则报道讲的是上海师范大学的爱心学校，不仅师范生参与其中，全校超过八成的学生都参与其中。19年来先后有5万多名大学生担任校长和教员。这所学校不仅是检验教学技能的实验室，也是学生历练品格和传承师德的实践场。爱心学校源于上海师范大学的一项大学生社会实践活动，1994年暑假创办之初，它只是校团委在上海师范大学校园内举办的一个劳模子女夏令营。1995年，上海地区就出现了10个类似的中小学生暑期学习班，它免费向社区开放，成为孩子们度过一个健康快乐假期的场所，这一年它被正式命名为"爱心学校"。其办校理念是"三心"：献大学生一份爱心、给孩子和弱势群体一份关心、还社会一份热心。爱心学校的成长和壮大是每一个参与其中的学生努力的结果。在长期的实践中爱心学校的质量和特色不断地得到完善。不仅如此，每个爱心学校都有自己的特色，例如，有的是老年爱心学校，有的是暑期生活趣味英语、数学活动等，还有的是老师和学员们一起做游戏⋯⋯每次走上爱心学校的讲台前，学员们都会精心准备教案。充分做好课前准备，如积极活跃课堂气氛、自己动手制作教学用具、设置教学环节等。2007年中国教育报在关于上海师范大学爱心学校的一篇报道中写道："爱心学校使大学生志愿者得到了充分的实践锻炼。最新一次调研显示，在回答"为什么参加爱心学校"时，有90%的同学认为"为了向社会奉献自己的一份爱心，并且锻炼自己的能力"；在回答"参加爱心学校后的最大感受"时，60%的大学生感受了"社会工作的艰辛和收获。"如今在一批又一批的志愿者精心的呵护之下爱心学校已经19岁了，她在上海师范大学的人的心中已经成了一种责任，正是这种责任才使得一批又一批新鲜的血液注入到爱心学校的建设洪流当中。除了爱心学校的例子让我们看到师范生参加社会实践培养了他们的责任心和爱心，使他们在走向工作岗位前更好地理解了那句"学高为师，身正为范"外，师范生对讲台也多了一种骄傲的使命感。此外，在社会实践活动中还能锻炼师范生语言表达能力，与人交际能力等。

（二）师范生参加社会实践的弊端

在广泛参加社会实践的同时，我们无法忽视其带来的危害。"鱼与熊掌不可兼得"，大学生在校期间的主要任务是学习，过多的参加社会实践势必会影响上课。休息的时间少了会影响健康，和同学交流时间少了会影响友谊，过早步入社会少了学生应有的纯真和书生气。李开复给中国学生的第四封信"大学应这样过"中说过："大学四年每个人都只有一次，为了在学习中享受最大的快乐，为了在毕业时找到自己喜欢的工作，每一个刚进大学的人都应该掌握七项学习能力，即学习自修之道、基础知识、实践贯通、兴趣培养、积极主动、掌握时间、为人处世。"李开复首先把"学习自修之道和基础知识"放在首要地位，然后才是"实践贯通和兴趣培养"。可见大学生的首要任务就是学习科学知识。而身为师范生将来要"传道、授业、解惑"更应该掌握完整的知识体系，不能够捡了芝麻丢了西瓜。上海市徐汇区一位负责人事招聘的负责人说过："新教师入职学校最看重的还是老师的学科知识能力"。其他实践知识可以在今后的从教过程中积累经验，学科知识则要靠师范生在大学期间不断努力习得。俗话说要给学生一杯水，教师先要有一桶水。教师的这桶水是最基础的，也是重中之重。没有理论、学科基础的支撑，急功近利地参加社会实践反而会弄巧成拙成为"无米之炊"。此外，心理学研究表明，大学生在身体发育与心理发展等方面与成年人明显不同。这一时期的大学生朝气蓬勃，易于接受新事物、新知识、新思想，但由于缺乏社会生活经验，世界观、人生观、价值观正在形成之中，情绪容易激动，看问题容易片面，思想还未成熟。近年来大学生兼职市场的"红灯"也不断亮起。大学生在找兼职和做兼职过程中经常会遇上一些陷阱，一些企业或中介机构利用学生急于寻找兼职的心理，收取几百元不等的"中介费"或"押金"，却不做实事，使大学生们上当受骗甚至受害。

【启示与建议】

师范生越来越忙的原因可以大致分为以下四点。

一、学校课程设置不合理

《学会生存》一书中指出"教师的职责现在已经越来越少地激励思考，他将越来越成为一位顾问，一位交换意见的参加者，一位帮助发现矛盾论点而不是拿出现成真理的人"。师范生课程设置的滞后性也决定了师范生普遍缺乏实践知识和技能性知识。相当一部分师范生缺乏课堂教学组织、语言表达、班级管理、对学生的思想教育和人际交往等能力。师范院校在基础教育中发挥着重要的作用，但是师范院校的课程设置长期沿用"政治德育课+教育公共课+专业学科课+学科教育实习"的组合模式，大学的课堂教学仍采用呆板僵化的传统教学模式；课堂仍是教师的"一言堂"；教师处于主动"教"的地位，学生处于被动"学"的地位；整齐划一的教学要求、教师讲学生听的单向知识传授。这种"以教师为中心"的教学模式在很大程度上束缚了学生的创新思维，不利于创造性的发挥。在这种环境中培养出来的师范生很难适应目前中小学的教学要求。学校课程设置与中小学二期课改脱轨，使得师范生排斥学校的课程。

这方面可借鉴日本的做法。为了促进教学实践能力，对于教师教育课程模式，采用了以下的讲习形式：案例研究—教案制作—模拟教学（一二年级）；现场见习和实习—问题发现与交互—教学开发及评鉴（三四年级）。首先，通过"案例研究"学生能够吸收和理解他人的教学经验；其次，通过"教案制作""模拟教学""见习和实习"等方式自身直接体验教学实践，然后"发现问题"开始思考并寻找答案；再次，通过互相讲习的形式，与同学教师交流讨论教学问题；最后，在教师个体进行思索整理的基础上进行合作式的专业教学实践探讨，对教学进行"开发及评鉴"，强化了教师教学实践能力。

二、实践环节、教育技能课程太少

总体而言，我国教师教育课程体系建构一直沿用学科专业课程所占比例较高的综合大学课程模式，学科专业课程与教育类课程的比例严重失调，教育类课程在课程体系中找不到应有的位置。教师教育课程内容缺少应有的特色，与学科最新成果结合得不够，与实践教学结合得不够，与基础教育课程改革结合得不够，迫切需要进行课程内容的改革。建立合理的教师教育课程体系、完善课程结构、优化课程内容、丰富课程资源，对从事教师职业的师范生的可持续发展具有重要意义。

　　课程知识学习与实践技能训练对师范生的成长同样重要。华东师范大学建立了集专题见习、课题研习和教育实习为一体的实践教学模式，在基础教育界选聘了 8 位兼职教授和 120 位兼职导师，每年与实习学校共同开展约 30 项"基础教育与教育实习研究项目"。而北京师范大学为免费师范生设计了"3103 实习模式"，即三周教育见习、十周驻校、三周总结与反思，构成了免费师范生教育实习的新模式。一份调查数据表明，79.5%的免费师范生通过实习丰富了教育教学经验，71.5%的学生教学能力得以提高，63.1%的学生组织、沟通能力得以加强。学校可以吸取前两所学校的实践经验适时增加实践机会与质量。也可定期与其他师范院校进行交流活动，扩大学生的视野。

三、学生心忙

　　忙并不是一种外在状态而是一种内在心境。一个摄影迷可以徒步整个上海，一整天下来或许只拍下一张令他满意的照片。他不会觉得忙，因为他有足够的时间做他想做的事情。相反一个学生把很久之前的作业拖到最后一天完成他就会觉得很忙，因为他不得不做自己不想做的事情。事实上并不是因为学生真的有很多事情要做，而是他一开始对作业的排斥心态让他觉得自己很忙。同样的，对于社会实践会有同学因为工作的压力，为了让自己积累一些社会经验不得不参加社会实践给自己添砖加瓦，这种附加的心理负担就造成了忙的假象。而对于学生没有对未来有清晰的规划来说，首先就是要静下来给自己制定一个未来的规划。很多人勉强地做一份自己不喜欢的工作，一边哀叹，一边将就，结果工作也没做好，自己的想法也没实现，激情与梦想在无聊的事务性工作中，慢慢地被消磨掉了。

　　师范生心忙，是因为没有一个合理的职业规划，有目标才会有努力的动力。在大一新生入学时可以专门开设职业规划课程要求学生制定自己的职业规划。职业规划可以分成五步来完成。

　　（一）认清自己的现状

　　俗话说得好，当局者迷，很多学生都不能正确地发现自己的优势和弱点。认识自己要从职业爱好、职业特长、工作能力、性格特点、价值观、主要优缺点这几个方面进行分析，还可借助专业的职业分析工具软件帮助自己更好地认识自己。古希腊医生希波克拉底的看法认为人体内有 4 种体液（即血液、黏液、黄胆汁、黑胆汁），每种体液所占比例的不同决定了人的气质差异。从而把人的气质特征分为：胆汁质、黏液质、多血质、抑郁质。我们可以借助科学的评判方法更好的认识自己。

　　（二）确定自己的奋斗目标

　　一个人的职业目标，目标可大可小，可近期，可远期。近期目标可以是三个月以内，中期目标是一两年之内，而长期目标则可以是 5 至 10 年。

　　（三）分析现状与目标的差距

　　当你完成前面的两项功课，你会发现自己的现状与目标差距很大，越是长期的目标越看似不可能实现。不要被庞大的目标所吓倒，试着去寻找自己的"最近发展区"，一步一步分阶段实现目标就会发现目标并没有想象中那么遥不可及。

（四）制定行动方案

根据以上内容，制订切实可行的实施方案，分步骤、分阶段地落实，做到规划逐步深入，循序渐进。

（五）开始行动，脚踏实地

在行动过程中或许会产生一些迷茫，但是只要充实自己的专业功底，有一技之长就不会无的放矢。

很多师范生觉得参加完社会实践特别是实习之后，返回学校课堂所学知识和实践中的接不上轨。怎么上课、怎么对待学生、怎样处理课堂等问题，大学里都没有教，从而使师范生对学校安排的课程产生了一种抵触心理。教育是百年树人，似乎现在所学的知识不能直接在课堂上运用，其实现在在大学所学的并非是将来你在工作岗位上能运用的东西，大学所教的是生活的方式。教师教给师范生的是一种教育学术的素养，而这种素养不是一蹴而就的，是需要慢慢积累的过程。的确，大学教育不同于中小学的教育目标，进入大学前，一切所学都是可以直接衡量的，可以通过分数来判断你掌握的知识，而大学很多的知识看上去与你将来所要从事的职业毫无关系。但是大学是培养一个人思想判断力的黄金时期，让自己的心慢下来，脚踏实地，才不会那么忙。

四、兴趣不是最好的老师

人们常说兴趣是最好的老师。在经过炼狱般高考的洗礼之后，大学相对宽松的学习氛围和丰富多彩的社团活动时常会让那些囚禁了许久的不安因素活跃起来。大学生们忙于探索这个新世界，发现自己的兴趣爱好，一天到晚忙得不亦乐乎。一两年下来，专业知识学得一知半解，心里会产生一种隐隐的不安。对于一个肩负事业重任的大学生来说，怎么能仅仅由着自己的兴趣一日日得过且过呢？广泛的兴趣，肤浅的阅读，只能给人带来浮光掠影，浅尝辄止的收获。这些收获根本无法给今后的事业带来强力的支撑。只有踏踏实实地把知识学好，才会有底气，心里的不安自然也会消失了。

对于师范生来说，看一些与教育有关的书籍是必不可少的，可对于市面上层出不穷的教育书籍，我们又该如何挑选呢？朱自清曾说过"学文学而懒于记诵是不成的……与其囫囵吞枣或走马观花地读十部诗集，不如仔仔细细地背诵三百首诗。这三百首诗虽少，是你自己的；那十部诗集虽多，看过就还给别人了！"所以与其泛泛浏览不如读得精；与其为名目繁多的书籍烦恼，不如去细细品味那些千百年流传下来的教育名著。

（倪艳珺）

案例3　人际还是学业——大学生涯论成败

【案例介绍】

小张是一名新入学的大学生，虽然出生农村家庭，但是，由于是独生子女，她拥有父母全部的爱。入学两个月来，她感到情绪低落，心情郁闷，与刚进大学时相比，她对大学的美好幻想全都化为泡影。原本她希望在大学中认真学习，用知识来改变命运，因此开学她便投入了紧张的学习中去，一有时间就去图书馆，为此，她错过了寝室的聚会、班级的迎新会以及各种社团的招新活动。渐渐地她发现寝室的同学与自己疏远了，回到宿舍总是有种压抑的感觉。看见学校里其他同学三三两两地走在一起心里总不是滋味。虽然能控制情绪，内心却十分痛苦，她常常在脑中回想自己与他人交往"失败""丢脸"的事情，总担心再会发生尴尬事。现在，连她的成绩也受到了影响。有人告诉她，大学里跟高中不一样，学习没搞好人际关系来的有用。小张看着身边性格开朗、招人喜欢的同学一个个不是成为了社团、学生会的骨干，就是在各种活动中被老师任命为负责人，心里产生了一个大大的问号：在大学，人际关系真的决定一切吗？学习真的一无是处吗？

【案例分析】

一、人际、学业谁主沉浮

何为大学？在定义上，大学泛指实施高等教育的学校提供教学和研究条件和授权颁发学位的高等教育机关，包括高等专科学校、学院、综合性大学等。同时，大学相对于实施初等教育的学校更为开放，具备一定的社会性。因此，大学不仅是学生学习的园地，也是实践交流的平台，是学生踏入社会前的准备时期。毫无疑问的是，作为大学生，不仅要具备一定的科学文化知识、技能，也要具备良好的社会交往能力和社会实践能力。然而，初入大学的大学生不免有这样的困惑，在大学生涯中，人际关系与学业究竟何者更为重要？

（一）以学业论成败的论点

大学生是以一个成年人的身份进入大学的，即便已经怀有各自的梦想，不再如初中高中那样只有一个共同的目标——高考，但是在多数人的眼中，仍然将学业成绩视为大学生的本职工作和重中之重。的确，学生的本职工作就是学习，然而，大学生视成绩为首要的原因显然不仅仅在于掌握知识，取得优异的成绩本身，而是因为大学赋予了学业成绩更多的意义和特权。

第一，学业成绩代表了学生的学习能力和自制力。进入大学后，学生各自有了既定的专业，学校为大学生创设了良好的学习环境和提供丰富的资源。学习领域也从横向转变为向纵向深入发展。同时，由于大学的学习氛围较为宽松，大学课堂几乎没有固定的作业，除了专业课之外，各个学校都开设了多门为满足学生学习兴趣和需要的选修课程。这也意味着学生的学习多数是依靠自己的努力和付出，自主地进行学习。有些大学生由于过度放纵而出现了频繁逃课、上课睡觉、临考突击等问题，使得学业成绩一落千丈，无法掌握应该掌握的专业知识，与同学之间拉开差距。这极大地体现了一个学生的学习能力和在无人约束的情况下的自制力。

第二，学业成绩直接决定了是否能够拿到奖学金及各项优秀学生证书。进入大学后，学生取得奖学金的机会较中小学时期来说更多，因此许多大学生进入大学后也一直以奖学金来要求自己上进。同时，除了学校设立的奖学金，更有国家奖学金、企业或个人资助成立的奖学金等，这代表着优秀的学生可以依靠自己的努力得到资助。然而，决定是否能够拿到奖学金最主要的依据仍然还是学业成绩。大学奖学金的评定标准基本包括思想品德、课业成绩、社会实践三方面，在表面上，奖学金的平等涵盖了学生的德智体美劳各方面，这与奖学金设立的目标——表彰品学兼优的优秀大学生相符合。但是，实际上，奖学金的评定是从这三方面加权后的总分来确定的，而学业成绩在其中所占的比例超过50%，这表示了奖学金的评定基本还是依靠学业成绩来判定的。

第三，学业成绩优劣对于出国留学、考研、就业都有一定程度的影响。如今，在校大学生申请出国留学的比率越来越高，而在全球化的影响下许多国外优秀学校也向国内优秀大学生敞开大门。出国留学不仅仅意味着在知识水平上的深造，而对于多数大学生来说，深造后无论是留在国外还是回国都意味着一个灿烂的前途，这显然很吸引人。但是几乎所有的学校都对学生的学业成绩有一定的要求。以申请美国大学为例，美国院校，通过对高中、本科、研究生的学生进行不同的测试，如 SSAT、SAT、SLEP、TOEFL、GRE、GMAT、LSAT 等考试，规定分数要求。申请美国大学的本科学位，申请者需要具备 TOEFL 成绩，而一般大学的要求为 500 分以上。申请美国大学的硕士学历，除了具备 TOEFL 成绩外，还需要有 GRE 成绩，或者 GMAT、LSAT 等成绩。除此之外，对学生的在校成绩更有明文规定：申请美国排行前 50 的大学，在校成绩的平均分最少要在 85 分以上，分数越高越具有竞争优势。因此，学业成绩对于能否出国留学，特别是进入名校深造，有决定性的影响。而偏向于毕业后直接就业的同学，在校成绩就好比是进入企业的"敲门砖"，无论是好的学习机会还是工作机会，在一定程度上都要以大学时的在校成绩为判定标准。同样，许多工作单位和企业也是通过看文凭和在校成绩来决定哪些同学可以参加笔试、面试。如果所找到的工作与大学所学的专业对口的话，那么在校成绩尤为体现你在这一领域内的知识水平与能力。近年来，随着就业局势不稳，企业单位对学历要求越来越高，也有许多学生选择考研。考研对在校成绩虽并没有指标性的要求，但是对于学生的学习能力是一个极大的考验。

第四，学业成绩是判定学生能否毕业的最重要依据。学生成绩考核及管理是教学及教学管理工作中的一个重要环节，也是学分制教学改革的一项重要内容。它不仅可以对学生的学业成绩进行评定，了解学生对所学知识的理解程度和运用能力；而且，对检查和巩固教学效果、改进教学、提高教学质量，都具有重要的意义。同时，考核的成绩也是判定学生是否获取学分和能否毕业的依据。学生是否准予毕业主要依靠的是学生在校的学习成绩，成绩合格者可以取得本门学科的相应学分，从而达到毕业学分标准，即可获得毕业证书。这种考核方式应用于现今大多数大学的教学管理工作中，学位证与毕业证分开授予使学业成绩显得更为重要。以上海师范大学为例，总绩点满 2.0 者才可授予学位证书，这要求学生大学四年的每门专业必修课必须取得中及中以上的成绩，即要达到百分制考试的 70 分才能授予学位证书。

（二）以人际关系论成败的论点

人际关系又称人际交往，是指个人与个人，个人与群体或群体与群体之间通过一定的方式进行接触，从而在认知、情感和行为上相互影响的过程。大学人际关系主要有两方面组成——师生关系、同学关系；除此之外，还有室友关系、恋人关系等在大学常见的社会关系。大学人际关系主要有以下特点：交往范围大、交往频率高、交往手段多元化。因此，在很多人的观点中，大学人际关系是极其重要的，甚至影响超过学生的学业成绩。另有一些观点认为，学业成绩只要保持在中等水平即足够，而人际关系则应放在首要地位。

第一，人际关系有助于完善人格，从而实现自我了解，自我肯定。人的个性除了受先天遗传因素影响外，更重要的是受后天环境的影响，所以生活环境对人，特别是对人生观、价值观正在形成的大学生更具有特殊的意义。华生①的环境决定论认为环境和教育是行为发展的决定条件——"给我一打健康的婴儿,一个由我支配的特殊的环境,让我在这个环境里养育他们,我可以担保,任意选择一个,不论他的才能、倾向、爱好如何,他父母的职业及种族如何,我都可以把他们训练成任何一方面的专家——医生、律师、艺术家,或者是商界首领、乞丐或窃贼。"良好的社会关系有利于促进大学生形成积极向上,开朗乐观的性格,也有利于大学生在人际交往过程中提高自我认知水平,发现自己所存在的缺陷和特点,从而更好地完善人格,形成良好的品质。同时,良好的人际关系是心理发展的需要。离开了人际交往,人就无法发展健康的心理。大学时期是学生心理成熟的重要阶段,大学相对单纯的社会环境、较多的社交机会和较广的范围十分有利于开展人际交往活动。大学生的人际交往需求十分迫切,主要原因包括:许多大学生是背井离乡,异地求学,容易产生孤独感和失群感;大学生不仅需要面对学业压力,更要学会自理生活,独自适应大学生活;大学生活丰富多彩,学生交往机会多。因此,大学生需要在人际交往的过程中获得心理上的满足和快乐,找到归属感和安全感。

第二,人际关系的建立是大学生社会化进程的需要。众所周知,一个人在事业上的成功,除了非凡的专业知识外,一定的人际交往能力也是必不可少的。每个人的社会化进程都是在人际交往中慢慢形成的,人际交往是社会化的起点。大学是大学生走向社会的最后一个驿站,是加速大学生社会化的关键时期。在大学阶段除了要积累更多的将来工作岗位上使用的专业知识,还要积累更多的社会交往的技巧和能力。随着他们人际交往范围的不断扩大,交往形式日趋多样,交往内容逐步深入,大学生就能从交往中不断累积社会经验,学到社会生活所必需的知识、技能、态度等,明确自我的社会责任,促进成熟,从而为他们正式走向社会打下坚实基础。

第三,人际关系同时满足情感与功利的需要。戴尔·卡耐基说过:一个人的成功只有15%是由于他的专业技术,而85%则靠人际关系和他的处世能力。大学的人际交往动机都是相对单纯的,在交往过程中,更加注重人与人之间的理解和交流,讲究志同道合,性格相似,价值取向一致,思想深度相当,功利色彩较少。但是随着社会的变化发展,越来越多的大学生人际交往的目的趋于理性化,在选择交友这个问题上越来越重视与自身利益相关的现实性,崇尚物质,轻视精神。功利主义在人际交往中强调的是以自我为中心,以自身利益为前提。这些大学生在交朋友的过程中考虑更多的是与你交朋友对我有什么帮助。的确,良好的同学关系有利于学习成绩的提高,俗话说近朱者赤,近墨者黑,取长补短,特别在大学课业比较繁忙的情况下,同学之间互相帮助,分享学习资源是互利互惠的。另外,大学生活除了学习外还充斥着各种活动、讲座、兼职机会等大量信息,良好的人际关系网能够让你抓住许多珍贵的学习实践机会。除了同学关系,师生关系也日趋功利,许多大学生认为与辅导员、班导师、教师搞好关系后,无论是奖学金、评优评奖、留校实习、考研考博都相对容易。

(三) 师范生如何看

师范生是大学生的一类,所修专业属于教育方向,将来的就业目标比较明确,即到各级各类学校或教育机构从事教学管理工作,是未来教师的预备者。作为未来的教师,我们

---

① 华生(1878—1958):美国行为主义心理学家。

理应身正为范，随时以一个人民教师的标准来要求自己。在大学学习阶段，首先要将学业放在首位，教师是专业性极强的职业，它要求就业者接受过专业的技能培训和具备扎实的理论基础。师范生，是未来的教师，是教育事业的希望，秉承着对学生负责的态度，掌握好扎实的专业知识是我们在大学生涯中最重要的环节。同时，师范生也应该适当的发展人际关系，提高自己的社会交往能力，完善人格。教师职业要求就业者有良好的心理素质和沟通能力，这些素质都是我们在日常学习中所不能锻炼的。此外，现代社会对教师的要求越来越高，优秀的专业教师不仅要具备良好的专业知识和技能，也要向多才多艺的方向发展。在大学期间，如果能够在发展兴趣，拓宽人际的过程中发掘自身才艺是十分有益的。而在学业与人际两者之间的关系上，理应以学业为重，两者不能偏废。特别是在发展人际关系上，师范生应严于律己，不被社会不良风气所影响，不能过分注重功利因素，以满足情感需求为主，培养高尚的道德情操，广交益友。

二、导致学业与人际孰轻孰重观点不同的原因

（一）家庭原因

大学环境远比初高中来得更为复杂。在大学里我们能够接触到来自五湖四海的学生，这也意味着来自不同的成长环境、经济背景、教育背景的学生将共同生活在同一环境里。这些因素都会直接影响到大学生生活的各个方面，包括学习和人际交往等。家庭背景使得大学生在学业与人际交往方面有着截然不同的理解。来自大城市，家庭背景较为优越的学生从小生活条件优良，接受过良好的教育，因此，他们在学业和人际交往上过多地表现出一种以自我为中心的状态，并且在为人处世、待人接物时显得更为敏感。这些学生在学业上大多数并不刻苦，认为学业并不是大学生涯的首位，而从小受到父母的为人处世方式的影响，他们所接触到、见到看到的远远比那些来自农村家庭、贫穷家庭的学生要多，因此在社交能力上相对来说要强。在大学中，这些人更容易将人际交往的观念放在前面。但是富裕家庭的孩子可能更多地注重金钱，在人际交往的过程中目的性更为明显，更愿意与"圈内"朋友交往，不愿与其他人打交道。相反，家庭背景平常、生活不富裕的家庭的孩子会感觉自己无论在物质上还是能力上都不如人，所以带有一定的自卑感。他们清楚自己来到大学的目的就是学习，不能辜负父母的期望，因此，这些学生普遍学习刻苦努力，在物质上的自卑感使他们不愿过多社交，淳朴、善良的特质使他们待人真诚，更注重情感性的人际交往。

（二）学校原因

学校环境优劣影响到学生生活的方方面面。首先，大学理应为学生创设良好的学习环境。大学为高等教育培养人才，国家与社会的教育投入逐年上升，其中高等教育投入占了相当大的一部分。从2006年开始，我国高校扩招规模受限，同时国家进一步加大了对高等教育的财政投入，国家高等教育投入经费总额占到GDP总额的1%。因此，为学生提供更舒适的学习条件，更丰富的学习资源是大学之责。同时，大学也应该重视学生人际关系的培养，为学生创建一种良好的人际关系氛围，以同学关系、师生关系为基本出发，以丰富活动特别是宽松、和谐、自由的环境促进学生人际交往的形成。其次，学校要摒弃传统的"读书育人"的观念，更加注重学生的全面发展。在评价学生的过程中，不能仅仅以学习成绩来评价学生，而是从多方面考量和评价一个学生的能力。最后，学校内部也有可能出现由于社会不良影响而导致的腐败因素，比如在网络上流传着许多关于社团和学生会内部官僚化、腐败化的例子，比如在组织活动时中饱私囊，胡乱收取社员入社费供社团管理成员消费，选干部时内定黑幕等。这些都极大地影响了学校的风气。因此，学校要积极建立和完善现有的各项制度，包括学业评定制度，奖学金制度，学生会、社团制度。特别是要着力避免社会不良风气的影响，从制度上约束权力的滥用和可能存在的腐败因素，一旦发现从严处罚，绝不姑息，为学生的学业和人际关系创设健康、积极向上的环境。

（三）社会原因

许多人将大学比喻成社会的大染缸，学历社会、关系社会、功利社会等一系列名词深入人心。社会风气的错误引导，是导致学生对大学中学业成绩重要还是人际关系重要的问题认识不清的主要原因之一。

第一，社会风气对当代大学生的价值观有着深入影响。著名商人马云曾说：成功与否跟情商有关，成功不成功跟读书多少没关系。当代大学生价值观的形成和变化受多种因素的影响，其中，社会风气是一个重要因素。社会发展和导向使得现今大学生的价值观越发体现出与之相适应的"市场性"。这表现在大学生较以前更加以自我为中心，无论是学业还是人际交往，都讲求是否有利于自身的发展，个人的价值取向日渐狭隘和肤浅，拜金主义、享乐主义在现今的大学校园里面随处可见，"富二代""高富帅""炫富"等新兴网络名词滋生，急功近利的浮躁心态显现无遗。

第二，当前大学生就业形势严峻，许多学生面临大学毕业就失业的问题，因此很多学生认为在校期间要么就多读些书多考些证，要么就努力发展人际关系，以求在毕业之时找到靠山。无论在学业上还是人际上都更为现实地考虑自身未来的发展。这本身无可非议，但是过分的利益追求驱使珍贵的友谊和情感变得麻木不仁，同学之间的人际交往只有广度没有深度。

（四）学生心理状况原因

大学生的性格和心理状况也是导致他们在学业和人际关系上有所抉择的原因之一。由于性格上的区别使得有些内向、不善交际的学生在大学期间难以结交朋友，因此渐渐对人际交往产生了恐惧和逃避心理，从而只关心学业成绩，造成了学业和人际关系的偏废。另外，大学生活中同学之间的距离更加近了，一些生活上的摩擦在所难免，许多大学生无法适应或者不会处理，从而导致了同学之间的隔阂加深，造成心理上的负担，进而对人际交往感到无力。一般来说，一个人有了人际苦恼而不能解脱，可以说明他的人际适应不良。人际适应不良是社会适应不良的一种反应，扩展人际交往有利于大学生摆脱焦躁和孤独情绪，从而顺利地渡过大学生活。相反，一些性格外向，善于交际的学生在大学这个开放的环境中能够得到充分的施展和满足，学生会、社团都给他们提供了一个广泛交友、发展人际关系的平台，从中他们可能得到了许多的锻炼，但是也有一些大学生由于过度地沉迷于交际而导致学业的荒废。在当今社会，人际交往是要靠感情、实力、利益等多方面去维护的，三者缺一不可。

三、如何正确认识两者关系

（一）社会主要观点：学业与人际——并非鱼与熊掌不可兼得

对于大学生来说，学业与人际关系并非鱼与熊掌不可兼得的关系。当前，我国的社会究竟是学历社会还是人际社会,归根究底可以说是能力社会。一个人的学习能力与人际关系都属于能力范畴之中,也就是说,大学生既要掌握扎实的专业素养和技能,也要在大学学习如何与人沟通交流,团结合作,这是学生需要从人际交往中学到的。大学阶段是学生踏入社会的准备时期,特别要注意的是学业与人际关系两者不可偏废。仅仅注重人际关系而没有真才实学也是不能长足发展的。真才实学是立身之本,在激烈的社会竞争中,只有凭借真才实学才能有立足之地。大学不但为学生提供了高质量的学习资源、学习环境,也为大学生的人际交往创造了丰富的平台、提供了必要的支持,比如学生会、社团组织、实践活动等,参与这些活动能够有机会锻炼大学生的人际交往能力。

(二)师范生的观点:学业为本,人际并重

教师是一种专业性较强的职业。因此,掌握扎实的专业技能是师范生踏入就业岗位的根本。作为未来的教师,师范生应该具备高尚的情操,真才实学才是未来在教师岗位上得到尊重的根本。作为师范生不仅要学习书本上所教授的内容,努力扩展自己的理论知识,也应该注重社会实践和专业技能的培养,特别应该通过大量的社会实践来检验自己所学到的理论知识,形成自己的教学方法。强调学业为本是成为优秀教师的基础,然而一个优秀的教师往往又是一个"人际关系专家",他应具备能与学生建立亲密和谐的师生关系,能与同事、领导、学生家长进行有效沟通的人际交往能力,这种能力应尽早加以培养。另外,人际交往也是大学生生活中的一个重要部分,对其心理发展有着重要影响,能够促进个性的完善,从而达到合格教师的标准,更适合教师这个职业。这表现在两个方面,一方面是能够使得性格不同者相互掺和,另一方面也能促进同学之间的取长补短,查缺补漏。因此,师范生在大学生涯中也应该注重人际交往的发展和人际关系的形成。机会永远都是留给有准备的人,拥有扎实的专业基础,人际关系能够锦上添花,帮助师范生更快成长为优秀的教师。

四、作为师范生我们该如何做

(一)培养高尚情操

现今社会正处在一个社会结构、价值观念、生活方式、道德体系不断变化的时代。随着社会道德在调节和约束人们行为规范方面的作用越来越弱,社会上的一些不文明现象日渐成风,导致了社会不良风气的整体漫延。无论是思想上还是行为上,师范生作为社会的一分子也难免会受到社会生活的影响。而作为未来教师的师范生,如何建立正确的价值取向,摒弃社会上不正之风的影响,是师范生在大学期间所要面临的重要课题。

第一,师范生要时刻摆正自己的位置,时刻以一个教师的道德标准来要求自己。我们不仅教书,更为育人,因此在求学期间,要刻苦学习,实事求是,具备高尚的道德情操。

第二,加强师范生的自我教育,通过自我进修,加强职业道德教育和为人师表的养成教育,培养为教育事业奋斗终生的职业理想,创造德才兼备的合格教师。

第三,师范生应强化德育实践活动。师范生应该具备奉献社会、服务社会的奉献意识,主动参与德育实践。参与德育实践有助于提高师范生自身的道德修养,也有助于未来从事教师岗位以身作则,将社会公德,传统美德等浇灌给学生。

(二)培养良好的个性和性格特征

由于近年来师范生的就业门槛逐渐趋高,要成为一名合格的教师,仅有师范生的经历还不够，许多中小学在考核中除了重视普通话、外语、计算机等基本能力外，还希望应聘者具有外向的性格等条件。为何性格外向的学生在就业中比较受青睐呢？这主要表现为性格外向的师范生在与人沟通和人际交往方面显得更加自如，比较容易适应学校丰富的课内课外环境，与学生的适应交往能力更强。但是并非性格内向的师范生就不适合成为老师，内向性格的师范生在教育上也有他的优势，比如耐心、负责、能够长时间从事一项工作等。但是面对现今用人单位的需求，师范生需要在大学中有意地培养自己良好的性格特质，特别是良好的沟通能力。

除了良好的性格，师范生还要努力培养优秀的教师个性特征，培养吃苦耐劳的精神和责任意识，强烈的求知欲和创新意识。在大学学习期间，师范生可以通过有目的地创设和组织一些活动，如主题班会、演讲、文娱活动、义务劳动等，在时间和条件允许的情况下多参与实习和见习活动，尝试独立组织学生活动。有意识地培养这些优秀的个性特征，无论是对于人格和性格的塑造还是未来的就业都是十分重要的。

（三）发展正常、健康的人际关系

师范生在交往过程中应该努力发展正常、健康的人际关系。这就要求师范生在交往过程中摒弃过多的功利因素，注重情感和价值观的交流共鸣。主要表现如下。

第一，平等交往是人际交往的前提，要正确估价自己，不能光看到自己的优点而盛气凌人，也不要只见到自己的弱点而盲目自卑，要尊重他人的自尊心和感情，不能以有色眼镜看人。

第二，要尊重他人，在人格和态度上尊重同学。

第三，真诚待人，做到热心关心他人，真心帮助他人而不求回报，不阿谀奉承，对待朋友的缺点要诚恳批评，实事求是。

第四，互惠互利，主要指的是精神上的互利，能否满足双方交往的需求。

第五，讲究信用，言必信，行必果，讲真话，做真事。

同时，作为师范生，应该更加注重在人际交往中的语言艺术和非语言艺术，掌握得体的沟通方式是未来在教师岗位上所必要的能力，学会礼貌用语和倾听，增强自己的人格魅力。

（四）养成良好的学习态度，学好专业知识和教学技能

师范生在在校期间首先应该以学业为主，教师是一个需要终身学习的职业，所以师范生必须养成良好的学习态度，才能适应踏上工作岗位以后的工作和学习压力。作为教师，我们不仅要精通专业知识，更要学习有关心理、组织和管理工作的相关知识，可以说教师是个多面手，要有渊博的知识。同时，师范生还要加强教学技能的培养，教学技能在教学过程中发挥着至关重要的作用，随着我国课程改革的不断深入，对教师的教学技能也有了新的、更高的要求。教学技能是师范生必备的基本素养，是教师专业发展的基础，主要有课堂教学技能，教学言语技能，多媒体课件设计技能，教学研究技能，课堂管理技能，教学反思技能，讲课、听课、评课技能等。教学技能表现了师范生全面的、综合的教师素养，因此其地位至关重要。

（五）注重实践与锻炼

社会实践对每个大学生来说是都是宝贵的社会经历。有利于大学生在学习期间累积社会经验，为就业做充足准备。而对师范生来说，显得更加重要。

第一，社会实践活动能够提高师范生为社会奉献的意识，教育本身就是慈善，因此，在社会实践中学生能够建立一种深入的自我认同感、职业认同感。如今的大学生几乎都是家长的心头肉，自我意识较强，因此通过社会实践能够帮助师范生在踏上工作岗位后尽快地适应工作和激烈竞争的社会环境。

第二，通过见习、实习等社会时间能够提高师范生的教学技能，提升师范生的专业素养，累积教学经验。同时，也有利于师范生进行自我认识、自我改造和自我完善。

第三，社会实践也包括学生自主开展的科研活动，这样的活动不仅有利于培养师范生科研能力，同时也为培养教师，培养教育家做准备。

第四，社会实践能够锻炼师范生的人际交往能力和沟通协作能力，通过各种社会实践，师范生有机会直观面对人与人之间关系的考验，学会如何与人沟通，如何进行团队合作，如何处理人际关系等。

（沈燕菁）

第三篇 课堂学习

案例1 大学课堂的有效性有几成？

【案例介绍】

案例1

很多年轻教师在上课时会犯一个同样的错误，生怕学生掌握不了重点，又怕学生不理解文章，课堂上滔滔不绝地把同一个知识点讲了一遍又一遍。累得嗓子都哑了，可学生还是研究！出现了"教师很辛苦，学生很痛苦"的畸形现象。反之，有的教师为了图省事，在课堂上总爱叫一些成绩优秀的孩子回答问题。结果，这些好学生的确掌握得不错，可班上大多数人还没明白是怎么回事呢！

案例2

美国耶鲁大学的门口两侧各有一组浮雕，描绘的是教师给学生上课的情景，一组是台上教师侃侃而谈，台下学生昏昏欲睡；另一组正好相反，教师酣然入梦，而学生却在台下争辩得不可开交。

案例3

在某大学的课堂上，放眼望去同学们要么拿着手机看小说、上网、聊天、玩游戏，要么就是睡倒一大片，酣然入梦，面露笑颜。逃课的现象更是屡见不鲜，而学校则把学生的出勤率作为期末考察的一个重要指标，许多学生"被"强加去课堂，可心思早就不知飞去何处了。常常只留教师一人在课堂上滔滔不绝，而学生往往都是处于状况外，云里雾里的，没有真正融入课堂。教师学问还是那么的渊博，学生还是没有学到有用或者实用的知识。如果问起来"大学四年你真正学到了什么？"答案让人哭笑不得，有人回答："我只知道文科生快到考试前一个星期临时抱佛脚就行了"；还有人说："我背功倒增进不少，可是一考完试就全忘光光了"；还有人说"每次一到考试，我才开始正视书本或者教师上课的课件，复习＝预习"等，抱怨连连。

【案例分析】

大学是培养社会人的一个场所，大学生在大学期间受到的教育对他们今后对待工作的态度是否认真负责，是否懂得与社会上形形色色的人打交道都有着深远的影响。上面举出的三个案例分别从不同角度折射出了当今大学课堂有效性的严重缺失，其常常表现为教师对待学生规范统一、学生层次参差不齐，未能真正因人施教；教师上课松紧度控制不到位，未发挥积极和及时的引导作用；学生在课堂上参与度不够，时常处于游离状态等。大学课堂在某种程度上与中小学课堂有着截然不同的特点，它没有强制学生在某个时候必须做什么事，也没有硬性规定学生要如何上课，以及在面对教师的授课时得做出怎样的反馈。这就要求大学教师在课堂上明确自己的角色定位并且把握好课堂的松紧"度"，不然就会走向第二个案例中的两个极端——教师对学生过度圈养和过分散养。现在大学里有些教师把自己当成学生的"奴隶"，当成知识输出的中转站，凡事都要亲力亲为，生怕学生不会不懂，一遍又一遍地强调知识点。其实，他们着重的内容仅仅是自己看重的，也未必是最前沿的资讯，未必可以被现在的学生们接受。还有些教师就是敷衍了事只顾完成自己的教学进度，上完课就拍拍屁股走人。据大多数学生反映：大学教师都挺神秘的，一下课就找不着人影，想问个问题还得提前"预约"，甚是艰难。案例三是比较鲜明且最贴近大学课堂的真实写照。如今大学课堂仿佛成了一个可以随意逃课，随时走神的地方，又或是休眠的地方，在学生圈子里有人甚至将大学里还没有逃过课的人视为异类。因此，有人就提出了显性逃课与隐性逃课（即上课时间学生按时到教室上课，却在上课时间里长时间地进行与课堂内容无关的活动，如听MP3、上网、睡觉等）的说法，颇为形象。

如今大学课堂出现无效的问题并不是偶然的，原因也有很多种。

首先，大学课堂有效性的缺失是12年应试教育留下的后遗症，学生在想象力极度丰富的时期被过早地束缚了，折断了想象的翅膀。在初中、高中，学生为了应对考试接触的都是记忆性的知识，做大量重复且相似的题目，对于开放性的题目往往都采取"消极对战"的态度。然而一进入大学，很多学生发现大学是一个给他们经历高考后"疗养"的地方，没有每天堆积如山的卷子，没有教师天天在耳边唠叨讲题，他们没有了条条框框的知识需要记忆，突然为他们打开大门给他们更多的空间和余地去发挥和思考，学生反而不知道如何自学了，于是他们放松、懈怠，觉得去不去上课对自己都没有什么影响，有时去了也是浪费时间，还不如在寝室好好休息，玩玩游戏来得痛快。也有一部分大学生在网上下载国外公开课，在自己的大学课堂上学习而隐性逃课。一些热门公开课下面有很多网友的跟帖评价，不少人谈到了这种公开课和自己大学课程的对比："看到这些课程，真觉得自己的大学白念了！""国外的课程注重素质教育和独立思维，比国内大学的课程好多了。""国外的名师都能把这种视频放到网上分享，我们有的教师却连电子课件都舍不得给我们。"看到这些观点，我们不禁要思索：大学课堂到底哪里出了问题？国外能培养出优秀的科学家、诺贝尔奖获得者，这也许不是一种偶然现象，而是他们在大学这个最能开发学生思维的阶段给了学生足够多的空间去进行自我探索和研究，学生们懂得如何用自己手边的工具去解决实际问题，懂得开发他们需要的东西，进行创造发明。国外有这样一个案例，在营销课上教师布置一个任务：让学生批发鞋子卖鞋，有运动鞋、皮鞋、布鞋三种，教师问学生打算批发哪种鞋子来卖。教师话音刚落已经发觉教室里人都走光了。原来学生已经早早地去实践了，他们有的在校园里观察过往的同学们脚上穿的是什么鞋子，有的则等候在校门口看路人脚上鞋子的类型，显然是想在校门口摆摊卖鞋了。这些学生仿佛已经形成一种本能和习惯，教师每次布置一样任务，学生们就已经知道了要去做些什么，很快就能找到解决的窍门。这样的一种反差值得反思：为何我们的大学生不知如何用所学知识去解决实际问题呢？授之以鱼，同样也要授之以渔。

其次，学习兴趣低，学生学习热情不高；课时密度低，教学内容广泛但粗浅。现在大学很多课程的设置也存在着不合理性。到底有多少课程是根据学生的需要进行设置的呢？有一项调查结果显示，研究型大学中只有49%的学生对所在院系的教学质量表示满意，多达半数的学生对大学四年50％以上的课程不满意。就拿教育专业学生为例，教育是一门实践性很强的专业，但是最后往往实习期只有2～3个月的时间，而学生在前几年学到的理论都是前人总结出来的经验，教师不是流水生产线上熟练的"操作工"或"技术工人"，而是反思性的实践者。将教育教学过程视作单纯的"技术性实践"的人，往往极力主张将教育理论"操作化"和"模式化"。因为在他们看来，只要理论工作者将其倡导的理论转化为一套可实际操作的应用技术，实践者按这套技术提供的程序与规范去"做"就行了。机器人本身是没有"思想"的，教师要有自己的判断力与理解力，而不是超强的、忠实的执行力。所以学生在早几年的课程中掌握的与教育教学实践有关的"规则""方法"与"技术"是远远不够的。同样，现实中每个学生的情况不同，需要的对策也是因人而异，应该像医学专业的学生一样有一年左右的"临教"实习，让学生真正能培养站上讲台不怯场的能力和课堂驾驭全局的能力，在不断的实践中获得自己需要的东西。而这样的课程设置往往是很欠缺的。另外，对于大多数学生来说，选修课的比例太低了，学生们感兴趣并且可供选择的课程太少，不能保证学生主动发展。而学习时课程过多，学时过长，学生会疲于听课，没有自由活动的时间，其个性发展只能流于形式。正如苏霍姆林斯基所说："只有当孩子每天按自己的愿望随意使用5～7个小时的空余时间，才有可能培养出聪明的、全面发展的人来。"只要课程对学生胃口，学生们才会主动参与其中，才会在课后花时间去探究和深入学习。

若是大学课堂还是像现在这样没有生机、没有效率，一节课、一学期，甚至本科四年下来一无所获，没有进步，那么耽误的不仅仅是老师的宝贵时间，更是白白消耗了学生的青春，助长了他们的惰性和懒散，就无法培养出高素质、能力强的人才。以师范生为例，他们今后毕业大多数是要当教师的，如果在受教育的时候不专心，那么以后他们的学生也不会认真上课，那些教师会不会以过来人的姿态觉得是理所当然的呢？这些师范生受教育的姿态就是以后施教的写照。如果教师在课堂上所讲授的知识一点儿效果都没有，又如何培养出高素质的师范生？岂不成了误人子弟！所以教育专业中课堂的效率显得更为关键。那么何为大学课堂的有效教学？有效教学并不一定是指教师在最短的时间里将最多的知识传授给学生，更不是指给自己制定教学任务然后一节课结束后任务全部完成就OK了。这里提到的"有效"是指追求教学的效益，即教师知道教什么，学生知道自己每天在课堂上到底能做些什么。教师教的内容学生是否愿意学才是最为关键的，应使学生"主动探究"学习内容，而非处于"被教"地位。如果学生学得很辛苦，甚至厌学，即使教师付出再多也是无效教学或低效教学，这些都不是大学课堂上所预期的理想状态。有效教学追求的就是高效的课堂，也就是节约投入量和增加学习收获量的教学。所以教学的目标和重点应该立足于"学到什么""怎么用知识""如何解决问题"，而非执着于"教了什么"，只有教与学双方都是主动和自发的，才能达到学生与教师共同成长，通过双方知识和认识的互补一同提升的双赢效果。

【启示与建议】

现在大学课堂低效的一种风气一时半会儿是无法彻底扭转的，但是只要肯跨出第一步，有了改进就一定能被更多人接受，学生也肯定会爱上课堂，体会上课的乐趣。下面几条改进和提高大学课堂有效性的建议和方法，主要是从学校和教师方面着手的。

一、学校应给学生足够自由选择的空间，变"逃课"为"淘课"

现在，国内外网络上有很多给学生"淘课""蹭课"的机会。学生可以免费听国内外公开课，除了到大学校园实际听课外，还可以选择通过网络无国界听课。如今，哈佛、耶鲁等国外知名大学和国内顶尖大学都向社会开放了不少公开课。通过这些视频公开课，网友不仅可以感受名校的课堂氛围，也能够获得系统化的知识，这被许多网友视为"没有围墙的大学"。复旦大学也陆续出了"蹭课"地图，让学生选择自己感兴趣的课程，除了诸如形体训练、中医文化、当代小说选读等本身很吸引学生的课程外，教师的魅力也成了衡量是否有必要"蹭"的标准。如"思想道德修养与法律基础"这样在大学中常被视为枯燥无味的课程，也上了"蹭课地图"的榜单，推荐理由是因为主讲教师"能用吸引人的语言讲解一些看似乏味的问题"。"蹭课"这一行为充分调动学生的思维积极性，给学生"换脑"的机会。很多文科生的文科知识学得多了，就会局限于辩证思维，而忽视了逻辑思维；而理科生则可以暂时放下密密麻麻的数字和公式去感受文学和语言的魅力。"蹭课"和"淘课"可以让学生们自由选择自己感兴趣的教师，去感受他们的课堂魅力，使得学生方方面面都得到全面的发展。学生在上他们喜欢的课的时候是没空做自己的事情的。例如，新东方的周思成老师，他上课时十分幽默诙谐，以各种搞怪的方式让学生学习英语，这给很多在英语上跌倒的学生带来了学习兴趣。教师只有不断地改进自己，在教学内容上容趣味与知识为一体，在教学形式上融活泼性与规范性为一体，在注重专业性与知识性的同时，力争深入浅出、通俗易懂，让自己在课堂上变得"被需要"和"有存在感"，最大限度地吸引学生注意力，这样才能与网络上形形色色的课程赛跑，和同行竞争。

二、教师要提高自身技能和教学策略，成为效能型的教师

（一）改善教学评价和考察方式，调动学生的参与度和积极性

学生对一门课程的参与程度往往取决于教师要求他们展示些什么。就拿"教育评价"这门课来说，如果上课时教师总是讲些理论的知识，告诉学生评价的特点、重要性等，那么这门课等于是纸上谈兵。教师可以让学生通过收集数据、分析数据、设计调查问卷、计算等实际操作来验证课本上的知识，给学生一个小试牛刀的机会，如果能这么做，那么这门课就达到了预期的效果，可以说是成功且有效的。又比如"教育技术学"课程，可以让学生在完成课堂学习后制作一系列的电子课程，巩固PPT的制作教学，让师范生为以后课堂上的教学奠定一定的基础。另外，考试不是唯一的考核方式，专业技能型的课程就应该以特定的实践操作方式来考核，而研究型的课程可以以论文的方式来考察学生的水平，也能更好地区别学生对课程的掌握程度。

（二）教师教学资源的提前公开化会提高课堂效率

正如"积极心理学"（网易公开课上翻译为幸福课）课程的主讲教师TalBen Shahar所说的，课前会把课件放到网上供学生预习用，有助于学生在课堂上更好地理解，课后再把讲课视频放到网上供学生复习。在课堂上，学生不用被动地做各种记录，而是主动地去记笔记，记下那些课件中没出现但对自己有用的内容。但实际上有很多教师不愿意用这个方法，他们宁可让学生在课堂上拼命地记笔记，也不愿在上课前或课后把课件交给他们。有的教师也摆出了自己的理由："课件都给学生了，笔记也不用记，那他们更不听课了！"殊不知疲于抄课件的学生，没有更多的精力去分辨老师讲的是什么内容。其实，多媒体技

术的确让上课内容的形式变得多样化了，可是却失去了重点，很容易让内容流于形式上的多样性。很多时候，学生上课看着一张张的PPT往往弄不清什么是重点什么是非重点，课上的时间他们根本无暇去判断知识的重要性和针对性。只能囫囵吞枣般地一起"吃"进去，一下课便将知识抛在脑后了。

（三）师生间要开展有效互动，正确把握"教"与"学"的关系

苏霍姆林斯基曾说："学校里的学习不是毫无热情地把知识仅从一个头脑装进另一个头脑里，而是师生每时每刻都在进行心灵接触。"教学只有在师生间相互作用，才能产生效果，它是双方思维碰撞后的火花。比如提问这一点，在课堂上就有着关键的作用，当教师发现学生的倦意之后，提一个问题让学生的思维动起来，唤醒课堂上昏昏欲睡的学生，给他们缓冲的时间和足够的精力去面对新的知识。同时，提问还可以让学生树立课堂的参与意识，不能让他们存在一味等待教师灌输的思想。学生如果课前无准备、课中无思索、课后无反思，就没有将被动的"上学"提升到主动的"求学"，那也就是没有真正学到知识。学生也可以向教师提问，挑战他们的权威，因为有思考才会有疑问，脑子像一渠活水般才会真正对上课的内容上心。

提问同样也是需要艺术的，有的教师会问："对这件新闻你们了解不了解？你认为我说的对不对啊？"等此类有明显暗示的语言，教师一呼，学生百应，整个互动过程都在教师的控制过程中进行，自然非常顺利。但是，这种互动作用失衡，只是将原来的单向灌输模式加以调整，换汤不换药，沟通过程仍然呈单向型互动。这样的提问是无效的，真正的提问应该是让学生带着积极的态度和兴趣参与；帮助学生对所学的知识能够真正理解；帮助学生理清上课思路，提高语言表达技能；教师的问题应该是启发性的，让学生得以沿着教师提问所设置的阶梯找到今后独自解决问题的途径，久而久之形成语言学习所需的能力，培养他们的批判性思维、求异性思维、探索性思维。

（四）成功的教师在课堂上往往以细节取胜

其一，"戛然而止"是明智之举：大学教师基本上不拖课，往往都是到点甚至是提前就会下课，不是说教师上课偷懒马虎，而是有的教师在当堂完结一章节教学内容后就不另外开启新的一章节，因为他们知道一个知识点不足以用那十来分钟讲得清楚，所以宁愿放弃开启一个新的话题，这就是教师掌控课堂的艺术。其二，教师在课堂上应该与学生有频繁的眼神交流，当学生迷茫困惑时，教师就知道可以放慢自己上课的节奏；当学生走神或者开小差时，教师的眼神可以传递出令学生警觉、注意的信息，让学生放下手中的事情将注意力转回到教师所讲授的内容上。经常把"美丽"的背影留给学生独自写板书，或低头念PPT的教师怎么能吸引学生停留的目光呢？

总而言之，大学时代的教育不应该再是应试教育的缩影，考试只可能是其中的一种不得已的考核方式，但不是最终目的。知识是永远学不完的，就算学生的考试成绩再优秀也只能说明某一方面比较擅长，无法以偏概全乐观地认为学生真正掌握知识了。学生应该学会的不仅仅是知识本身，最后离开学校，走出课堂要掌握的应该是一种思考方式。爱因斯坦说过："什么是教育，当你把受过的教育都忘记了，剩下的就是教育。"

课堂教学是否有效很大一部分在于教师。大学教师的重要之处就在于点拨学生，在他们需要的时候提点一下，适时地放手让他们自己去探究，在思考中学会举一反三。工作重心必须从"教会知识"转化为学生"会学知识"。正如古语所说："授人以鱼，三餐之需；授人以渔，终生之用。"我们的学生应该学会养活自己的技能，而不是满足于"有吃的"

就好；同样也要授之以"欲"，让学生树立学习的动力和热情，变成自己自主地想去学习，将在课堂上不断思考变成一种习惯和本能。大学的教育是学生与社会接轨的一个过渡期，在此期间大学教师帮助培养学生养成良好的学习习惯，重新给学生树立起自由开放宽松的课堂思考空间，大学课堂有效性的目的就是为了培养高素质有能力的人才，让他们将大学里培养的学习习惯和思考方式运用到以后工作生活当中，能从容应对各种状况。其中的有效性是指学生在课堂过程中的参与度和接受度的有效性。但是其结果往往是隐形且缓慢的，进步和发展可能在以后的很长一段时间内才可以看到效果，但从可持续发展的角度来说绝对是有益的。教师们可以在教学生涯中总结并实施高效率的教学，用较为聪明的方法来实现高效课堂，有时候也需要教师摒弃传统和旧观念，进行一些教学上的突破才有可能达到预期的教学效果。这些都需要教师们在教学生涯中不断反思、不断积累、不断完善，师生共同合作努力才能让大学成为名副其实的大学课堂，提高大学课堂的生命力和有效力。

（吴晗颖）

案例2　教书匠还是火炬？

【案例介绍】

案例1

小王是刚刚毕业的新老师，对于第一次踏入真正课堂的她来说一切都充满着好奇和挑战，她觉得凭着自己年轻的热情一定可以和班级中的学生打成一片，学生们会被她所感染。然而事实总是不尽如人意，尽管小王想尽了办法，但似乎在课堂上这些小学生们总是不能把注意力集中到这位"用心良苦"的老师身上。小王发现在大学学习中书本上提到的一些关于教育的原理都用不上，她甚至感觉自己倒霉透了，怎么碰到了这么调皮的学生。很快，小王就发现自己不是在讲课，而是在扯开嗓子叫嚷：

"坐下，我要和你说几遍！"

"记住！这是我最后一次提醒你了，别乱讲话。"

"安静！安静啦！你们实在太吵了！"

她觉得自己的声音越大，下面小朋友们的声音也越大，于是课堂的有效控制力越差。最后，她愤怒地把教科书一扔，重重地敲打在讲台上。座位上的孩子们被吓了一跳，然后渐渐安静了。小王对她自己所做的一切感到厌恶，她甚至讨厌自己。她失望地发现在大学里面学习到的那些书本上的纯教育理论压根儿用不上，什么"对待学生要有耐心、慢慢引导他们、长善救失……"她也想按照那些伟大的教育家总结出来的教育理论来实行她的课堂教学，但是总感觉行不通。在一次的课堂提问中，小王提问了一位学生，结果这位学生因没有掌握好最基本的知识而遭到心情不好的小王老师批评，换句话说，这位可怜的同学正好撞在了老师的枪口上。班级中的其他学生看到了，脸上流露出了一丝害怕小王老师的表情。于是，在以后的课堂上，小王老师奇怪地发现，课堂纪律不知不觉地好了，再也没有同学在她的课堂上随便乱讲话了，但是也不大有人敢直接回答老师的问题了，至于那次被小王狠狠批评过的那位同学，虽然小王在课后找他和他谈过心，道过歉，但如今这位学生上课一直沉默不语。小王突然发现，学生们这样子在课堂上保持安静的感觉真是太好了，即使没有同学主动愿意回答她的问题那也没有关系，因为这样一来，她在课堂上的教学任务不会因为任何外在因素的干扰而被打断，一节课按照原先备课教案进行下来可以说是顺利极了，只要最后学生们完成规定的作业通过考试就可以了。于是，小王的课堂便成了像工厂流水线上生产产品一样。

案例2

每一个刚刚踏入自己职业生涯路的新教师，总是充满信心和激情的。小李也是刚刚毕业的新教师，当她第一次走进课堂看到下面一双双无瑕的眼眸里流露出的好奇感时，她的脸上顿时露出了一丝微笑。小李很庆幸自己没有受到冷场，整个课堂的气氛都是很活跃的，面对这样活泼的气氛，小李一点儿都没有感觉那是吵，相反她自己正沉浸在这活跃的气氛中。在课堂学习过程中，全班30多个同学纷纷举起了自己的小手踊跃发言。同样地，在一次语文课上，小李问道："雪化了是什么？"一位同学很积极地回答道："雪化了是春天！"顿时，班级里面一阵哄堂大笑。"笨蛋，雪化了是水！"那位回答问题的同学看到全班同学都这么嘲笑他，就觉得自己说错了，于是把头埋了下去。小李看在眼里，说："同学们，我觉得他回答得非常好，我要为他的勇敢和丰富的想象加五分！"说完，小李向小男孩投去一个赞赏的眼光，大家也朝那个小男孩望去……一天的工作结束后，小李回到自己家里，虽然感到很疲惫，但是她觉得很值得。在以后的课堂上，同学们总是很积极地讨论，争先恐后地回答小李提出的问题，因为他们幼小的心灵在老师那里可以得到肯定和满足，同时，小李也擅于调动班级学习气氛，懂得课堂教学的艺术。对于那些比较内向的孩子，小李也会"特别照顾"他们，她会在课堂学习交流的过程中给予他们更多回答的机会，及时肯定他们的表现，让那颗胆怯的心也能融入到活跃的课堂气氛中来。因为小李坚信自己的教育信仰：她一直都很崇拜《第56号教室的奇迹》一书中的老师雷夫·艾斯奎斯。如果说在生活中，东晋陶渊明笔下的桃花源是我们大家心之向往的地方的话，那么霍伯特小学中雷夫·艾斯奎斯带领的第56号教室便是小李心中教育界中的"桃花源"。雷夫老师在《第56号教室的奇迹》一书中在贫民窟的教室里为他的学生们营造了一个快乐的天堂，小李知道这是用爱心和智慧所浇灌出来的，必定会有不平凡的结果。因此，与其说是小李想要复制那份成功，不如说是她想要靠自己的心去创造那个能让孩子们更好成长的环境，她也相信自己有这样的能力。如此一堂堂课下来，小李感受到原来站在讲台上的感觉是如此美妙，她很享受。小李觉得自己当初选对了道路，每天都能和这群天真的孩子在一起真是件幸福的事儿，她相信自己可以成为一名好老师。

【案例分析】

上面两则案例，两个教师孰优孰劣我们一眼就能看出来。

首先，小王老师的课堂教学心态和观念在遭遇课堂教学过程中的不如意以后，变得很消极和不上进。可以说，她缺乏教师本应具备的专业素质。到最后，小王老师也许自己都不知道她得以"顺利地"在课堂上讲课所付出的代价，那就是拉远了学生和自己的心灵的距离。可悲的是她似乎不在乎这种关系的建立，反倒是觉得学生们在课堂上保持安静简直是她求之不得的，即使没有学生主动回答她的问题也没有关系，只要学生们最后掌握她所教授的知识、完成作业、通过考试便可以了。而另外一方面，我们可以看到，同样是初入课堂的老师，小李在自己的课堂中的教学心态和信念上是把持的很好的。同样是面对一群活泼的孩子，在小李老师的眼里看来就是积极美好的事物。

其次，读完两则案例后，我们可以明显感受到，小王和小李两位老师的课堂教学方法是完全相反的。小王老师的课堂教学方法可以说是死板的，她采用的是灌输式，让学生们直接被动地接受老师讲授的知识，学生和老师之间没有良好的互动，到后来师生之间隔着一段遥远的距离。如果小王老师今后还是按照这样子教下去，在其一生的教学生涯中都会悲剧地充当一个"教书匠"的角色。难道新课堂素质教育理念下的教师仅仅只是作为一名普通的教书匠么？相反的，我们可以看到小李老师则是一把耀眼的"火炬"，她的课堂教学方法是启发和鼓励式的，她不仅给自己的学生带去了鼓舞和快乐，而且也找到了自己前进的方向。在小李老师的教学生涯中，火炬的光芒不仅点亮了学生的心灵，而且照亮了自己前进的人生道路。在教师的教学生涯中，其实许多人不知不觉中会成为第二个小王。教师是想成为一名"教书匠"辛苦一辈子，还是成为一把耀眼的"火炬"照亮教学之路？观念决定了未来教师的课堂教学形式。

最后，健康的教育课堂应该是怎样的呢？很显然，小王老师的课堂教学是病态的。她在课堂上与自己的学生是分离的，是两个不同的部分，她并没有融入到学生的内心世界中去。小王老师的课像是工厂流水线上生产产品。如果从师生关系的角度讲，课堂上的教学应当是学生与教师愉快合作、愉快学习的天地，是共同体验，拉近双方距离的平台。不要让学生害怕某个老师而不敢踏进教室的门。有时我们会听到有同学说，"哎，又要上××课了，真不开心"。试问，是这门课本身让这位学生感到无趣，还是老师没有把这门课上好呢？显然是后者的因素占的比例更大。此外，不能在课堂中扼杀学生的想象力这一点是很重要的。课堂是师生交流和学生学习的主阵地，是培养学生想象力和创造力的地方。有这样一个令人叹息的教育现象：在小学一年级的课堂上，明明是30个学生的课堂每每在回答老师问题的时候总会举起四十几只小手。可是这样一种现象，是随着年龄的增长而成反比例的，到最后，大学的课堂里面，从之前的踊跃发言到后来的鸦雀无声，这种现象的背后到底是一个怎样的过程？我们的课堂教学的确需要反思。

【启示与建议】

一、新课程理念下课堂教学模式的探究

在案例中，小王老师的课堂教学是传统课堂教学的缩影。如今在素质教育倡导下新课程的实施过程中，怎样才算是上了一堂真正的好课，如何才能上好一堂课，无疑是未来教师们共同关注和努力的方向。从传统课堂中以夸美纽斯讲授式的课堂教学中以"教师为中心"的理念转变到如今课堂中多次强调以"以学生为中心"的理念，新教师们做好准备了吗？

第一问，课堂上教师真正关注学生了吗？有位实习师范生在一家教育机构带课过程中发现了这样一个现象：尽管教师将教学过程设计得很新颖，一个个环节都是新课程"师生互动""以学生为中心"理念的体现，但是学生的学习方式并没有改变，仍然是在配合教师完成教学任务。有的教师总是希望学生沿着自己事先设定的思路回答问题，在自己事先安排好的空间范围内开展自主活动，最后圆满地实现自己的预定目标。殊不知，这种教学恰恰把学生的学习引入了死胡同——为了学习而学习，就像案例1中的小王老师那样。要

让每一位教师做到真正关注每一位学生的发展并不是一件容易的事情。把"教为学生服务""学生是学习的主体"这些教育理念从停留在口号这一层面上上升到实际行动中是每一位未来教师需要探讨和努力的方向。因此，新课程理念下，教师应充分关注学生的需求，给学生以自由支配的时间和空间，使学生最大程度地处于积极主动的学习状态，让课堂成为充满创造和神奇的地方，成为充分展示学生独特个性的地方。

第二问，课堂教学过程中的知识是教师直接给予学生的，还是经过引导，学生通过自己的努力获得的？在传统的课堂教学中，教师是学生学习活动的管理者和控制者，学生的一切活动都处在教师的监控下，课堂教学模式就是一种"你讲我听""你问我答"的填鸭式教学。健康的课堂教学模式应该是教师和学生是学习的共同体，学生并非局外人。教师要让学生意识到自己是学习的主人，并引导学生学会提问、学会质疑，让学生在教师的引导下，自觉、主动地获取知识。两种方式最明显的一个区别是，健康的课堂教学模式是指教师在讲授一堂课的时候，不是像传统的课堂教学那样直切主题，而是注重学习情境的创设，适当地情境引入，通过创设各种真实的、基于学习任务的情境，帮助学生认识当前自己所学知识的意义。这是抓住学生的学习兴趣，引导他们自主学习的第一步。另外，课堂教学过程中要让学生通过自己的努力获得知识体现在教师的教学方法上，这一点确实很重要。比如，"南钱北魏"中北方的魏书生老师，他的"循序渐进"和"长善救失"的教学方法对于未来教师来说是一个很大的启示，都是值得我们去探讨和学习的。

第三问，课堂中组织的小组合作讨论学习是有效的，还是只是流于形式？当下，合作学习已成为新课程理念下的课堂时尚。有的师范生在兼职过程中，在课堂教学中非常喜欢让学生们进行讨论，合作学习。他们认为课堂中运用这样一种"时尚模式"一是可以很好地活跃课堂气氛，让学生们一起参与到其中；二是觉得自己是在践行新课程的理念。从表面上看，这种模式可以活跃课堂气氛，也确实达到了一些效果，可是从实际的教学效果来看，就未必那么理想了。小组合作学习的确是新课程倡导的学习方式，但不能机械地理解，不能认为每堂课都要搞小组合作学习，也并非所有的教学任务都适合小组活动形式。班级教学、个人学习仍有着合作学习所不可替代的地位和作用。在教学过程中，教师应当根据教学的实际需要，选择有利于产生争论的、有价值的，而且是个人难以完成的内容，让学生在独立思考的基础上交换意见。教师还必须选择恰当的时机进行指导，如学生的方法多样时、思考出现困难时、意见不统一时。关键在于提出的问题能否提供合作的契机，是不是值得讨论的问题。如果提出的问题过于简单，讨论将变成一种形式。

因此，理想的课堂教学应该是真正关注学生、培养他们自己通向知识的海洋。

二、教师应在课堂教学中清楚自己扮演的角色，明确自己的定位

在一项对师范生"你认为教师应该在课堂中扮演怎样的角色？"做的小调查中，有将近70%的师范生认为教师在课堂当中应当充当"引导者"的作用；另外一个小调查是问师范生"愿意把未来课堂上自己的角色比喻成什么？"不同的回答揭示出了他们自己对于课堂角色扮演的理念认识上的不同。有的把教师在课堂中扮演的角色比喻成清澈的河流，有的比喻成大树，有的比喻成灯塔，还有的比喻成雕塑、天使……这个小调查的目的有两个，一是想看看当今师范生，即未来教师是如何看待自己在将来课堂教学过程中的角色；二是想看一下他们是否对自己角色的定位有一个深刻清晰的认识。可以说这个结果从表面

上来看还是比较令人满意的。我们知道，新课程中要求教师由传统的知识传授者转变为与学生共同进行知识建构的参与者。既然作为参与者，教师就不再是"知识的载体"，而应该是在课堂中引导学生走向探索知识的道路，引导他们向前走。为此，未来教师要有意识地在课堂中创造融洽、和谐的学习氛围，这样，学生的自由表达和自主探究学习才能成为可能。在中西方教育观念的冲突和融合之下，我们也意识到了培养学生的批判性思维，也就是"问题意识"的重要性。在这之前来说，中国传统的课堂教学模式，教师充当的完全就是一个讲授者和课堂的主角，教师更喜欢的是下面保持安静"听话"的学生，而西方课堂中教师更喜欢欣赏那种能够提问题、敢于向教师质疑和挑战的学生。后者的课堂中培养出来的学生更具有批评性思维和创新性思维，也是素质教育的最终目标。就像是上海"二期课改"的指导思想：以提高国民素质为宗旨，全面推进素质教育，培养学生创新精神和实践能力。只有当前课堂中教师明确自己扮演的角色，重视培养学生的问题意识，习惯把问题抛给学生要求学生来回答，转向和学生们一起去发现问题、探究问题和解决问题，才能与学生一起分享问题探究中的快乐。可以说，这是课堂教学模式的一个质的飞跃。因此，教师在课堂教学中，必须改变传统的"传递—接受式"教学模式，采用自主、合作、探究式学习模式，创设情景，巧妙地提出问题，来吸引学生的注意力，成为一个启发和点亮学生求知欲的"火炬"。

有位师范生去美国见习后发现美国的教学模式与我们有很大不同。

首先，美国的在校学生能高度自主地参与到学习中，他们的课堂气氛十分活跃，学生很自主。正如美国教育者们认为的那样："每一个孩子都有权利得到适合自己能力的教育。"因此，在美国的幼儿园中，就可以看到分组教学教育理念的体现，教室里的小朋友们按照他们自己接受知识和掌握知识能力的不同程度分成了几组，再由几个教师互不干扰地与小朋友们围成圈近距离地进行教学。教师只是在旁边做出一些指导，而不是一味地教授知识。在这里的每一间教室里，几乎都是每几张桌子拼凑在一起像是小组讨论的那种模式，但又不是简单地把几张桌子围成一个圈。在这样的课堂中，教师在讲完一堂课的三分之一后，留下大部分时间让教室里的学生们进行自由的小组讨论，与此同时教师会在各个小组之间走动，看看每个小组的情况，及时给予提示和帮助。无论是小学还是高中，他们的课堂气氛都是非常活泼的，与夸美纽斯的班级授课制相比，在一定程度上把课堂还给了学生，可以让他们更有效地自主地参与到课堂中，提高自主学习能力。美国的这种课堂教学模式从小学甚至幼儿园就已经开始了；此外，再看看课堂摆设，会发现没有哪个班级教室的墙壁是空白的，因为他们教室的墙上贴满了学生的作品以及各种励志的话语，班级整体布置给人的感觉非常舒服。

其次，这里值得一提的是美国的高中教育。为什么国内的教育很难出现一些创造性的人才？其中有一部分的原因在这里。记得有一位学者说过：创造性就像种子一样，它需要一定的环境，包括土壤、气候、科学的灌溉、施肥、培养才能发芽、生根、开花、结果。教育工作者就是要创造这样一种适合培养学生创造性的环境。基础教育所处的阶段正好是一个孩子最佳可塑期，而我们的教育在这一阶段面临的是中高考指挥棒下的作业压力。把视线切换到美国，在那里的高中课堂上，会发现有些教室中，老师在教学生们如何磨刀切菜；你会看到有一群学生们围在一辆车子旁边，探讨如何修车的技术；你还会看到在一间很大的车间里，学生们很投入地在研制自己的小木船；在某节课堂上，你可以看到老师为了帮助注意力不集中的孩子认真学习于是便让他坐在了一个气球上……教学方式简直比我们的大学课堂都丰富。其实，美国的高中课程设置中是专门有这样一块符合未来职业发展的实践课堂，与此同时来培养他们的动手力和创造力。美国的学校从小就鼓励孩子做研究，培养孩子的研究能力。因为许多美国教育工作者相信：做"研究"，能培养孩子的独立思考能力、独立处理问题的能力、组织研究材料和运用方法的能力，同时也能在研究中学到书本知识和实践中的知识。

最后，给这位师范生留下深刻印象的便是参观了"第56号教室"，并有幸能参观雷夫老师的公开课。由于受到当地政府的财政资助，美国中小学的差异很大程度上取决于该区域的经济发展。而"第56号教室"所处的一个区域正好是一个相当贫困的贫民区。虽然这所学校的整体环境很一般，但是在这间充满奇迹的教室里一切看来都是那么的不一样：墙上贴满了学生们的作品，悬挂着那些考上常春藤学校的学生照片，那确实是"第56号教室"创造的奇迹，更是雷夫老师和这间教室的骄傲！这位师范生观看的是雷夫老师上的一堂历史课：全班的同学分成几个小组，雷夫老师提问然后同学进行抢答，答对加分，答错扣分。这看起来也许很平常，但是直到离开的时候，这位师范生才发现它的奥妙：雷夫老师说，我的目的就是要在这里创造一个重品格、讲勤勉、谦逊、相互扶持没有嘲笑的集体。因此，在老师上课的时候，学生们是很有纪律地、自信地回答问题，他们不怕回答错误，因为没有人嘲笑他们。此外，雷夫老师说：在课堂上，要学会把你自己喜欢的东西带给学生并且让他们也喜欢上，这一点是很重要的。比如，雷夫老师很喜欢莎士比亚（甚至连他的名片上的头像都换成了莎士比亚），于是在他的课堂中，每一节课上都会向自己的学生们介绍莎士比亚的一点知识。雷夫老师认为：在教师职业生涯中，有很长一段时间会是阴天，当然偶尔也会有晴天，但是一定要坚定自己的信仰。毕竟如果你想要达到真正的卓越是要做出牺牲的，在从错误中汲取教训的同时也要付出巨大的努力。

三、教师要追求灵活的课堂教学，学会把握课堂教学的艺术

不用说，不同教师由于自己的性格不同而导致了各异的教学风格，不能说孰对孰错，但是能吸引广大学生的教师一定有他的课堂教学魅力，有他的可取之处。课堂教学应该是在用神奇的力量点缀课堂的美丽，在给学生带来幸福和快乐的同时，也给自己带来无穷的快乐。然而像案例1中的小王老师，可以说她根本不懂课堂的教学艺术，把课堂当成了自己操控的领地。小王老师应该正确判断每个学生的潜力，关注这些差异，艺术性地提出适合学生本人的有针对性的教育措施，允许差异，承认差异，然后再确定课堂教学的方式方法。只有当智慧和艺术充溢教室空间，教学过程时时流淌着诗意、充满着激情，师生共同享受着课堂、享受学习时，才能说这个课堂是有生命的课堂，是幸福的课堂，是师生向往的地方。在课堂教学过程中，教师眼里的每一个孩子应该都是一座"金矿"，而此时的教师不再是仅仅作为知识的传声筒、观点的复印机、思想的克隆者，而是学生学习的引路人、前进的同伴人、成长的催化剂。这时的课堂就像诗人杜甫所说的"由来意气合，直取性情真"的复合地，是师生心与心的互动，情与情的交融，师生共同成长的天地。但是，这样做是有一定难度的。试想，在课堂上，数十个鲜活的生命在思想的原野上驰骋，在精神的苍穹里漫游，这对于教师的驾驭能力、应变能力都是一种挑战，应对这样的挑战，疏漏、欠缺在所难免，而教师也正是在这应对挑战不断反思与修正失误之中才有了自己的专业成长与教学智慧的生成。

四、构建自我效能感

正像是案例1中的小王老师一样,新老师在刚刚踏上讲台的时候总是容易遭受"现实冲击感":他们往往会发现所预想的成功与教学实际状况之间存在着差距,这会使许多新任教师无所适从,甚至不能胜任教学工作。在许多新任教师的头脑中,这种潜在的失败忧虑是真实的。而教师的自我效能感是教师信念的核心,它对教育工作以及教师自身的发展起着至关重要的作用。积极的自我效能感有助于教师适应环境、调节教学行为、保持身心健康,并且有利于教师的专业发展。因此,未来的教师肯定会在自己入职的头三年中遇到许多未知的困难,而此时,我们就要保持一个良好的心态进行自我调节,坚定自己的信念,构建自我效能感。如果没有正面的能量,那如何能够保证自己的工作是快乐的呢?又如何能够向学生们传递快乐呢?

五、树立正确的教师教育观

毕竟一个人的观念决定了其行为,一个教师的教师教育观必然决定了他的课堂教学态度。因此,树立起正确的教师教育观,建立起自己的教育信念是很重要的。在这一点上,建议未来的教师有必要多读一些专业方面的书籍,比如像伟大的教育家苏霍姆林斯基的一些教育理论和知识,用这些精华来武装自己的信念,多看看与自己专业相关的书籍来具备这方面的专业思想,从而树立自己的教育信念。就像案例中的小李老师一样,成为一把耀眼的"火炬",不仅照亮了学生的心灵,而且照亮了自己未来前进的职业道路!

(颜雯)

案例3 课堂主角谁来当?

【案例介绍】

案例1

李老师是一个有着丰富经验的老教师,他的课讲得十分精彩,一讲起课来他滔滔不绝,学生们对李老师充满崇拜,学生们很喜欢李老师的课。但是李老师在课堂上和学生的互动不多,他觉得做教师的责任就是把自己掌握的知识全都教给学生,学生取得好成绩就证明了他教学的成功,至于交流互动他认为有时由于教学进度紧张可以课下交流。

案例2

罗斯,一个坚信自己有能力在教育领域有所作为的年轻女教师,正筹备着她职业生涯中的第一个"家长会",她对自己充满信心,觉得有好多想法要和家长们一起分享,也做好充足的准备应对家长对她"新式教学法"的质疑,她的新式教学法就是将"主动学习""小组合作学习""真实性评价""深层次思考"等教学策略结合日常课程并运用其中,强调学习的目的在于追求理解,而不是死记硬背。她给家长们放了孩子们在上数学课"测量"单元的部分教学录像,学生们正观察和记录一组球的信息,比如:球的种类、重量、球弹起的高度、球扔出去的距离等,然后将测量结果进行比照,以发现各种变量之间的关系等,将记录下来的实验结果进行比较和检验,鼓励孩子大声讲出他们的发现。虽然教室吵闹，但孩子们很活跃，他们既在游戏又在学习。对这个新式教学法，A家长觉得从开学到现在自己的孩子都很喜欢学校，说明罗斯老师教学不可能太坏；B家长觉得孩子学得很快乐没错，但是对新手教师还是有些不太放心；C家长觉得所谓的新式教学法似乎缺乏结构，孩子们只是在玩，从孩子们的交谈中看不出学到了什么知识，认为以前自己上学时老师讲课学生听课才是学到知识的途径，他认为孩子不坐下来学习，就学不会基本的拼写、乘法表之类的具体内容。而一开始很支持罗斯老师这种创新教学做法的校长也在听课听到一半的时候产生了质疑的态度，觉得罗斯的课堂氛围不是在上课。最后，校长对罗斯说："等你上课的时候，我再回来"。

在最后的期末考核中，罗斯老师班上的学生，大多数都取得了比较优异的成绩。只有极少数的同学没有取得理想的成绩。但是总体评价下来的成绩分析与其他班水平不相上下，新式教学法的教学优势没有凸显出来。这种教学改革创新遭遇重重阻力，那么课堂主角究竟是以教师为中心，还是以学生为中心呢？

【案例分析】

案例1中的李老师虽然知识渊博，教学经验丰富，以他丰富的人格魅力感染激励着他的学生，但他摆脱不了传统的教学模式套路，认为只要把课本上的知识传授给学生，学生掌握了就算完成教学，这种填鸭式的教学，是应试教育的典范。殊不知这样的教学模式在培养出一大部分"高分"天才的同时，也塑造了不少的"低能"人才。由教师担任的课堂主角最终会让学生在教师的指引下一步步顺利地达到教学目标，但是缺少了孩子自我实践交流的环节也会让教学效果大打折扣。不论教师的课有多么优秀，毕竟学生的收获才是教师课堂价值的体现。

案例2中的罗斯老师是一个有抱负、有理想的年轻女教师。每个刚踏出校门走向教师岗位的教师们都怀揣着对教师这份职业的满腔热情、美好设想与丰富的理论背景，都渴望在教育领域这块绿地上有一番新气象，想把自己大学所学的教育原理运用到实际的教学中。罗斯老师也同样如此。

罗斯老师对她的新式教学法充满信心，从她的教学中也可以充分看到她的课堂完全是学生自我探究的课堂，整个课堂都是学生的天地，他们自己做实验、自己记录、自己发现、自己总结。而罗斯只是一个观察者，观察记录学生在实验中的表现。

相比案例1中李老师传统的以"老师为中心"的教育理念和"老师讲授、学生听讲"的教育方式，罗斯老师的"新式教学法"可谓是极富创新和大胆的设想，将"主动学习""小组合作学习""真实性评价""深层次思考"等教学策略结合日常课程并运用其中，强调课堂的主体不再是老师，而是学习的主人——学生。罗斯老师的新式教学法有两大优势：一是教学理念新颖，教学形式多样化，丰富了教学过程，教学活动由学生自主合作完成，体现以"学生为中心"的理念；二是给予学生充分的自主学习空间，增强培养了学生的自主性、合作精神、自我表达、自我探究以及创新的能力。

虽然罗斯老师的"新式教学法"的设想相对于李老师传统的"老师讲授、学生听讲"灌输式的教学方法有明显的优势，但是这种"新式教学法"的优势在罗斯老师的课堂反馈中没有体现得很明显，这可能是由于罗斯老师在教学实施过程中存在着以下一些问题。

一、"新式教学法"的教学理念富有创新但缺乏系统的教学设计

"新式教学法"的课堂上放眼望去是一番热闹的讨论探究互动景象，课堂气氛很活跃，教学理念先进，将教会学生会学习作为教学目标，但总体上尚缺乏一个系统的教学设计。从最终的考核结果来看，四分之三的学生的确在这种教学过程中取得了比较优秀的成绩，但还有四分之一的学生却落队了。而且总体的平均水平也与其他班的成绩不相上下，自主学习的优势没有体现得很明显。这种纯探究的课堂学习模式比填鸭式教学模式多了自主学习的空间，虽然这些活动环节的设计学生最终体验到做实验的乐趣和想要得到的实验结果，但是罗斯老师并没有给予学生明确的教学指示，即罗斯老师没有指出让学生做的实验得出的数据最终有什么用途。换言之，罗斯老师如何合理安排她的课堂时间并没有体现得很明显，因而缺乏系统性的教学设计最终导致结果不理想，就连校长对罗斯老师的上课方式也产生了质疑。

二、"新式教学法"中老师和学生配比不均衡，一部分学生游离在外

虽然"新式教学法"比传统的教师统一授课教学方式更加活跃，但是由于学生自主协作探究，教师作为观察者、指导者，在探究过程中学生会遇到一系列小问题。如果多组同时提问的话，教师可能一下子无法给予每组及时的解答，就会导致失控的局面，这时有些学生可能就会走神，可能在混乱中滥竽充数忙其他的事，导致教学效果达不到预期目标，因而会出现一部分学生成绩不理想的局面。

"新式教学法"的设想是极富创新的大胆之举，但若与考试内容挂钩，这种学生驾驭课堂的自主学习模式是否能经受最终的考核，这是家长所关心的。而案例 2 中最终得到的结果也没有预想的那么好，因而课堂主体应是由教师来挑大梁还是学生来驾驭的这一问题还是存在着质疑。传统的"教师讲授、学生听讲"的教学方式能否与"新式教学法"中学生自主学习有相互可以借鉴的地方呢？究竟如何做才能真正让学生既参与课堂的学习，又能与自己的学习体验相结合呢？课堂创新之路到底该怎么走？

若想让课堂教学更好地协调好，提高课堂教学的有效性，不只是要激发学生的学习兴趣，更重要的还是要依靠教师将教学过程中的各个环节设计的更为合理化、更有针对性。只有这样学生学习的方向才会更加明确，学习的效率才会提高，也可以培养学生的兴趣。在教学环节中教师并不是完全地退出，而是作为一盏明灯，引导帮助学生在学习过程中发现问题、寻求解决的方法；课堂学习的主体是学生学习，教师与学生在教学过程中的关系应是"学生为主，教师为辅"的模式。

【启示与建议】

苏霍姆林斯基曾说过："希望你们警惕，在课堂上不要总是教师在讲。这种做法不好。我得出一条结论：在绝大多数情况下，数学教师和语文教师在一节课上所要讲的时间，不应超过 5~7 分钟。让学生通过自己的努力去理解的东西，才能成为他自己的东西，才是他真正地掌握的东西。"因而无论老师教什么，怎么教，最终都是为了学生的学，学生才是课堂教学"主角"，这点是不容置疑的。

课堂是学生学习的场所，是教师育人的主渠道。传统的填鸭式的教学方法虽然为我国

当时紧缺的教育事业奉献了不少的力量，但通常都是教师讲学生听，形式单调，内容枯燥。长此以往对于当今的知识社会而言，只会使得教师厌教，学生厌学，教学效果差。教师所教的内容赶不上社会的步伐，教师沦为教书匠而学生成为了知识的拷贝器。

"学生讲，老师听"模式突出了学生的主体地位，给学生留下了充分的思考空间，极大地调动和激发学生的积极性、主动性和创造性；同时，培养了学生的自学能力、语言表达能力、分析和解决问题的能力，使学生的素质得以全面提高。

在突显学生课堂主体性这方面比较为我们所熟知的就是"三三六"教学模式的杜郎口中学（以下简称杜郎口），杜郎口"三三六"模式之所以成功在于，这一模式的实施完全从学生的角度出发，真正为学生参与课堂所做的教学准备，培养学生的自主性。杜郎口新课堂的教学理念不但具备一定的理论基础，而且还通过了教学实践的检验，它的课堂特色主要体现在以下三方面。

（1）杜郎口的课堂教学真正体现了学生的主体意识，极大地调动了学生学习的积极性和主观能动性。在整个教学活动中，学生们有的在爬黑板，有的在向其他同学展示自己的解题思路，还有的跑到教室外面，蹲下身子写写画画；然后就是相互之间的检查、提问，当然也有相互之间的点评……整个教学活动中，全是学生主动在"动"；虽然教师也在教室里，但教师的活动仅限于课堂开始时布置学习任务，随时解答学生主动提出的问题，再有便是对于学生展示分析说明过程中出现的问题，比如不清晰、不准确、不透彻的地方，进行简单的提示、指导。杜郎口中学真正做到把课堂还给了学生，也做到了把学习还给学生自己，他们的教师不再是课堂的主宰者而只是课堂活动的引领者、组织者和帮助者，实施和策划都由学生自己完成。

（2）杜郎口的课堂上体现的是孩子学习的快乐。杜郎口课堂的轻松愉快，主要体现为孩子们可坐、可站，累了可以走动，看不见可以站在凳子上，也可以爬到桌子上，允许学生到其他学习小组参与交流，甚至可以到室外走动……总之，只要围绕完成目标活动即可，不拘泥细枝末节，更摒弃繁文缛节，不限制学生、不压抑学生，让他们一身轻松、无拘无束、自由自在地投身到学习中去。课堂是激情和智慧生成的产物，在这个教育过程中是师生交往、积极互动、共同发展的过程。师生在这一过程中是平等的、独立的。学生是有血有肉、有思想、有个性的人，而不是被窒息在分数的牢笼里、被肢解的支离破碎的人，课堂教学目标也是有知识本身转向发展本位。基于此，杜郎口的学生们敢于在课堂上发出这样的声音——你们的方法都挺好，但我的方法更好。

（3）杜郎口新课堂运行模式较好地发挥教师的主导作用。改变了过去那种在课堂教学中完全是"教师中心主义"，把学生当作消极反应的被动客体，无视学生学习的状况。杜郎口新课堂运行模式首先认识并摆正了教师和学生在整个教学过程中的作用和地位，明确了教师的职责，也真正发挥出了教师的主导作用。在教学过程中教师严格遵循教育规律，根据教学原则的具体要求，设计、组织、实施教学活动，根据受教育者个体对象的变化及个体的心理、生理、智能、个性、情感、能力等的变化，随时调节和控制影响教学的各种教学诸要素，以适应受教育者变化的要求，实现教学过程的最优化和最佳教学效果，指导帮助学生通过积极主动的学习掌握知识、技能，发展各种能力，形成一定的思想观点、价值准则和个性品质。在整个教学过程中，教师不是活动的"主演"，而是"导演"，课堂是教师导演下学生"主演"的大舞台。教师的教如同向导一样，起着一种把握方向、引导路程、创设环境、优化配置教学诸要素的作用，这种作用才是真正意义上的"主导作用"。教师不再是教学过程中的绝对权威，学生也不再是被动的接收器。

在整个教学活动过程中，这种新课堂运行模式充分尊重了学生的人格，关注了个体差异，满足了不同的需要，创设能够引导学生主动参与的教育环境，激发学生的学习积极性。

这种新型课堂教学过程变成了师与生、生与师、生与生相互交往、共同发展的过程，变成了师生之间、生生之间不断进行观点互换的过程；动态地看待教学活动过程和构成教学过程中的其他要素，扩大了教学活动中要素间的运行范围，克服了课堂气氛沉闷，学生思维不活跃、教学活动呆板的现象。

这所学校的教学模式以它自身的成功向我们诠释这一理念的可行性，当今的课堂随着时代的进步，正一步步摆脱原本的旧枷锁，培养的学生也不再单单只是制造人才，而是"智"造人才；培养的学生不再只是"读书郎"，而是全方位人才；培养的学生不单单只会死抠书本，而是会活学活用、随机应变。

课堂主角究竟是学生还是老师？学生来当课堂主角是一个目标，这种探究性的自主学习最终是要培养学生思考、运用、创新的能力。人们对传统教学模式的感受就是"老师很辛苦，从头讲到尾"，而外国的课堂在我们眼中总是很自由，很轻松的氛围，这是由我们对于课堂认识的不同所决定的。古话说："扶着走永远不会真正会走"。学习上也是如此，如果学生永远生活在教师双翼的庇护下，不经历学习的坎坷险阻，重重关卡，永远不会自己主动思考，总等着教师将知识放进大脑，永远不会真正学会学习。

综观当今世界各国课堂教学改革活动，我们不难发现，所有的改革都是为了尽可能地激发学生学习的积极性、主动性，确立学生的主体地位，并在此基础上促进教学过程由知识的掌握、传授向知识的运用与发现过渡。通过总结国外课堂教学改革的共同趋势，对于推动我国的教学改革不乏借鉴意义和启迪。

一、改革传统的师生关系模式，激励学生自主、独立地学习，掌握自我摄取知识的方法

长期以来，人们在思想观念中逐渐形成了一种思维定式，即教师无疑应在教学中扮演重要角色，起决定作用，这就是"以教师为中心"的传统师生关系模式。殊不知，这种观念恰恰颠倒了教与学双方的矛盾关系，其结果便是使我们强调、研究的重心偏移到了教师如何有效地传授知识上，而忽视了这样一个基本原则：教师之所以进入教学过程，根本目的是为了"学"，为了"学"能够最终摆脱教师的"教"，走向独立、自主地获取知识的自由王国。

知识爆炸和科学技术的突飞猛进意味着知识在不断地变革，实践已迫使人们在观念上对传统的师生关系模式做出反思。联合国教科文组织在《学会生存》一书中认为，"我们应该从根本上重新评估师生关系这个传统教育大厦的基石，特别当师生关系变成了一种统治者和被统治者的关系的时候。"世界各国的教育家和教育实践工作者也开始逐渐认识到，学生应是教学过程中的真正中心，教学中的任何活动、教师所作的任何努力，根本上是为了使学生具有自主学习的能力、掌握自我摄取知识的方法。这样，一种新的师生关系模式观悄悄诞生，即"教"——教会学生学习，"学"——学会如何学习；教学应较少地致力于传递和储存知识，而应努力使学生获得摄取知识的能力和方法。

让学生独立自主地进行学习，使之掌握自我摄取知识的方法，在世界各国有着不同的教学实践。美国在20世纪80年代出现了一系列行之有效的新型教学方法，如"发现教学法""个性化教学方法""合同教学法""能力本位教学法""基地经验教学法"等。这些方法有一个共同的特征，那就是竭力打破传统的"教师中心主义"，强调"学"在教学过程中的重要性，让学生在自主学习中建立适合自己个性特征的学习方法。以"合同教学法"为例，这是一种基于学生的个体差异性认识，以学生的学习活动为中心的教学方法，它通过学生与教师之间制定一份书面协议（"学习合同"），规定学生在合同所给定的期限内要达到的学习目的、学习活动及成绩评定的方法等内容。其步骤是：首先，由教师以班级集体授课形式向学生讲授某门课程的基本框架、原理，称作"核心知识"传授；其次，组织学生进行讨论，在掌握了基础知识后，再由学生根据个人的实际情况进行个别学习；最后，在学习期满前，又集中在一起，学生们之间相互汇报、提问、讨论，教师给每位学生做出总结评估，合同也就圆满结束。当然，有的合同并不通过班集体授课形式，而只在一个教师与一个学生之间进行。在苏联，最有代表性的是"问题教学法"，它通过让学生从事类似于科学家发现真理的学习活动，从而调动学生学习的积极性、主动性和创造性，掌握学习知识与发现知识的方法。这种教学方法破除了传统的师生关系模式，既不排斥教师在教学过程中的作用，又可以改善课堂教学的气氛，有效地激发了学生的自主性和独立性。上述诸种对传统师生关系模式的改革，并不会贬低教师在教学过程中的地位和作用，而是促使教师的职能由原来的单纯的知识传授者，转变为学生学习活动的指导者，其作用仅仅是在量上的减弱，但在质上要求却更高了。

二、改革传统的课堂教学模式，培养学生运用知识和发现知识的能力

学校教育从生产过程中独立出来而走向专门化，无疑是人类教育史上的一大进步。可是，课堂教学在其漫长的历史发展中，也形成了一个严重缺陷——把自身隔离在与社会绝缘的深院高墙之中，封闭在狭窄的课堂活动之内，限制在单纯的知识掌握职能之上。因而，将传统单一的课堂教学模式扩大到学生的自学活动、扩大到社会实践活动和科学研究活动，从以知识的传授和掌握为重心的教学职能扩展到一定的知识运用与发现功能之上，已成为国外课堂教学改革的另一趋势。课堂教学，从本质上说自然是学生以简捷、有效的方式继承人类长期积累起来的科学文化知识的过程。然而，继承只是学生学习的一个方面，为了推动社会的发展和前进，学生还必须具有探索与发展人类未知领域的能力。所以，当前世界各国的教学改革都日益认识到把发现和创造的因素引入课堂的重要意义，不仅使学生掌握摄取知识的方法，还注重使他们具备科学创造的精神动力；不仅使学生"学会学习"，还要"学会研究"。在促进学生由知识接受者积极过渡到知识的发现者和创造者方面，美国的做法是强调学生获得从事科学研究的方法，而不是结果。"科学研究方法""智力与创造力训练"等课程在美国学校广为开设，并建有"学生科研俱乐部"，鼓励学生积极参加科学研究活动；苏联则十分强调把课堂教学过程扩大到社会实践活动中，把课堂上接受知识的过程与社会实践活动中运用、发现知识的过程有机结合起来，通过大量的社会调查、见习和实习等实践性教学环节，使学生获得运用知识和发现知识的能力。当然，改革传统的课堂教学模式，扩大课堂教学过程，并不意味着贬低学生在课堂中从事学习的重要意义。教学作为人类一般社会活动和认识活动的一种特殊形式，是毋庸置疑的，扩大

课堂教学过程，只是以辅导的形式使学生更有效地从知识的接收者过渡为知识的运用者、发现者和创造者。

三、改革传统的教学手段和授课形式，促进教学过程的"个别化""个性化"

学校教育由"个别化"授课制发展到班级授课制，在人类教育史进程中具有重要意义。然而，随着当代学生在知识、能力、兴趣、特长和个性品质方面的丰富发展和千差万别，随着社会对人才素质需求的多样化以及现代化教学手段不断进入课堂，传统班级授课制这种集中性的教学形式的弱点已渐趋显露，国外的课堂教学正在积极探索用"个性化"或"个别化"的教学替代或部分替代集中性教学。当前国外课堂教学的"个别化"和"个性化"发展趋势主要有两个方面的表现。一方面是由于现代教学手段进入课堂、新的信息传播手段介入教学过程所带来的对师生生活空间旧有限制的冲击，使得学生可以根据自己的能力水平自定学习进度，并可超越时空限制，实现教与学的"个别化"。例如"计算机辅助教学"和"信息高速公路"计划的实施，都已对教学活动产生了巨大影响，使学生可以在任何时间、任何地点按照自己的学习进度进行个别学习活动。另一方面是由于现代科学对学生个性差异的研究及社会对学生独立性的要求所引起的师生关系观念的变化，并由此导致课堂教学的"个别化"或"个性化"，强调改善课堂教学结构，以学生的独立活动来替代班集体的统一活动，给学生以更多的适应个性的学习活动的机会。如前面提到的"个性化教学法""合同教学法""独立学习法"和"问题教学法"等便是例证。

提倡"个别化"或"个性化"的教学方法，是尊重学生在知识、智能、兴趣和个性等方面客观存在的差异性的一种努力探索，其实质是试图实现"个性化""个别化"与"集体化"的有利结合，以填补传统课堂教学的单一、呆板和僵死的严重缺陷。

纵观目前我国和其他国家（如美国，加拿大等国），我国学生和其他学生课堂上的时间都差不多，但课堂形式和课堂理念上存在很大的差异，带给学生的课堂氛围和学习环境大不一样。

学生三分之二以上的在校时间是在课堂上度过的，课堂教学是学生成人、成才的主渠道、主阵地。课堂教学效益的高低直接影响着教学质量的高低。课堂是学生的自由天堂，不是一个加工厂，每个孩子都是万花筒，每个孩子都是太阳。因此，课堂教学改革的基本目标是：真正让学生做课堂的主人，把课堂还给学生，优化课堂教学结构，提高课堂教学效益。接下来以数学为例，谈谈如何激发学生更好地参与课堂，强化学生的"主演"角色意识，培养学生的自主学习能力。

一、培育学习动机——加强学生参与意识的有效途径

学习动机在数学思维发展中有非常重要的作用。首先，动机有十分重要的激励人的作用；其次，动机能将数学学习活动引向数学思维的发展；再次，动机能强化数学学习活动。

通过激发学生的参与热情，逐步强化学生的参与意识，从教育心理学的角度来说，教师应操纵或控制教学过程中影响学生学习的各有关变量。在许许多多的变量中，学习动机是对学生的学习起着关键作用的一个，它是有意义学习活动的催化剂，是具有情感性的因

素。只有具备良好的学习动机,学生才能对学习积极准备,集中精力,认真思考,主动地探索未知的领域。在实际教学中,向学生介绍富有教育意义的数学发展史、数学家故事、趣味数学等,通过兴趣的诱导、激发、升华使学生形成学好数学的动机。例如,在讲解等差数列前几项和公式时,介绍历史上关于高斯解答"1+2+3+…+100等于多少"的故事,激发学生探究知识的欲望;在讲解复数的概念时,通过介绍虚数单位"i"的来历,使学生了解复数的产生和数的发展历史。引导学生进入数学知识领域;在讲解椭圆时,联系生活实际,让学生思考油罐的侧面曲线具有什么性质,这样通过问题的引导启发,唤起学生心理上的学习动机,形成学习数学的心理指向。

教学中,激发学生参与热情的方法很多。例如,用贴近学生生活的实例引入新知,既能化难为易,又使学生倍感亲切;提出问题,设置悬念,能激励学生积极投入探求新知识的活动中;对学生的学习效果及时予以肯定;组织竞赛;设置愉快情景等,使学生充分展示自己的才华,不断体验解决问题的愉悦。坚持这样做,可以逐步强化学生的参与热情。

二、创设问题情境——增加学生参与机会的良好方法

在课堂教学中,学生有自主探究的时间,有交流的可能,有选择的机会。教师通过创造具有科学性、合理性、趣味性的问题情境,让学生自然而然地进入所学内容。学生通过对相关旧知识的复习,对新问题的观察、思考、讨论等形式,从旧知识迁移到新知识,进而真正参与到知识形成和发展的全过程中来。同时,对于不同层次的学生,教师要分层引导,让每个学生在课堂上都学有所获。观察、独立思考、合作交流是主要的参与方式。

例如,数学是一个高度抽象的学科,数学概念的概括抽象、数学公式的发现推导、数学题目的解答论证等,都可以让学生多观察。在教学中,要教会学生观察的方法。比如,在"推理"这一章的教学过程中,教给学生有次序地观察,用分类方法进行观察等,让学生学会观察数字、代数式、图形等的结构特征,会通过观察揭示其隐含的数学本质。另外,对同一问题,学会改变观察角度,进行多角度观察,从而提高观察的效率。数学课堂无时无刻都离不开思维活动,例如概念的提出与抽象、公式的发现与概括、题目解答的思路与方法的寻找、问题的辨析、知识的联系与结构等,都需要学生多思考、多联系,让所学知识形成网络,成为一个有机的整体。小组合作学习,无论在课上还是课下,都是教学中予以积极提倡的学习方式。课堂教学中,教师的质疑、设问可讨论,问题的解决方法可讨论。通过讨论,学生间可充分发表自己的见解,观察思考的成果得以展示,达到交流进而共同提高的效果。此外,教学中让学生多练习、多提问、多在黑板上演算等都可增加学生参与的机会。

三、营造民主氛围——提高学生参与质量的前提

通过创设良好的人际关系和学习氛围激励学生学习潜能的释放,努力提高学生的参与质量,和谐的师生关系便于发挥学生学习的主动性、积极性。现代教育家认为,要使学生积极、主动地探索求知,必须在民主、平等、友好合作师生关系的基础上,创设愉悦和谐的学习气氛。因此,教师只有以自身的积极进取、学识渊博、讲课生动有趣、教学自然大

方、态度认真、治学严谨、和蔼可亲、不偏不倚等一系列行为在学生中树立起较高威信，才能有较大的感召力，才会唤起学生感情上的共鸣；以真诚友爱和关怀的态度与学生平等交往，对他们尊重、理解和信任，才能激发他们的上进心，主动地参与学习活动。教师应鼓励学生大胆地提出自己的见解，即使有时学生说得不准确、不完整，也要让他们把话说完，尊重学生的认知规律，尊重学生的情感体验，保护学生的积极性。交往沟通、求知进取、和谐愉快的学习氛围为学生提供了充分展示个性的机会。教师只有善于协调好师生的双边活动，才能让大多数学生都有发表见解的机会。例如，在讨论课上教师精心设计好讨论题，进行有理有据的指导，学生之间进行讨论研究。这样，学生既能在生动活泼、民主和谐的群体学习环境中独立思考，又能相互启发，在共同完成认知的过程中加强思维表达、获得积极的情感体验，逐步提高学生参与学习活动的质量。

四、重视方法指导——培养学生参与能力的重要手段

通过方法指导，积极组织学生的思维活动，不断提高学生的参与能力。教育心理学的研究成果表明，教师可以通过有目的的教学促使学生有意识地掌握推理方法、思维方式、学习技能和学习策略，从而提高学生参与活动的效率来促进学习。教学过程是一个师生双边统一的活动过程。在这个过程中，教与学的矛盾决定了教需有法，教必得法，学才有路，学才有效；否则学生只会效仿例题，只会一招一式，不能举一反三。在教学中，教师不但要教知识，还要教学生如何"学"。教学中教师不能忽视，更不能代替学生的思维，而是要尽可能地使教学内容的设计贴近学生的"最近发展区"。通过设计适当的教学程序，引导学生从中悟出有效的方法。例如，学生学会一个内容后，教师就组织学生进行小结，让学生相互交流，鼓励并指导学生结合自己的实际情况，总结出个人行之有效的学习方法，对自己的学习过程进行反思，学生可以适当调整自己的学习行为，进而提高学生的参与能力。

总之，在现代课堂教学中，课堂不再是教师中心论，教师不再是一名简单的"教书匠"，教师的职责是要教会学生会学；学生的角色也不再只是课堂的参与者那么简单，学生要在课堂上学会思考、学会表达、学会提出问题，学会合作。课堂是一个师生互动最直接的舞台，课堂不是一个枯燥安静的记笔记的地方，而是一个学生自由的主战场，是学生发光发热的舞台。课堂是一个互逆方程，教师和学生共处一个学习空间，教师、学生二者缺一不可，他们在这一过程中彼此相互学习、交流心得、共探教学方法。课堂上教师要时时刻刻注意给学生提供参与的机会，体现学生的主体地位，充分发挥学生的主观能动作用，让学生主动参与到知识发生、发展的全过程中，只有这样才能让学生真正成为学习活动的"主角"，达到学生会学的目的。

（周丹红）

案例4　无形的课程表就真的"无形"吗？

【案例介绍】

案例1

　　A学校是H市的一所市重点，每年都以极高的升学率享誉市内外，引得无数望子成龙的家长们为了自己的孩子能跨入这所学校的大门想尽各种办法托关系，为的只是自己的孩子能够受到好的教育。以下是A学校1班真实发生的一幕场景：周三下午第二节是学校唯一安排的一门体育课时间。每当这个时候，教室里总是炸开了锅，同学们一个个都在为好久不运动的身体做热身，摩拳擦掌起来。还有5分钟就要上体育课了，同学们正准备走出教室，这时数学陈老师的声音从远处传来："同学们快回到自己的座位上去，今天的体育课我已经和沈老师商量过了，由我来代上。由于上次我们的试卷上还有一点练习没有讲完，接下来就利用这节课把它给讲完……"好了，体育课只能泡汤了。陈老师就这么名正言顺的占课来了，根本不顾班级同学的哗然，陈老师很理所应当地开始自说自话地讲起数学卷子来。

案例2

　　同样，在A学校有不成文的规定里，同学心里都有一本谱：一个班级至少有两张课程表，一张是供学校检查和汇报用的，是公开的；另一张则是在教师自己心中的，是上课的真实写照，是秘密的。A学校的学生常常对铅笔盒里那张原版的课程表羡慕嫉妒极了，却又对语文、数学、英语老师上课的轮番攻击无可奈何。

【案例分析】

　　在"全面推进中小学素质教育"的强烈号召下，A学校冠着市重点之名在H市本应该起到的是带头的作用。而A学校也深知这一点，所以当处于落实素质教育口号的风口浪尖时也确实开展了一些有助于提高学生综合素质的活动。但现实情况却往往是另一回事，转变总是短暂的。A学校表面口口声声宣传着的素质教育却在真正落实的过程中渐渐失去了踪影。因为在实施素质教育的今天，学校往往把知识的传授看作是第一位的甚至是唯一的教学目标，而A学校身为市重点学校，更是把几乎所有的精力和财政支出都投入到尽可能多地传授学生应试知识这一方面。不过家长似乎很愿意听到这类的消息，家长千辛万苦让孩子进的学校是符合自己要求的。殊不知，真正学习的主角——学生的感受却重重地被忽略了！学生本以为学校响应素质教育的号召会给自己真正减负，从而开始所谓的"快乐学习"。但是事实往往是自己一次一次活生生地变成了读书的工具。教育的目标是为了让学生德智体美劳等综合素质真正地全面发展，而学校这样做就真的是为了学生"好"吗？扪心自问，学校在领导视察的时候是素质教育，那么素质教育对于学校来说到底算什么呢？就只是表里不一的口号吗？

　　如今这样的现象屡见不鲜，不仅仅只是名昭全市的A学校，其他知名、不知名的中小学也纷纷如此敷衍。A学校是市重点，背负的是很多普通学校所不用背负的竞争压力。有句话说"越是爬得高，就越是摔得重"，如果A学校开展尚无成功把握的素质教育，想必一定是有难度的。为了避免成绩落后，A学校只有更加铆足了劲，毫不懈怠地"抓学习、抓学习、还是抓学习"，为的只是最后所谓的"好的结局"——升学率。

同样在A学校不成文的规定里，那张张被"藏起来"的课程表着实令人印象深刻。现如今，类似A校这样教师占课的现象屡见不鲜，甚至遍地开花。很多家长都认同学校这样的安排，这样下来确实会免掉自己孩子在校外上辅导班的很多工夫。人们想当然地以为这些都是对学生有好处的措施，却不曾考虑这样的做法是否真的对学生的学习效率有帮助。到底为什么学生"公开"的课程表被老师昭然若揭地做出修改却没有受到社会舆论的谴责以及相关部门的限制呢？这还是为了同样一个"合情合理的目的"——升学率。

升学率到底为何物，引得众多学校在宣传素质教育的外表下纷纷为此竞折腰？课堂教学真正是为了什么，难道就只为了好看的成绩排名、学校的升学率吗？如此说来升学率真的就能代表一切吗？

片面的升学率只能是教育的悲剧，更不用说推进什么素质教育了。作为学校一方，需要把升学率和素质教育很好地结合起来，只有这样才会有真正成功的教育存在。课堂教学不仅仅只是为了学生的成绩排名，而是要在素质教育的大前提下面向全体学生，坚持以人为本发展学生的个性，培养学生各方面的素质，正面建构学生的理想信念。

一、实现素质教育和升学率的辩证统一

众所周知，素质教育既是在20世纪末开始根植于我国的一种新的教育观念，也是当代我国教育改革孜孜以求的教育现代化目标的首要任务。素质教育，顾名思义是一种重视受教育者基本素质的教育方式，是依据人的发展和社会发展的实际需要，以全面提高全体学生的基本素质为根本目的，以尊重学生主体性和主动精神，注重开发人的智慧潜能，注重形成人的健全个性为根本特征的教育。中共中央和国务院在《关于深化教育改革，全面推进素质教育的决定》中明确指出："全面推进素质教育，是中央和国务院为加快实施科教兴国战略做出的又一重要决策。"

但事实往往却是学校在追求升学率的浪潮下，无暇顾及对于素质教育的落实，有的人甚至极端地把升学率与应试教育等同起来，与素质教育对立起来，这显然大错特错。那么到底能否将素质教育与当今的升学率辩证地统一起来呢？在实施素质教育的过程中是否还能一并追求升学率呢？答案当然是肯定的。

（一）追求升学率的两种价值取向

其实追求升学率也有两种价值取向：一种是追求升学率—片面追求—应试教育；另一种则是现在比较提倡的：追求升学率—全面追求—素质教育。什么是片面的追求？什么又是全面的追求呢？

片面追求升学率所导致的必然结果是脱离社会主义现代化建设要求和学生实际需要的应试教育，其主要表现如下。一是只面向少数所谓的"优等生"而忽视对大多数学生的培养，甚至放弃对所谓"差等生"的教育，结果导致少数学生为升学而拼命苦读，大多数学生因感到升学无望而丧失自信心，个别学生干脆辍学回家。二是只重视智育，忽视德育、体育、美育和劳动技术教育，而且即使抓智育也只是片面地抓，只重视知识的传授而忽视智力发展和能力培养，只重视招生考试科目的教学而忽视其他科目的教学。三是只重视课堂教学而忽视课外学习和校外活动，因而导致学生成了考试的机器、分数的奴隶，个性受

到了压抑、身体和心灵也受到了摧残。由此可以看出，片面追求升学率的价值取向是不正确的，只是应试教育的另一种读法罢了。我们必须坚决反对并采取必要的措施去加以制止，以防止更多的学生身体和心灵受到伤害。

全面追求升学率主要突出一个词"全面性"。全面追求升学率的结果必然是适应社会主义现代化建设要求并满足学生实际需要的素质教育，其主要表现如下。一是面向全体学生。为每一个学生的发展创造必要的条件，让每一个学生都能接受应有的教育和训练，从而使每一名学生都能够在自身原有水平的基础上有新的发展和提高。二是对学生进行全面性的教育，使学生在德、智、体、美、劳等诸多方面得到较为全面的发展，即教育的真正目的。三是促进学生自主发展。因为只有主观意识上的主动发展，才能更加有效地调动学生的主体性、积极性、能动性、独立性，尤其是创造性，从而培养学生的自主意识、创造精神和创造能力。四是充分发挥学生的个性，让每一名学生的兴趣、爱好和特长都能表现得淋漓尽致，在个性发挥、培养和发展的过程中使每一名学生都能够"成为他自己"。综上所述，全面追求升学率选择的价值取向无疑是正确的，因为这正是我们如今需要大力提倡的教育。

（二）应该如何实现素质教育与升学率的辩证统一

近20多年来，我国的教育特别是中等教育普遍陷入了应试教育的"怪圈"而不能自拔，我们要采取积极有效的措施，把追求升学率引向素质教育的正确轨道，从而实现素质教育与升学率的辩证统一。

1. 建立科学的教育评估制度

教育评估对学校的导向作用是相当明显的。当前，有些地方教育行政部门为了遏制学校片面地追求升学率，有意将升学率从办学评估指标体系中删去。把升学率作为评估办学水平高低的唯一依据固然是错误的，但把升学率排除在教育评估指标体系之外也同样是不可取的。追求升学率既然在我国现阶段教育中是客观存在的，是我国现代化建设的现实需要，也是我国中等教育的内在要求之一，那么为何不能把升学率作为评估办学水平高低的依据呢？问题的关键在于，追求升学率是建立在全体学生全面提高综合素质的基础上的。因此解决这一问题的根本出路是按照素质教育的标准和要求，制定全面落实素质教育的评价指标体系，建立科学的评估制度，将追求升学率引导到提高学生综合素质的素质教育轨道上来。这样，既能保证学校升学率的提高，又能落实素质教育的要求，从而实现追求升学率和素质教育的辩证统一。

2. 改革并完善考试制度

有的学校以"实施素质教育"为由而取消考试，这样仅仅只是做了表面功夫。对各级各类学校而言，考试是学业成绩检查和评定的重要手段，是必不可少的教学环节，把学校引入应试教育轨道的并不是考试本身，而是把考试这个手段当成了目的。因此，实施素质教育并不是要取消考试，而是要完善考试制度，科学、合理地运用考试这一手段。我国自1977年恢复高考制度以来，为国家选拔、培养了一批又一批的人才。但由于高考制度自身的问题，它也加剧了基础教育的应试教育倾向，对高考制度的指责声也一直不绝于耳。我们应该在不断进行改革的过程中逐步完善高考制度而不是去全盘否定它。以素质教育的要求为"支撑点"，对高考的内容、方式、方法等进行全方位的改革，使高考发挥好"指挥棒"的作用，促使基础教育从应试教育向素质教育转变，促进学校将追求升学率与实施素质教育辩证统一起来，这才是正确的选择。

3. 转变教师的课堂教学心态——只重考试分数

现在的教师往往为了教而教，为了分数而教，这样的课堂教学理念将从另一方面导致学生仅仅是为了学而学，为了分数学习。显而易见，教师这种课堂教学心态是不可取的。学校需要教师达到一定升学率目标的要求往往使得部分教师急功近利，出现在课堂上教师只教授学生和中高考相关的知识要点，迫使学生强记、死记的情况。这样的学生只会学习知识，却学不会学习知识的技巧，这就变成了"苦干"，这也是直接导致如今中小学生压力倍增的原因。而教师也是"好心"办了"坏事"，满心想要学生学习好，殊不知方法不对，出发点再好也是徒劳。

4. 提高学生的学习能力

提高学生的学习能力是提高升学率的关键所在。学习负担是个相对的概念，同样的活动及活动量，学生感受并不相同。有的认为负担过重，有的则感觉相对轻松，这是为什么呢？原因可能有很多种，但学生的学习态度无疑是最重要的。如果有了"我想学"的内在需求，同样的学习任务，其感觉到的"负担"也就会大不一样。

激发学生自身学习的积极性、主动性，引导他们勤动手、勤动口、勤动脑，充分发挥其兴趣、特长、想象力和创造力，在学习的过程中充分享受成功的喜悦，也能减轻他们的心理压力和学习负担。

5. 提高学生的学习品质

学习品质是在学习的过程中所表现出来的规范化的学习模式，它主要包括学习习惯、学习方法和学习技巧等。学习习惯是学习活动中比较稳定的学习行为方式，良好的学习习惯一旦养成，将促进学习活动的有效进行。学习方法是在获取知识、培养能力的过程中所采取的基本活动方式，掌握科学的学习方法是完成学习任务的重要保证。学习技巧是学习过程中综合、巧妙地运用各种学习方法、手段等的能力，一旦形成熟练的学习技巧，学习活动将会事半功倍。总之，有了优良的学习品质，也就掌握了打开知识宝库的"金钥匙"，学习负担必然就会大大减轻。

现如今，教育部门已经在全国建立了一批实施素质教育的优秀示范性中小学，这些学校无一例外升学率也都很高。他们在追求升学率的同时也把素质教育落到了实处，在实施素质教育的同时也大大提高了升学率，真正实现了追求升学率与素质教育的辩证统一，值得借鉴。

二、从英国课堂教学浅谈我国素质教育

无论是在东方还是西方，课堂教学都是班级授课制的产物，因此它也就成了每次教育改革的重要对象之一。举个英国课堂教学的例子，在英国学校似乎看不到"升学率"的影子，它们更多的是注重学生的个性发展，即目前我们极力主张的素质教育。

众所周知，英国是一个经济发达的国家，也是世界上最早实行班级授课制的国家之一。为了弥补这一现代教育制度在个别教育方面的不足，英国的学校组织了以下四个特点的课堂教学。

（1）英国中小学的教学组织形式始终保持着课堂教学和个别辅导这两个系统。这种双轨并行的教学组织形式既发挥了班级授课制的优势，又克服了其在因材施教上的不足，充分照顾到了每个学生的个体需求和个性发展。

（2）在英国的学校，任课教师每学期都要根据课程的要求制订本学期自己的教学计划，征得校长或专业组长的同意后实施。教学的内容很少按照教材去上课，而是根据自己对于课程要求的理解，灵活地选择授课材料设计课堂教学。报纸、杂志和因特网、广播电视都是教师选择材料的来源。

（3）英国的教育很难找到专门的德育课程。在英国的教育基本法中明确要求任何教学必须把道德教育、公民素质教育有机地渗透到各科教学之中。因此，为了体现这一思想，一方面在英国中小学的教材编写上充分体现了科学与价值的原则，把科学教育与人文教育相结合，自然知识、社会知识的传授和人道主义、国家意识的渗透有机结合，注重道德教育和公民素质的培养；另一方面在教学上要求教师对教学内容的挖掘和讲解既体现科学观念、真理观念，又要体现价值观念和人文精神，要求每个教师在教学过程中要以身作则，为人师表，用自己的人格品行对学生言传身教。

（4）英国教育的目的提出要让每一个学生都得到发展，因此英国的学校普遍实施分层教学。学校把每个年级为数不多的学生（60人左右）分为高、中、低三个组，根据这些学生能力和知识水平的不同，教师给他们提出不同的要求、不同的教学内容，甚至教材都不一样。每组有一个专职教师，有时还有一个称为特殊需要的教师，主要是帮助有行为困难或读诵困难的孩子，通常都是一对一的。有的学校还专门成立对英语、数学学习有困难的学生辅导中心。在业余时间，有专门的教师对学习有困难的学生进行辅导。经过辅导，学生通常在半个月到一个月时间就能和其他学生一起正常学习。

正是因为英国别具特色的课堂教学和对素质教育的不断推行，才对英国学校的课堂教学质量起到了积极的推动作用。不同于英国，我国传统教育不是把学生看作是教育的主体，不是知识的主人，而是当成知识的接收器。其实，不应把"教"混同于"训练"，因为把"教"混同于"训练"，就会使学生自觉或不自觉地按照一个他人预设的模式、计划和步骤去达到他人设计的目标。结果，教师或学校的无形外力就会延伸到本应该属于孩子的自由发展和思考的空间。把"教"变成了"训练"，这是我国在贯彻素质教育时必须要改变的重要环节。课堂教学需要的是以学生为主体，培养的是学生的个性和创造力，而并非强调的是朗读书本、学会照着公式做题的能力。我们可以去尝试着问一个学历史专业或者学教育史专业的学生"孔子姓什么？"很多人通常都是答不上来的，难道仅仅是因为书本上没有写，或者教师没让学生背吗？

在《素质教育在美国》一书中曾提到马歇·詹姆森的观点，指出孩子应该拥有这样6条权利：① 被了解的权利；② 发问的权利与了解的权利；③ 与别人不同的权利；④ 学习成功的权利；⑤ 做儿童的权利；⑥ 保有个人秘密的权利。而这些权利在我国应试教育面前却变得一文不值。帮助孩子拥有他们应有的权利是中国的教育者现在应该做的。

【启示与建议】

在我国学校极力主张"高升学率"的现在，"无形"课程表就这么明目张胆地被暴露在光环的笼罩下，人们不但不反对，反而是特别崇尚的。反观在美国的学校，他们从小就鼓励孩子做研究，培养孩子的研究能力。因为许多美国教育工作者相信：做"研究"，能培养孩子的独立思考的能力、独立处理问题的能力、组织研究材料和探究方法的能力，同时也能在研究中学到书本知识和实践中的知识。不同于中国教育主张的"开发智力"中的发掘潜能，美国的天赋教育主张创造一种适当的环境，让孩子的才能自然流露，自长自成，完全不同于我国加压负重式的开发智力的教育。它的宗旨是：每一个孩子都有权得到适合自己能力的教育，就像为伤残儿童提供特殊教育一样，那些具有天赋才能的孩子也应该得到适合于他们能力的特殊教育，以满足他们的智力发展需要。我国的素质教育要想真正的成功应该做到以下三点。

一、改革课堂教学组织形式，使其成为学生学习和熏陶心灵的天堂

我国的中小学课堂的教学内容大多都带有功利色彩。老师"教"是为了应付那些起到决定性作用的各种考试，学生"学"亦是为了最后的考试。所以在课堂上往往老师不经意的一句"这是重点，以后考试会考到的"，同学们就会很认真地把这个知识点强记下来。

真正的课堂不单单是死板地为中高考而学知识，而是要成为学生学习和熏陶心灵的天堂。在课堂上让学生们学会认知学习，掌握独立思考的能力才是关键，就好比美国的"天赋教育"所提倡的那样，要知道"聪明孩子"和"智慧孩子"之间还是存在很大差距的。其实老师也可以在课堂的教学过程中紧密联系学生的生活实际，激发学生的思考和创造力，教会学生主动提出"为什么这样？""怎么做？"诸如此类的问题。因为只有具备了"启发质疑"的前提，学生才有机会磨炼自己的批判性思维，提高自己的独立思考能力。这样才能让学生在实践中体会学习的乐趣，使每一个学生对学习都充满信心，而不是对着一叠叠的考试要点花无数的时间去苦背、苦练。渐渐地，学生就会发现，课堂只是一个接受考试知识的中转站，冗长而索然无味。

二、坚持培养学生的创造性

现在的中小学生常常因为应付考试，得到一个好的成绩而加班加点，疲于复习。学生往往没有时间从事自己喜欢的事情，没有时间培养自己的个性。所以在大力推进素质教育的今天，培养学生的创造力是素质教育的必然要求。为此，我们就更加强调要切实落实学生的主体地位，重视个体的自由和尊严，强调学生个性充分而健康的发展。香港教育界有句话是这样说的，"Learn to learn（教是学了不教）"。没错，课堂上的教正是为了让学生学会学习的方法，而不是一厢情愿地去拷贝课本的知识点，老师口中的考试要点，把认识学习进一步转成为认知学习。如果学生学会了如何学习，懂得在课堂上解决学习的问题，在课后又能把学到的知识运用到实践中去，那么那张加出来的"无形的课程表"又有什么用处呢？

三、立足课堂，重视教学的教学性，从而发展学生的德育品质

赫尔巴特曾强调过：教学具有教学性。在后来教学实践过程中也已经证明了这一点。教学永远具有教学性是教学的重要规律。加强学生的思想教育，其意义不言而喻。教学活动是对学生进行思想教育的主渠道，是学生道德修养之"源"。而课堂教学，作为教学活动特别重要的一部分，其重要性责无旁贷。德育教育固然重要，但并不意味着对于课堂教学而言就是一堂堂课程的叠加。这样做起不到对学生道德教育渗透的效果，反而使学生产

生反弹心理，认为学校加出来的课程表是"不守信用"的，而自己也就没有必要那么守信有道德了，排斥心理的作用也常常会使课堂效果减半。因此，懂得教学的教学性是非常有必要的，只有懂得并科学运用，才能起作用。

总的来说，教育的出发点是人，归宿也是人。教育有为社会服务的责任，但最终目的是为人服务。对于学生来说，教育应该为学生服务，而不是为学生故步自封提供台阶。

（倪婷婷）

第四篇 职业认同

案例1 以爱为先,还是以能为先?

苏联教育家苏霍姆林斯基说:"教育技巧的全部奥秘就在于如何爱护儿童。"可见,爱是教育的前提,但是随着现如今应试教育带来的压力日益增大,人们开始更关心教师的能力,在这样的大环境下,作为一个现代的教师,究竟是应该秉持着自己以爱为先的宗旨,还是应该顺应趋势,以能为先呢?在教育的过程中,教师的爱和能力,究竟孰轻孰重?

【案例介绍】

A老师是某学校的一名英语老师,从教已有30多年,他对教师工作十分热爱,工作非常认真负责。但是,由于A老师当年进校时学校对于英语老师的专业要求并没有现在高,对于教师专业能力的标准相对较低,因此导致了现在A老师的英语教学水平与年轻教师之间存在着很大的差异。A老师的英语口语能力是其教学中最薄弱的环节,许多学生反应A老师不标准的英语语调会对他们的英语口语学习产生误导。而A老师所教的班级,英语平均成绩也并不如人意,经常排在年级的倒数几位。而从育人的这个角度看,A老师是一个能够育人的好老师。但是,A老师在任教期间,秉持着"以爱为根本"的原则,非常关心学生的心理和生活,经常找班中的学生交流谈心,帮学生解决学习生活中遇到的问题与困惑,鼓励学生不要气馁,使学生恢复学习的动力和信心。在学生犯了错误的时候,A老师也会对学生循循善诱,耐心地对其进行劝导,让学生认识到自己的错误,并予以改正。

然而就是这样一位"以爱为根本"的老师,在某次学校开展的"我最喜爱的老师"评比中,A老师的得票却较低。在事后的调查中发现,学生普遍反映,从A老师那里学到的知识太少,自己的英语成绩没有提高,英语水平相比那些原本英语基础与自己差不多的同学已相距甚远。更有学生认为,A老师缺乏过硬的专业知识,不是一个"好老师"。

看了这则案例,我不禁产生了一个困惑,A老师的执教理念是对待学生"以爱为根本",在他任教期间,对待学生一直关爱有加,但是学生却因为不满他的教学能力而没有给他很好的评价。在如今的社会上,作为教师究竟应该以爱为先还是以能为先呢?

【案例分析】

针对这则案例,"我"之所以产生"究竟应该以爱为先还是以能为先"这样的困惑,有以下几个原因。

一、社会的原因

（一）教育趋势仍以应试教育为主

在如今素质教育被大力提倡的年代，应试教育仍以一种不容置疑的姿态在中国的教育领域占有着主导地位。无论是领导、校长、教师、学生还是家长，脑海里都始终保有着应试教育的这根神经。就中国目前整个的教育趋势来看，应试教育仍占着主导的地位。无论学校里如何在素质教育上倾注大量的精力，高考这个独木桥仍是目前中国学子必须要过的一关。在这样的大环境下，教师的业绩，也就是学生学习成绩的高低，直接影响到教师在学生心中的地位。学生和家长把教师的知识教授能力当做评定这个教师好坏的第一指标。在家长的心中，让自己的孩子今后进入名牌大学、高等学府，就是孩子在学校里学习的唯一目的。而学生随着年龄的增长，也会越来越趋向于功利，心中好教师的天平也逐渐倾向了教师的教学能力方面。

（二）人们对于学生成绩的错误归因

随着时代的改变，人们对于成绩的归因模式也在发生着巨大的变化。在过去，学生的成绩倘若没有考好，家长会责骂自己的孩子，而学生本身也会把考试失利的原因归结为自己没有认真复习，考试的时候太粗心了等。而现在，越来越多的学生和家长会把孩子成绩不好的原因归结在教师的身上，认为是这个教师没有教好，是由于这个教师的教学水平有限导致。随着不久前一句"没有教不好的学生，只有不会教的老师"的盛行，社会上名正言顺地把学生的成绩不好全权归因给教师，部分学生更是把这句话当做了自己成绩上不去的免死金牌。

然而，这种成绩不理想的归因方法却是存在着这样或那样的偏颇的。学生的考试失利，教师是需要承担一部分的责任，但绝不应该是全部的责任。教师可能对这个学生的学习情况没有完全了解，对其掌握知识的程度没有很好的把握，所以导致了该学生不能跟上其他同学的学习进度。但是学生本身就不应该对自己的考试成绩承担责任吗？一次考试成绩，来源于多方面的原因，比如考生当天的状态，对于知识的掌握程度，以及考生对于考试的态度和平常学习的认真程度等，这些都与最终的成绩有莫大的关联。倘若不分青红皂白就把学生的成绩错误地归因于教师，这对教师而言是不公平的。

同样，在这种趋势的影响下，很多教师势必会为了迎合这种趋势，采取一些"迎合社会大众口味"的策略，这也间接地导致了很多教师会特别看重学生的学习成绩，甚至为了学生成绩的进步而采取一些严厉的惩罚手段。这也逐渐导致了在教师心中，教育的首要任务是提高学生的成绩，并形成"教师的能力是第一位"的观念。

二、教师的原因

（一）教师角色的模糊认识

目前，教师对于自身教师角色的模糊认识已经成了一个愈发显著的问题。部分教师在从教了很多年后，仍对自己的角色没有一个明确的定位。有些教师认为自己的角色是一个"教给学生知识的人"或是"帮助学生成长的人"。而这对于教师角色本身的片面理解也直接导致了教师在教学活动的开展过程中易造成自身的错误定位，认为自己的责任只在于给学生"传道，授业，解惑。"基于对教师角色这样的理解，教师在日常的教学过程中会更倾向于对于学生学科知识方面能力的培养，从而忽视了对学生的身心发展方面的关注和关爱。

其实，教师这个职业的角色是多元化的。除了作为一名教书者之外，教师同样也承担了一名育人者的角色。而后者对学生的影响更为显著。所以教师更应该明确自己的育人者这一角色，更加注重学生身心方面的发展，给予学生关爱。

有人曾给教师定了三种类型：一种是以此为养家糊口的职业，另外一种是以教育为己任，最后一种是以爱为根本。每一个教师只有本着一颗以爱为根本的心来看待教师这个职业，才能在不断变化的环境中找到自己作为一个教师的真正的角色和定位。

（二）平均分的重要性

现如今的学校中，上至校方下至教师、学生，无一例外地重视考试成绩。一个班级的好坏，班级的平均分起着很大的作用。平均分已经作为评定一个班级最关键的标准。同样，班级的平均分也自然而然地成为了评定一个教师教学能力好坏的最客观标准。甚至个别学校把班级的平均分与教师的收入挂钩，一旦班级的平均分出现了下降，教师的收入也会随之相应减少。随着"平均分"三个字所产生的影响越来越大，教师对其也越发重视，也导致了有些教师为了提高班级的平均分，狠抓班级的成绩，把班级的成绩看成是第一位的，从而忽视了对学生其他方面能力的培养。

如果社会一直把平均分的高低作为评定一个教师能力标准的话，则教师之间的较量容易使教师在教学过程中形成一个思维的怪圈，认为狠抓成绩才是最主要的，在教学方法的使用上更多地强调应试，而忽略了对学生其他能力的培养。

（三）教师"专业精神"存在缺陷

现如今各大高校几乎都可在校园中看到"报考教师资格证"等广告的信息。据上过此类课程的学生透露，这类的课程并不能使学生学到实质性的与教育相关的东西，只是为了一个"证"而已。但是每年仍有大批的本科生为了这个"证"去报这类的培训班。更有不是师范类专业的学生，为了以后毕业能多条出路，而去考教师资格证。

可见，教师在许多大学生的心中，已经成为了一个给自己留"退路"的职业。试想，这些没有受过师范专业训练的大学生，只凭着一张教师资格证就走上讲台教书，其专业精神必定会有所欠缺的。他们并不知道何为教育，也不知道应该如何教育。而这种专业精神的缺乏也会直接影响他们从教后的教学理念。往往此类的教师，在选择教师这个职业时就把这个职业当做一个"第二志愿"，很有可能仅仅只是把教师这个职业作为一种可以养家糊口的职业来看待。正是因为欠缺专业精神，这类教师对待教育的理解是存在着偏差的，自然，他们也很难做到以爱为根本地对待学生。

三、学生的原因

（一）竞争意识日益强烈

在应试教育大环境的驱动下，学生的竞争意识被激发得淋漓尽致。学生之间有意识地比较着各自的成绩，各科的好坏。其实适当的竞争是一件好事，它可以促进学生的求胜心理，培养他们学习的自觉性，提高他们的学习成绩。但是如果竞争过度了，则容易导致一些不好的影响。恶性的竞争不利于学生心理的成长与发展，也会淡化学生的集体意识，同样，过度的竞争也会抹杀学生与同伴的交流讨论，使得他们对于知识的了解过于片面，不利于他们学习成绩的提高。

学生脑海中竞争意识的日趋强烈，促使他们会对于教师的教学水平提出更高的要求，甚至把这一标准作为一个教师是否是好教师的唯一标准。在竞争意识强烈的学生心中，一名能够让自己的成绩产生一次质的飞跃的教师，就是一名优秀教师。这种观念，同样也形成于家长的心中，而这些，也会使教师有意识地在自己的教学能力上多下功夫，却在育人方面有些怠慢，显得分身乏术了。

（二）心目中教师身份的转变

当前在部分学生的心目中，对于教师的身份已经有了很大的转变。随着社会的发展，学生或多或少地受到了一些功利因素的影响，把教师的身份从受人敬佩的园丁转化为自己对于知识的汲取者。这种功利性的转变方式直接地影响了教师在学生心目中地位。如果一个教师的专业能力不能满足学生的要求，或者学生觉得自己的成绩没有办法提升，学生就会把这一切的责任都推到教师的专业能力上，那么即使教师对学生倾尽全力地关心和爱护，学生也是感觉不到的。

学生会因为教师学科知识的欠缺而忽视教师对自己育人方面的教诲和关爱。在他们心里，连教书都教不好的教师已经被贴上了"不合格"的标签。而这种偏激的思维方式也是导致教师过多地投入"教书"，而欠缺"育人"的原因之一。

【启示与建议】

基于案例问题的客观存在，要正确地解决这样的问题，需要从五个方面来实施。

一、教师需加强自身的专业化水平

（一）专业理念

教师是否具备一定的教育理想信念，是一个教师成长的基石。叶澜教授认为："教师的专业理念主要指教师形成的关于教育事业的观念和理性信念，它是统帅教育职业活动的总的思想意向，是指导和影响教育教学工作的思想基础，引领教师专业发展的方向。"因此，教师需要明确自己的专业理念，要知道自己这个职业是什么和需要做什么。只有明确了这两点，教师才能够进行相应的教学内容的开展。如果自己首先对教师这个职业的定位已经存在误判，那接下来无论如何努力，最终结果只能导致南辕北辙。

另外，教师需对教育秉持着一个坚定且理性的信念，它可以帮助教师在教学过程中遇到困难的时候，找寻办法去尝试解决，而不是一遭受挫折就选择退缩。

（二）专业情感

在知道了教师的专业理念，知道了何为教育，何为教师后，更重要的一点是是否愿意教。这也就涉及了一个教师的专业情感问题。爱学生可以推动教师积极地投入到工作中，使之在教育事业中有所建树，教师的专业情感在很大程度上影响着教育过程和教育效果。

作为一个合格的教师，专业情感是必备的，一个教师若不能做到"以爱为根本"，那他最多只能算是一个教书匠，并不能成为人们心目中塑造人类灵魂的工程师。

一个拥有专业情感的教师，会把这种情感带到他的教育工作中，他会设身处地地为学生考虑，使学生的身心得到更好的发展。有人说，教育就是除去课本知识以外的东西。可见，作为一个教师，对学生人格心灵的教化在教育中更是起到了一个不可磨灭的地位。

（三）学科专业化

在现如今的教育的大背景下，教师本身的学科教学能力是必不可少的。我们常说的教育，分为教书和育人两大部分。教师的教学能力直接影响了教师在学生和家长心中的形象。正如案例中的事件一样，许多学生对案例中的A老师不太满意的原因就是，A老师的学科教学能力有所欠缺。在高考的大环境下，学生仍是把提高成绩、考上重点大学当做自己学生阶段的最终目标,任何与此目标有违的事情,学生都会产生一种本能的排斥。

学生越接近中考、高考,越是有一种"豁出去了"的感觉,在他们看来,只要能够帮助我的成绩提高,无论教师采取什么教学方法,无论是高压政策还是言语激励,只要最终成绩能够提高,他们就会对这个教师感激不尽。

所以,教师在知道教育是什么,是否愿意教后,还要知道要如何教,要经常利用空余时间给自己"充电",提升自己学科教学的能力,只有这样,才能真正成为一个"爱""能"兼备的教师。

二、学校需建立多元化的评价模式

要使教师能够在爱和能之间做到两全,在教师的评价方面,学校就应采取多元化的评价模式。评价一个教师,可以从他的教学理念、教学态度、教学方法、教学能力等方面对其进行评价。以防止只重视教师教学能力的评价的现象,这样会使评价模式显得单一性。同时,也会抑制教师在其他方面努力的动力。只重视教学能力的评价模式会使教师为了得到一个好的评价结果而把精力用于对评价结果有利的能力方面,从而忽视了自身其他方面能力的发展,如理解学生、关心学生的生活,培养学生形成良好的性格和品质等。

一个多元化评价模式的形成,不仅能让教师减轻工作的压力,也可以使评价更为全面。现代社会学生的选拔是高考一分定天下,难道在提倡素质教育的今天,教师的评价仍旧是用分数来衡量吗?多方位的评价会让教师意识到学校重视的不仅仅只有平均分,还有教师育人方面的能力。教师根据多元评价模式得出这个结论后,自然也会在日常的教学过程中有所侧重,以求做到"爱""能"之间的平衡和统一。

三、教师应明确何为"爱",何为"能"

在当今的社会上,针对教师应该是以"爱"为先,还是以"能"为先,人们对此各执己见。在我看来,无论是以"爱"为先,还是以"能"为先,首先应该做的,是明确何为"爱",何为"能"?盲目的爱有时并不能使学生的身心得到更好的发展,甚至还会达到相反的效果。在家庭教育中,常出现的一个弊端是父母容易对自己子女溺爱;同样,在学校教育中,我们要提倡爱学生,但是这种爱是有其限度的,是关爱,而绝非溺爱。过度的关爱会阻碍学生自身的成长,适时放手让学生自己去体验、去经历,既可以减轻教师本身的压力,也可以使学生的能力得到培养。关爱学生,是尝试着站在学生的角度去思考问题,给学生鼓励和指引,而并非帮助学生去解决问题。爱学生并不是单纯地鼓励学生,对学生进行赏识教育,其实有时候教师适度的惩罚比一味地鼓励对学生的作用更显著。从某些角度而言,适度的惩罚教育也是关爱学生的表现。所以,教师要把握好"关爱"的尺度,不要溺爱学生,使自己对学生的关爱成为学生成长的反作用力。爱学生并不等于放纵学生,如果在学校教育中,过分心软,看见学生的错误也不忍心对其加以批评,会不利于学生形成健全的人格。教育的目的之一就是引导学生,使他们明白何为是非对错,这是教师的责任,不能因为"爱"而放弃责任,过度的关爱不是"爱",反而成了"害"。

同样,何为有能力的教师?在现有的学校评价体制中,普遍出现的情况是把班级学生的分数作为一个教师是否有能力的标准。但若仅用分数来论英雄的话,会使得对教师的评价过于片面。判定一个教师是否有能力,除了他教学的专业能力外,还包括培养学生学习的能力,与学生进行良好有效沟通交流的能力,对学生的品行习惯进行正确引导的能力等。后几个方面在衡量一个教师是否"有能力"上同样重要。某特级教师曾说过:"一个人失去了理想和追求,是可悲的。教育,就是要点燃学生心中的理想之火、发现之火、探索之火、创新之火,并让它们越烧越旺,就是要让学生去充分享受追求理想,获取成功的快乐。"可见,一个有能力的教师,绝不仅仅只是帮助学生提高学习成绩那么简单。对于一个教师"能"的考量,不只在于其学科教学能力方面,还需考虑一些其他方面的能力因素。和"爱"学生相同,教师的"能"同样也有其内在的程度之分,过度强调成绩的重要性容易压制学生其他方面的成长,一个真正有能力的教师,是需要懂得如何在学生的成绩提升与学生的能力培养之间找到平衡点,使学生得到更好的发展。

四、教师应持有一种什么样的教育观

社会究竟是需要以爱为先的教师,还是以能为先的教师?教师面临环境变化情况下,教师的教育观又应当做出如何的改变呢?

作为一个新时代的教师,需要树立一个全新的教育观念,即教师要以爱育人、以德服人、以才教人。爱是一切教育的前提,无论周围的环境如何改变,这个观点需保留并发扬光大,植根于教师的教育之路。人们把教师比作一枝默默无闻的蜡烛,燃烧了自己,照亮了别人。教师的无私奉献精神体现在为学生全心全意的付出。而这种付出背后是需要强大的爱来支撑的。作为一个教师,首先要有一颗热爱学生的心,这是一个老师走上讲台的前提条件。著名教育家陶行知先生曾说过:"你的教鞭下有无数的瓦特,你的冷眼里有牛顿,你的讥笑中有爱迪生。"要相信教师的爱是可以创造出奇迹的。用爱来教育学生,才能对他们赋予最大的耐心,给他们最强的鼓励。

倘若一个教师只有教学能力,却不具备教师关爱学生的教学情感,学生在毕业后,即使因为教师当时的严厉而取得了某些成就,也只会对教师产生"感谢",而并非"感激"。因为情感是一个相互的东西,只有你付出了情感,才会收获情感。学生会因为教师优秀的教学能力对自己造成的影响对教师表达谢意,但是却无法把这种纯粹的感谢变成感激。

图 4-1 是一些特级教师教育观念的图示。

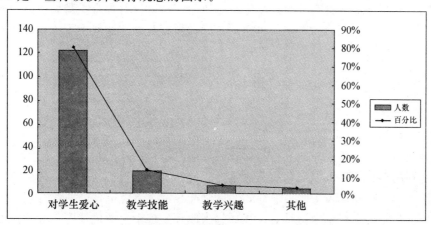

图 4-1 教育观念

资料来源:张凯歌. 特级教师专业精神结构及特征研究. 杭州师范大学学报,2012 (4)

从图 4-1 中，我们可以发现，特级教师把对学生的爱心和责任心放在首要的位置上。他们大都对自己教师的这个职业充满激情，在他们的内心都怀着对教育事业的无比热爱，正是这种热爱，使他们愿意积极地投身到教育事业当中。从调查中发现，特级教师的共同点之一就是喜欢孩子、喜欢学生，喜欢教师这个职业带给他们的欢乐。在图 4-1 中，有 79.8% 的教师首选的就是对学生的爱心，可见爱心在特级教师心目中占了很重的分量。拥有很好的教学技能固然重要，但是教学技能是可以通过实践的磨炼和勤奋不辍的学习来掌握的。唯有秉承着一颗充满爱心、对学生负责的心才能使自己在教师这条路上走得更快乐，也更持久。

在做到"以爱育人"的前提下，同时，教师还必须要树立好自己良好的师德，以德来服人。心理学家认为："学生具有好奇、模仿性强的特点，他们以家长和教师为榜样，学生的一举一动、一言一行无不受到家长、教师的潜移默化的影响。"因此学校能否为社会培养合格的人才，关键在于教师。教育学生不能单单靠言传，而更应该靠教师的身教。教师是学生最直接的榜样，也就是说，师德师风的好坏对学生有着深远的影响，甚至会影响其一生。一个具有良好师德的教师，必定能够使学生从心底里对其产生敬佩，更愿意聆听其教诲。

另外，教师需要有扎实的教学能力，这也是让学生真正信服的关键所在。俗话说，给学生一杯水，自己要有一桶水，可见作为一个合格的教师，自己必须有一定的学科知识储备与教学能力。而在知识日新月异的时代中，教师所拥有的这桶水还必须是一桶"活水"，教师需要根据社会的趋势和主流不断更新自己的学科知识，以满足学生对于新鲜知识的需求。除了学科知识以外，这里教师的"才"还泛指教师的"教学智慧"，而这种教学智慧是建立在对学生有充分的了解和丰富的教学经验上的。教师要对学生发生的情况有一个较为敏锐的预判，并具备应对临时发生事件的能力。这就是教育过程中"才"的体现。只有在与学生相处过程中不断地堆积与施展"才"，方能够在潜移默化中让学生体会到知识的重要性。

五、当教育观与现实发生冲突时应如何做

当教师发现自己的教育观念被社会上层层压力笼罩时，教师自身需要做出一些相应的调整，以使自己在面对阻力时仍旧可以保持自己的教育观念。这其中最重要的是要对教育事业保持着自己的激情，在遇到周围的压力和挫折时，不要非常轻易地否定自己，而要试图去寻找解决的办法；同时，不要让现实环境和社会上的阻力浇灭了教师初上讲台时对于教育的那份热情。

针对这一点，教师可以通过以下一些方式应对这些冲突。

（一）发现问题所在，找到问题的根源

在教师遇到一些现实的矛盾与冲突时，首先应对事情进行详细深入的了解，寻找矛盾真正的焦点在哪里，可以询问一些更有教学经验的教师，请他们帮助一起分析所发生的现象。当发现自己的教育方法在现实中不可行时，先不要急于否定自己的教育观，先仔细分析问题，再得出是否需要调整的结论。比如，当教师发现学生的成绩下降时，不要马上否定教育中"以爱育人"的重要性，转而成为一个重视"能"的教师。可以先冷静地分析学生成绩下降的原因，究竟是因为学生的基础不扎实，还是自己讲课的方法出现了问题，还

是所讲的进度学生并没有完全跟上。只有把问题的根源找到，才能对症下药。

（二）针对发生的问题进行思考与反思

当教师找到问题的原因所在时，找到矛盾的根源后，对其进行反思，认识到自己的不足，思考自己是否需要针对这个问题做出一些改变，如果教师本身坚信自己的做法是正确的，也需要给人以信服的理由。作为一名教师，除了要掌握学科教学知识等，还需要学会做教学研究。教师应是一个教学的反思者和创造者，而不仅仅只是一个反复实践前辈教师经验的技术实践者。教师要学会对存在的问题进行研究，可以提出自己的新想法，并用教育科研方法对想法进行检验。若检验结果为可行，可把自己的想法尝试着运用到教学中，而不只是把前人的经验复制过来。单纯地复制经验在很多情况下也未必可行，因为每个学生都是独一无二的个体，在教育上发现的任何问题，都不能笼统地去进行归纳和总结，只有因材施教、因事施策，才能真正地对症下药。

（三）与学生和家长保持沟通，及时进行交流与反馈

作为一名教师，总是坚持自己的教育观点是不可取的，当教育观与现实的问题发生冲突的时候，应该学会聆听那些相反的声音，让这些矛盾与冲突变成教师进步的垫脚石而不是绊脚石。教师应重视家长和学生的反馈，与学生和家长保持沟通，经常听听他们的意见。如果有家长对教师的教学质量有所怀疑时，教师要做的是及时与家长进行交流，仔细聆听家长的建议，找出问题的所在，并把自己的教学思想传达给家长，与家长共同商议，最终得出一个双方都认可的解决问题的方法。

（四）聆听有经验者的建议

新教师会面临各式各样的问题，很多问题根本不会出现在学校里所学的课本中，而是一定要通过自己深入到学生中去才能够发现的。当新教师发现自己在学校这个象牙塔中树立的教学观念与现实的很多要求并不相符时，可以找寻一些已经有多年教龄的教师，向他们取取教学经，老教师也是从新教师走过来的，他们可以理解新教师的迷茫，并且会结合自己的经验，给新教师一些中肯的建议。

（五）不断给自己"充电"，保持学习的状态

俗话说，活到老学到老。这句话在教育工作者的身上更需要关注。教师只有对当下的教育形势有一定的了解，才能审时度势，对自己的教育观念做出一些适当的改变。教师可以在闲暇的时间，多关注教育方面的咨询和信息，也可以看一些著名的教育家所写的作品，还可以去看一些教育方面的案例，在分析这些案例的过程中积累自己的经验，这些都有助于新教师的成长，也能够帮助新教师安全地度过教育观与现实矛盾冲突的迷茫期。

托尔斯泰说过："如果教师只爱事业，那么他会成为一个好教师。如果教师只像父母那样爱学生，那他会比那种通晓书本，既不爱事业又不爱学生的教师好。如果教师既爱事业又爱学生，那他是一个完美的教师。"

要想成为一名出色的教师，必须要有一心扑在教育事业上的满腔热情。有了爱才有教育，良好的师德师风是教育的前提和保证。用师爱去温暖学生，用师德去感化学生，用知识来使学生信服。让爱的阳光温暖学生的心灵，让爱的雨露滋润学生的成长。浇树要浇根，育人需育心。

（鲍明洁）

案例 2 教师，你幸福吗？

"你幸福吗？"2012年双节期间中央电视台提出的一个问题引起了全社会的热议，对于幸福的定义也引发了大家的思考。现在的教育工作者们，你们幸福吗？

幸福是为自己的理想奋斗，让生活充满希望。人们常常向往自由，又常常把自由与幸福联系在一起，那么什么又是自由呢？是自我的放纵？是行为的无拘无束？是思维的天马行空？我想答案不尽相同。狭义的自由概念是拥有可以去追求幸福的权利，也就是坚持自己的信念与理想并为之奋斗，然后坚守它充满希望地过每一天。针对职业而言，自由和幸福就是理想实现的地方，认同并热爱着它，为了它坚守着最淳朴的，最真挚的信念。很多人把自由和幸福仅仅建立在物质的基础上，把物质作为唯一的标准，所以他们的认同感同样来自于物质。职业认同感很重要的一方面是从业者对其职业的尊重和热爱是否发自内心，是否坚守着最本质的信念，是否实现自己的社会价值，而并非只是其职业带给他们的外在的显性的收获或利益。在马斯洛的"幸福金字塔"中就是较高层次的尊重需求和自我实现。

【案例介绍】

电影《热血教师》中，克拉克老师在一开始就跟学生们说"We are a family"，他一直重复着这句话，也坚持履行着这句话。克拉克老师带给我的不只是震撼和感动，还有思考和动力。他改变的不只是学生们的成绩，更是他们对生活的态度，亦是学生的一生。我相信克拉克老师是幸福的，当他能参与到孩子们的游戏中的时候，当他能让学生们安静下来听课的时候，当他看到他的学生为自己求情的时候，当他走进孩子们的心里的时候，他一定是幸福的，他为自己是名教师感到幸运和幸福。他坚持做着教育田野中的"守望者"，因为即使很多人不理解，不明白为什么他会那么坚持，甚至认为他是自讨没趣地担任这样一个所谓"差班"的教师，他还是坚守在那个岗位上，从未放弃。令我印象深刻的是，克拉克老师的班上有个学生总是带头与教师作对，不但上课自己不听讲还教唆其他同学也不听，课间游戏时间当教师想与他们一起游戏来拉近师生感情时，她则带领着同学们排挤教师，故意不让克拉克老师加入他们。后来克拉克老师在课上实在忍无可忍对她发了很大的脾气，可是当冷静下来之后，克拉克老师回到了课堂，并特意去了这个女生家中，为她辅导功课。当看到她家中的情况后，更是帮助她解决家中的问题。在整部影片中，令我最为感动的是当克拉克老师得知自己生病的情况下，还是坚持上课直到在课堂上晕倒，而住进医院的克拉克还是坚持将上课的内容录下来在镜头里进行教学，他深知每个学生的个性和可能的课堂情况。

在我们的身边也有普普通通的教师在自己的岗位上坚守着自己的信念，用行动书写着他们的幸福。

2012年5月8日，在黑龙江省佳木斯市发生了一件让人们深深感动的事。那天在佳木斯第十九中学门口一辆失控的车冲向了路边的两名学生，在危急时刻，张丽莉老师推开了两名学生，她自己被压在了车轮下。这位年仅28岁的年轻教师在佳木斯第十九中学是一名普通的语文教师，她没有编制、没有高薪、没有医保，她有的只是不变的信念、不变的志向、不变的爱心。在张老师昏迷了多天后醒来最先说的一句话是，孩子们没事吧。张老师的行为震撼了每个人的心灵，湿润了每个人的眼睛。在张老师清醒后她父亲问她后悔吗，她说她不后悔，还安慰父亲说，"很幸运车轮没有从头上碾过去，我救了学生，也保住了性命，今后一定会幸福的。"张老师从小的愿望就是成为一名教师，她不但做到了而且带着她最善良的、最真挚的爱一直坚守在她所热爱的岗位上，她是幸福的。

然而在我们感动于张老师的伟大无私时，有些让人们寒心、担忧、质疑与反省的事件也在发生着。而这些事件的屡次被曝光，反映出存在的问题，如果教师的最基础的职业道德都被一次次的破坏，那么热爱教师这份职业、热爱学生，为教育事业所努力，又从何谈起？

2012年10月24日，网上的一张幼儿园女教师拎着孩子的耳朵将孩子提起离地面近10厘米，孩子哇哇大哭，可女教师却面带笑容。此照片在网上一经曝光就引起了强烈的反响，家长们纷纷对幼儿园的教师、管理表示极度的愤慨，在社会各界的愤怒声中，在这位女教师QQ空间中搜到更多的虐童照片，有的是将孩子扔进垃圾桶，有的是拿胶布将孩子嘴巴封住，而这位教师竟然还自称这样做只是觉得"好玩"，还狡辩说孩子自己也笑了，真不知道这个老师是什么心态。此事件的曝光随后又牵扯出了一系列类似的事件，这些事件为现代社会教师职业道德素养打出了大大的问号，正如某媒体说的："师道焉存，人道何在？"这些老师对教师这个职业的责任和价值了解吗？他们甚至连最基本的作为一名教师应该具有的道德与爱心都没有，又何谈教师职业的价值，又何谈对这份职业的尊重和热爱？

无论是什么职业，只有在对其了解并热爱时，才能真正地做好它，认同它，并且从中获得成就感与满足感，如果只是不知所云的机械地去完成，那么意义何在呢？

现在人们选择职业的考虑越来越偏向于其能带来的物质的、显性的成果，而却本末倒置地把最初的梦想和职业带给社会的意义抛之脑后。有调查显示，在职教师中，他们选择教师职业因素比例较高的是稳定性高、社会地位较高等，而社会贡献、理想等则相对较低。教师对教育事业的了解、对学生的关心、对教师的期望和反思不及对物质性、功利性的利益。难道教师的幸福感仅仅是只有通过这些才能体会到吗？教师的职业认同感为何？教师的幸福感为何？

【案例分析】

无论在哪个时代，无论在什么地域，教育对于社会进步的贡献都是无法替代的，它影响着整个社会的道德素养与发展方向，而教师作为直接的传授者是教育的重要组成部分。那么要使我们的教育更完善，教师的力量是必不可少的。而成为一个优秀的教师应该具备哪些素质呢？优秀的教师在教学上应结合中西方的方式，西方式的教师偏向于向年轻一代传授科学，苏格拉底的"产婆术"以启发式的导引学生进行学习，在学习方式上倡导引导式教学；东方式的教师受到儒家文化的影响，注重教师的身教，因材施教等。除了在教育学生知识的同时，教育理念、是更注重分数成绩还是注重素质教育全面发展等都起到影响。除了以上几点，教师的职业认同感也是成为优秀教师的重要部分之一，因为职业认同感在一定程度上与"幸福感"紧密相连。如果教师只是机械的并不用心的传授书本知识，那么学生获得就只是知识而已，学生不会有幸福感，可社会需要的不是只会工作的人，教师的责任不是完成一个个流水线式的复制，而是要培养有道德、有素质、有能力，不但会做事更会做人的全面发展的人。

从张丽莉老师的身上中，我们看到的是一名教师的"师爱"；从虐童事件中，我们看到的是教师职业道德的缺失。这两个事件中，张老师的奋不顾身为救学生而不顾自我安危，虐童教师对学生身心健康的伤害行为；张老师抱着一心为教育事业做贡献的信念坚持在教师岗位上，虐童教师抱着"玩"的心态在纯洁的孩子心里埋下阴影；张老师关心学生学习生活等默默付出，虐童教师的没有资格证书只为有个工作的心理却站在神圣讲台上……这些行为的背后其实正是对教师价值观、认同感的考验和体现。

一、教学论与幸福感

电影《热血教师》中克拉克老师的教育理念是，以学生发展为本、科学教育与人文教育相辅相成。克拉克老师相信每个学生，不放弃任何一个学生，他抱着没有一个"差生"的理念，当面对一群被打上了"最坏"标签的孩子，根据自己的教学经验采取各种教育方式，运用不同的有针对性的教育方法，从学生的性格、心理、生活方面做充分了解与学生建立信任感与亲切感，人文教育与科学教育并行，不但提高了这群所谓的坏孩子的成绩，还让他们发挥了特长，重新得到了尊重和关注，找回了自信。克拉克老师用自己的智慧思考教育，思考自己的每个学生，他并没有把教育价值化，在克拉克老师心里只有以学生为本的理念与信仰而不是以利益来衡量的所谓价值。

教学论在教学中发挥着重要的作用，它具有自发性、稳定性和内在性，如果按照教师本身内在的教学理念进行教学的话，会产生积极而且肯定的情感。也就是教师教学论树立有助于培养教师的职业认同感，而且这种认同感往往是内在精神层面的认同感。教师的教学论可能是来自自身的信念、观点或经验所得，通常这些都是得到教师自身认可的观念，所以无论在教学实施过程中或在收到教学回馈时，都处于自发的心理状态。但在教师树立自身教学论的过程中，很多都是内化形成的，没有外在的监督与建议，而是仅从教师个人出发得到的，那么其教学论的正确性具有不确定性，教学论的这一特点同样影响着教师对职业的内在价值认同。但在克拉克老师的案例中，显然克拉克老师以学生发展为本的教学论促进了他的职业认同。

克拉克老师这种以学生为本的教育论与他对于教师这份职业的热爱、对于孩子的爱心是分不开的。当克拉克老师看到他的学生们都发挥出了他们的水平，那一刻他的笑里有为学生的高兴，有为师生情的感动，更有作为一名教师的幸福感。教师的教育论各有不同，也各有其特点，只有把热情与爱作为基础，有积极的教育信念，才能收获幸福。而张丽莉老师的教育论也都是为了学生考虑的，她没有把个人的名利、利益甚至安危放在前面，而是把学生的成绩、健康安全和发展作为她的重心，她的教育论不是为了职称，而是以学生为本。对于克拉克老师和张丽莉老师而言，他们的幸福感追求并不只停留在自身的生理、安全、社交和尊重需求追求上，更多的是对自我实现和对社会贡献的追求。他们获得的幸福感一定也是最多的。

二、教师观与幸福感

张丽莉最触动人心的就是她的"师爱"，她做到了在课堂是教师，在课后是帮扶者，在学习上是师长，在生活上是慈母。她用自己的行为教育着孩子们要做个善良、正直、有爱心的人，她真正做到了言传身教。

由于多方面的原因，现在的教师把应试放在了教学的首位，一切都以成绩为标准。教师不但以成绩来差别对待学生，更是把成绩作为唯一的评判标准从而忽视孩子的纯真与善良，这样的行为在孩子形成价值观、世界观的时期对其造成的影响是潜移默化且至关重要的。在中国传统的儒家文化中，孔子在几千年前提出儒学，其根本是教授当时的人懂得"礼"，也就是培养贤人。这个"贤"的表象就是要对父母孝顺，要对老师尊重，要有礼仪等，这其实就是在教授学子们如何"做人"，如何做个对社会有益的人。孔子曰："爱之，能勿劳乎？忠焉，能勿诲乎？"意思为，爱他能不为他操劳吗？忠于他，能不对他劝告吗？中国传统的教育家的教师观是从学生出发，为学生奉献，从而教学生为人处世。这种教师观的确立同时也是教师对自身角色的定位，正是对教师职业的内在价值的肯定，职业的内在认同感也就有了方向。

案例中，张丽莉老师和克拉克老师在他们以学生为本的教育理念里也透露着自己的教师观。相对学生的成绩而言，他们对学生的性格心理发展关注的更多，并给予更多的正确引导。正如之前提到的，张丽莉老师是从自身的行为上，言传身教为学生做出了好榜样，传递着可见的正能量；而克拉克老师则用他自己的教育方式和教学方法来对学生进行性格、价值观、世界观上的正确引导，让他们向更好的方向发展。

现代社会正处在一个发展的时代，固然需要坚实的技术知识为后盾，但一个社会要想可持续发展，国民的素质至关重要，现在的学生就是未来发展的主力军，需要有一个温暖的、良性竞争的环境。当教师们都怀着一颗为孩子、爱孩子的心，为教育事业、为社会付出自己的力量和追求时，会在这个过程中感受到真正的快乐，真正地体会到这份职业的伟大，从内心真正地认同师生的幸福感是教育发展的最大动力。而这种对幸福感的深入追求同样会让学生对幸福感的含义有更深的理解。

三、道德观与幸福感

职业道德，是从事职业的基本条件之一，如果连最基本的职业道德都不具备的话，那肯定对职业是没有认同感的，又谈何幸福感？

有学者认为要树立高尚的职业人格需要在职业信念的帮助下，将师德内化。职业道德是职业专业化的重要组成部分，教师的专业化越来越受到关注与重视，教师资格证则是其规范化的硬性指标之一。教师资格证是评判一位教师专业素养的标准，也是规范职业道德的标准，但教师资格证却不能完全规范或评定教师的行为，更不易体现教师本身的态度与理念。相比资格证书而言，教师的职业认同感更为重要，教师的思想观念才是真正决定其能否成为一名专业化优秀教师的关键。

在虐童事件的案例中，教师缺乏职业认同，更没有遵守最基本的职业道德。她把教师的职业仅仅作为一个生计的途径去获得社会物质，却忽略了教师职业的社会价值，更忽略了教师对于学生的影响及其带来的社会影响力。虐童案教师没有考虑到幼儿园的孩子正处于童年时期，而童年的经历将会影响他们一生，对他们的性格形成也会产生极大的作用。教师对学生的一举一动、一个拥抱、一个微笑、一句夸奖……都可能会让孩子们开心一天甚至整整一个星期，这就是力量，教师的正能量。而如果像案例中的老师那样，对孩子们做出的是冷漠、置之不理，甚至是殴打，那对孩子造成的不仅是身体上的伤害，更会给儿童的心理带来影响。教师的职业道德需要发自内心地对职业的认同感，只有这种认同感才能让教师在对待学生、教育学生的时候充满爱心，真正地做到行为和心理上的爱。

当教师对于职业有了认同感，他的行为就必然由内而外、自觉地履行教师的职责，包括最为基本的道德素养，才会真正做到以学生为本。而当自身的价值得到了发挥与体现，幸福感就会由内而外地焕发出来。

【启示与建议】

从这些案例与分析中可知，教师的职业幸福感对教师本身及对教育事业带来的影响是不容忽视的。

拥有自己事业的意义何在？除了有经济来源、与人交往、有社会价值等，还有内在被社会认可，对自身价值需要的体现。每个人不单单需要接受爱与认可，同样需要有机会、有平台展示自我，实现自己的价值。职业认同感分为外在价值认同和内在价值认同两方面。外在价值认同包括经济、社会地位、工作环境等，大多属于获取层面的；内在价值认同包括对职业的热爱程度、自我认同、道德认同、价值实现等，大多属于付出层面的。内在价值的认同与幸福感的联系更为密切。教师职业有其特殊性，比起其他职业而言，教师对社会的影响责任感更大、影响力更强、范围更广，对教师的内在价值认同要求也更高，其特殊性决定了教师的内在价值应更受到重视。教师是份需要有自我奉献精神的职业，在此基础上，教师的职业认同感，特别是内在的价值认同影响教育的方方面面。

一、关于幸福

对于幸福的理解，古今中外都有许多的精辟论述。中国的《尚书》中有五福之说："五福：一曰寿，二曰富，三曰康宁，四曰攸好德，五曰考终命。"古希腊的亚里士多德则认为"幸福是灵魂的一种合乎德性的现实活动。"到了近代，"幸福指数"这一概念被提出，在评价一个国家、一座城市时，人们不再仅关注 GDP 而把更多的关注点放到了 GNH 上，即国民幸福总值。把幸福这样一个抽象的概念量化并进行计算，也引起了很多学者的兴趣与研究。在对幸福的定义上出现的不同版本使得"幸福指数"的计算有不同的量表，在众多的幸福定义理论中，"幸福金字塔"可以说是占有重要地位的，"幸福金字塔"也称为马斯洛需求层次理论。

马斯洛需求层次理论是行为科学的理论之一，它把人的需求分为五个层次，犹如阶梯一样从低到高，按层次递增。这五个层次分别是：生理需求、安全需求、社交需求、尊重需求和自我实现。生理需求包括最基础的食物、水、空气、健康、住宅等；安全需求包括人身安全、生活稳定和免遭痛苦、威胁或疾病等以及对金钱的需求等；社交需求也叫归属与爱的需求，是指个人渴望得到家庭、团体、朋友、同事的关怀爱护理解，简单来说就是友情、爱情及其隶属关系的需求；尊重需求可分为自尊、他尊和权力欲三类，包括尊重、成就、名声、地位等；自我实现也是最为高级的需求，满足这种需要就要求完成与自己能力相称的工作，最充分地发挥自己的潜在能力。这五种不同层次需求可以分为两个等级，其中前三层的需求是较为低一级的需求，尊重需求和自我实现是较高级的需求。马斯洛需求层次理论有其积极因素，同样也存在一定的消极因素。马斯洛认为人在每一个时期，都有一种需求占据主导地位，而其他需求则处于从属的位置。不同时期的不同环境、不同心态、每个人的不同性格都是造成不同时期不同需求的因素，所以其存在很多可变因素，具有复杂性。但是不应片面地把所有人的需求都按一种模式和程度框在一个固定的格式里。例如，热衷于事业的人，他们的追求是达到自己的理想目标，把物质利益放在自我实现之后，在这类人的需求层次中，自我实现的高级需求远远高于低层次的需求。

在自我实现的层次中，包括了一种付出自己爱的幸福感。曾经有人说过，人们除了自身接受爱的需求，还有一个十分重要的需求那便是付出爱。人们并不是总想着索取或总在乎自己的发展与自我的满足，同样也需要对他人付出爱，帮助他人的发展，满足他人的需求。每个人在付出的时候内心获得的是温暖，那种感觉是一种力量。就如很简单的一件事情，在公交车上给老人让座，让座的人当然是具有社会公德的人，而除了公德意识之外，这一举动并不在于赞扬，而更多的是他发自内心的一种爱——给这位老人、给整个车厢、给社会。他获得的幸福感不但是尊重需求，也是一种自我的肯定，自己内心得到的一份宁静的幸福感。

二、职业认同感与幸福感

职业在一个人的生活中无论是从时间的分配上或是情感精力的投入上都对我们的生活产生很大的影响，而对自己职业的认同感又在很大程度上决定了职业的动力。只有对职业有了认同感，从而全身心地投入到这份热爱的职业中，获得的幸福感才能达到最高层的自我实现。认同感被认为是人们对生活、对职业、对精神稳固的重要出发点之一，它对人们在职业中的行为具有很大的决定性作用，所以它紧紧地与幸福感相连，这更多的是从对社交需求和尊重需求中反映出来的。而教师是个与其他职业相比更具有特殊性的职业，它更需要教师们有更多的认同感、要求对幸福高层的尊重需求和自我实现有更多的追求。所以教师职业的认同感与从中获得的幸福感是相辅相成的，从教师职业中获得的尊重、成就、感受到的温暖与爱，提升着教师们的幸福感；同样，有了职业的、生活的幸福感也会让教师们对事业更充满热情和爱。

所以要培养教师在职业方面这种更高层的幸福感追求，就需要培养其对于职业的认同感。而对于这种认同感的培养又需要从多方面来构建。

三、如何建立幸福的"金字塔"

在马斯洛的"幸福金字塔"理论的基础上，针对培养教师幸福感与职业认同感也可以得到一些意见。从需求层次理论的角度，要提高教师的职业认同感与幸福度必须从教师的待遇、社会地位、社会认同等这一层次和教师本身对于教育事业的追求、自我实现和对他人对社会的奉献精神等来进行。收入待遇、福利等在现实生活中也确实具有其不可缺少的现实性，对于这些硬件的较为基层的需求，在职业认同感中占有不可磨灭的地位，政府、学校和社会在这方面的重视、建设与认可在培养职业的认同感和教师的幸福感上都具有积极的意义。而在软件上，即教师自身对教师职业的精神追求，可分成两个阶段来进行培养。一个阶段是对师范生的职业认同感培养，师范生大多对教师职业充满憧憬，并有着自己的教育理想与热情。当然培养师范生们的基础教学知识是至关重要的，在确保其教学专业知识掌握的同时，对于他们的职业认同更应做出指导，对自己未来将要从事的职业有较高层次的追求，同时也将更深刻的幸福感理解传输给新一代，让师范生在校园中得到很好的引导,为进入教师行列做充分的准备。师范生自身应多参加一些社会实践,例如爱心学校、支教等,用更广阔的知识面与思考来提升自身的职业认同感。而另一阶段则是针对在职教师的,在职教师的经历比师范生多,而且来自生活的压力也大,自然他们需求对认同感的影响也相对较大,相信这在一定程度上对于培养教师的认同感具有积极作用。培养教师对于职业的认同感必不可少,正如之前提到的,无论是从教师的教育观念和职业道德方面,或者从对学生的各方面影响,教师对于学生的、学校的、社会的影响作用都是显而易见的,著名的教育专家李镇西说过:"我的教育不为领导,不为职称,不为荣誉,只为我的乐趣本身。"教师自身要在教育实践中,去理解体会新的教育理念,提升自身的教师观。随着教育研究的深入,教师们应更加注重教学,教师们可边进行教学边进修,不只是学科知识的积累,更应全方面更深入地去了解探究关于不同年龄的、不同阶段的、不同性格的孩子的特点,以这些知识去提升自己的教育理念。除了这些,社会大环境对教师的尊重,一方面可以尊重教师,另一方面也是一种督促和监督,在外部环境上给予足够动力,关键是教师会在这样好的环境中培养出一种自觉行为。

(费佳艺)

案例3 选择做教师,你会坚持到底吗?

【案例介绍】

基蒂,作为一个经过认证获得教师资格证的新教师,怀揣着紧张,既不安又充满期待地去了一个学校的人力资源部应聘,她原以为主管可能会问一些有关课堂和教学策略方面的问题,如她事先反复练习、准备好的一样,但实际上,主管提出的问题相当简单、并且直截了当,基蒂几乎不需要经过什么复杂的思考就可以回答了。"是的,我已经在一个小学实习过如何教学;是的,我觉得自己能独立地驾驭班级,对课堂管理做好了准备"。

基蒂看着主管的脸,一面掩饰自己,不让主管看出自己内心的恐惧;一面在心里搜索过去学过的教育类课程。那些她曾经学过的东西,一幕一幕地、一个片断一个片断地在她心里翻滚、快速地闪过。但此时此刻,面对面试主管,她曾经学过的一切,竟然都蒸发得无影无踪。她感到有些孤立无援,没有底气,觉得自己仿佛是一个带着教师资格证的骗子似的。

基蒂应该说了一些正确的话,或是说了一些她渴望成为一个新教师之类的话。主管告诉基蒂,下周一可以上班了。基蒂很兴奋,她相信只要做好充分准备就能搞好教学。甚至在当天晚上,她打电话叫了一份丰盛的外卖来犒劳自己。她发誓,星期六上午她将集中全部精力做好一件事,那就是为周一的课做好准备。

星期六早晨的阳光暖暖地洒入室内,手捧着咖啡,基蒂开始坐下来备课。她认真地翻阅着在学校读书时所积累下来的那些笔记与资料,看上去就好像一个认真的学生正在准备着期末考试一样。她相信,有关教学问题的所有答案,或者说有关教学的所有秘诀,都可以从这些笔记本或课本中找到。她相信,只要她记住了这些秘诀,就能搞好教学。

"对于那些智商在75~90的学习者来说,抽象思维是很困难的。"

"创造性总共有四种定义。"

"当你在组织课程的时候,别把课程看作是一成不变的东西,相反,它只是教学过程的一个向导。"

"教育目标有三种,即学校目标、课程目标、教师和学生目标"。

"评价是一种搜集有关学生进步信息的过程,不管是正式的评价,还是非正式的评价,其目的都是为了促进学生学习。"

她一直在思考,下周一上午,当她面对25个小学生的时候,这些课本里的话有哪一句能派上用场?

周一清早,基蒂迈着坚定的步伐走进了教室。这是"我"的讲台,"我"的班级,"我"的孩子们,看到这一切,一丝欣喜略过基蒂的心头。但初为人师的喜悦和兴奋,很快就随着她内心的焦虑而消失。她在黑板上用工工整整的大写字母写下了自己的名字——玛丽琳·基蒂小姐——然后就在桌子边坐下。孩子们叽叽喳喳地走进教室,吵闹地、自觉地挂好自己的外套,坐到自己的座位上。他们安静地看着新老师,基蒂定了定神,深深地吸了一口气,看着他们说道:

"孩子们,早上好!我是你们的新老师,基蒂小姐。黑板上是我的名字,我希望我们能在一起,度过非常美好的一年。"

"我想先点个名,认识认识大家。当我叫到你的时候,请你站起来让我看到你,好吗?如果我把你的名字念错了,也请你告诉我。"

事后回想起来,基蒂发觉,点名是她今天早上做得最好的一件事情。孩子们很安静,完全在她的掌控之中。但是接下来,情况就开始恶化了。她想把孩子们分为几个阅读小组,但在执行的时候,各种小问题层出不穷。分组的过程被打断得越多,破坏性的行为就产生得越多。很快,基蒂就发现自己不是在讲话,而是在扯开嗓子叫嚷了。

"坐下,瓦尔特!"

"这是我最后一次提醒你了,朱蒂!"

"不,你现在不能去厕所!"

"不可以画画,你的数学作业还没有完成呢!"

"请安静,安静!你们实在是太吵闹了!"

她觉得自己越是大叫,对班级的有效控制就越少。最后,她愤怒地拿起教鞭,重重地敲打在讲台上。孩子们被吓了一跳,然后渐渐安静了。基蒂对她所做的一切感到厌恶,她甚至讨厌她自己。

在紧张和冲突交织的噩梦中,基蒂总算是熬过了这一天。教室就好像是她的一个战场,里面充满着权力斗争的火药味,在这里她对课堂的控制力越来越少。离3点放学还有10分钟,她让孩子们收拾整理好书包回家。对提早放学,她一点也不在意。基蒂讨厌他们当中的每一个人,即便学校不会因为她缺乏带班能力而解雇她,她也很有可能自己提出辞职。如果这就是真正的教学,如果在她努力完成其职业培训课程之后,仍然还有那么多东西需要学习的话,还不如改行,去售楼中心卖房子好了。

【案例分析】

一、师范生初登讲台的问题症结

虽然师范生在大学期间学习了许多专业性的理论知识,然而,由于各种因素的制约,能够真正站上讲台锻炼的机会与时间却并不多，因此，对于师范生而言，能够真正站上讲台、游刃有余地开展教学，还是存在许多需要克服的困难。

（一）充分的教学准备是开展教学工作的基石

案例中的主人公基蒂在得知自己被录取的当晚，打电话叫了一份丰盛的外卖，她发誓，星期六上午她将集中全部精力做好一件事，那就是为下周一的课做好准备。显然这位老师所做的准备工作是非常不充分的，这样临时而仓促的准备根本不足以使她很好地应对接下来的教学工作。这里所说的充分的教学准备并不能通过短时间的补救可以获得的，这是一项长期的、持久的工作。准备不充分的教学通常可能出现以下三种情况。

1. 教案不够详尽

这将直接导致一个十分严重的结果，那就是初登讲台的教师已经把教学内容全盘教授完毕，却发现还有大量时间剩余。当出现这种情况的时候，教师是会选择地与学生们大眼瞪小眼还是让学生们开始自习？或许教师比较健谈可以和学生们天南地北地聊天、讲故事，但很明显，这些都不是尽善尽美的解决方法，偶然一次两次可以，次数多了，学生们便会对教师的教学水平打上一个大大的问号。

2. 对知识或事件的了解不够全面

举个实际例子，在论及美国黑人的问题时，一位年轻教师大张旗鼓地提醒学生们要远离黑人，义正词严地宣扬黑人是危险的等，正当这时，一个学生举手提出异议，"老师，我觉得您的说法不合适，首先，不是所有的黑人都是犯罪分子；其次，我们会对黑人有误解可能仅仅是因为自己的偏见，他们的生活方式我们看不惯而已；再次，现在几乎都看不到有关于黑人犯罪的报道，所以我认为老师你对黑人持有的说法是没有根据并且是不值得采纳的。"这位年轻的教师当场愣在了那里，只是翻了翻教案，默不作声。从这个事例中不难看出，对某一知识点或者事件，师范生不能只是做到了解、略知一二，而是要在全面了解后才能发表见解、传递思想。

3. 面对突发状况手足无措

诚如案例中的主人公基蒂，初登讲台的师范生也会面临各种各样的临时突发事件。从进教室的一开始"很安静，完全在她的掌控之中。"到接下去的"情况就开始恶化""在执行的时候，各种小问题层出不穷""过程被打断得越多，破坏性的行为就产生得越多"。如果没有事先预想可能出现的情况并为之进行准备措施，那么经验缺乏的师范生们必定会乱了阵脚，更严重的，可能就此失去本堂课对学生们的管理。所以说，对于构成教学活动的任何一个因素，任何一个环节都需要不断地去思考，去探索。一方面，教师自身的知识水平需要长时间的积累与总结，这样才能让自己有充分的自信站上讲台。另一方面对于课堂教学的规划、设计也是个系统的工程，包括教学内容、教学目标、教学方式等一系列要素都要花时间细心地思考并不断完善。最重要的一点，想要站上讲台教授课程，教师就要能够事先对有可能突发的事情做预设和准备，决不能像基蒂那样临时赶工，死记一些教学秘诀，只有将理论运用于实践才是硬道理。

（二）自信而从容的态度是开展教学工作的大前提

第一次站在讲台上，面对着这一整个班级的学生，以教师的身份正式开始授课，估计多数师范生的手在第一天捧着书讲课的时候，手心里是流着汗的。甚至在首次回应学生积极的提问时，连声音都会情不自禁地颤抖起来。还有可能，在与学生的眼神相互碰撞交汇的时候，教师会莫名其妙地脸红。没错，因为紧张了。每个人在最初接触新事物抑或是在做自己没有十足把握的事情的时候都会产生紧张的情绪，这很正常。紧张是正常的心理现象，但因为不自信而出现的过度紧张就是需要我们预防和警惕的了，尤其是对于师范生。没有任何一个学生会喜欢自己的老师做事、教课放不开手脚。自信，是内心的一种驱动力，它会直接或间接地推动整个教学计划的实施，也会使得身为教师的你显得更具有魅力。

（三）沟通是良好师生关系的重要桥梁

俗话说："新官上任三把火。"初登讲台的师范生恰巧成了这句话的写照。他们往往打着"没有规矩不成方圆"的大旗设立着自己的规矩，感觉是好的、正确的就加之于教学中，而对于合不合适这一方面显然是欠考虑的，因为他们忽略了一个重要环节，那就是沟通。这里所指的沟通并不是一板一眼地每件事都和班级所有同学们商量，做教师必须要有最起码的决断能力，很多事情要能自己拿定主意，但在这个决断的过程中，悉心地聆听学生的意见也是不可缺少的。多听取及采纳多方的观点和建议，才能把整个班级的氛围引上正轨，同时也能够不断地完善自己的教学计划和安排。此外，现在的学生通常会对被教师叫到办公室谈话抱有一种强烈的排斥态度，认为一旦是被老师叫去谈话就一定是自己犯了什么错，或者是成绩不够优异等，这就是缺乏沟通带来的学生的负面情绪。其实，只要师生之间多形成愉悦的沟通，潜移默化地消除师生间的距离感，很自然地就会让学生们在潜意识里觉得，与老师谈话并非"坏事"。从小事关注到学生，让他们真真切切地感受到你的关爱，辅之以沟通，这样良好的师生关系才会得以长久。

（四）良好的教学仪态和教师风范是成功授课的必备条件

教师是一个崇高的职业，在授课过程中也需要有一身得体的服饰来衬托。一些刚走进教师行业的师范生，为了能够更快地融入新环境而刻意去打扮得很合群，甚至是有点小潮流的感觉，殊不知，对于他们来说，根本不需要打扮得玉树临风。作为教师，以为人师表、精神抖擞的面貌出现，才是学生们最爱看到的。至于教师风范是左右课堂情绪的重要内容。有些刚毕业的师范生由于经验上的不足，或是情绪、心态上的种种原因导致教学仪态上的表现不佳。尤其是在最初阶段，角色转换还没有到位，有时会畏首畏尾，不能轻松自如地面对整个班级，随即就会出现一些小动作。例如，会时不时地看向天花板，或是低着头不停翻看手中的资料，有时还会频繁地出现口头禅，甚至是语言表达不顺畅、词不达意。其实，往往就是这些小动作、小细节的存在，便能轻而易举地分散学生的注意，导致他们注意力不集中，而教师自己也会感到压力重重，不能很好地有秩序、有质量地完成教学任务。

（五）必要的教学技巧是开展教学工作的关键所在

要成为一名真正的好老师，仅有满腔的教学热情是远远不够的，还需要通过自己的工作给学生们带去知识的养分，所以师范生掌握一定的教学技巧是相当必要的。板书就是一项非常重要的教学技巧。好的板书是令人赏心悦目的，能让学生对老师所说的要点一目了然，使教学内容的结构清晰，重点突出，便于老师的讲解。当然好的板书不仅仅要注重其内容，字体美观、书写流畅、排版清晰等也都非常重要。作为师范院校的师范生，在大学期间学校会为每人配备了一块小黑板，其主要目的就是希望师范生能练好板书。但就目的而言，小黑板并没有发挥其应有的作用，有些同学会将其束之高阁，有些同学只是用其做一些简单的记录。书写板书也要求师范生能够认真仔细，不能出现错别字等低级错误，因为通常板书会给学生留下比较深刻的记忆，很多细节之处都需要注意。此外，普通话也是一名师范生必须掌握的教学技巧,这不仅仅是要求师范生的普通话要吐字清晰、发音准确,也要有较好的口语表达能力,因为教师需要通过自己的语言表达将知识转述给学生,因此,口语表达的准确性很重要。

二、当代师范生的综合素质

师范生承担着国家未来的教育事业,因此,师范生综合素质的高低关系着未来的教育大业。当前社会,随着社会知识水平的提高,文明程度的提升,对教育业也提出了更高的要求,这也对师范生提出了新的挑战。以下这些能力与素质是现代师范生迫切需要的,为了可以跟上社会发展的步伐,促进教育事业的发展,师范生必须努力去提升自身的综合素质。

(一) 良好的抗压能力

或许很多人会认为教师的工作只是备课、上课、批改作业、管理学生等,并没有太复杂的事情,相对于其他行业来说压力不会很大。但如今家长对教师的要求在不断提高,社会对教育事业的关注度不断上升,加上各种对教师的评价机制,教师的竞争也越来越激烈,也正因为如此,很多教师都承担着巨大的心理压力。压力控制得好,可以转化为推进的动力;相反地,抵抗压力的能力过低,压力便会把你带入一个又一个的恶性循环。现在很多教师由于各种各样的压力或多或少都存在着一些心理问题,比如缺乏精力、情绪低落、紧张焦虑、行为失常等。师范生作为未来的教师应该努力并且积极主动地去提升自己的抗压能力。在日常生活中要善于自我调节,合理地安排工作学习与娱乐的时间,找到适合自己的发泄方式。要如大禹治水般,注重疏通。遇到任何事情都要首先给自己一些积极的心理暗示,保持积极乐观的心态。必要的时候可以去参加一些心理健康咨询,要学会主动去释放压力。

(二) 创新能力

人类社会的发展离不开创新,教育事业也同样如此。要提高我国的整体教育水平,就要能够培养出一批批优秀的具有创新意识与创新能力的师范生。由于长期受到应试教育以及多种社会因素的影响,很多教师的观念逐渐落后,缺乏创新精神,这样的教育与当今社会的发展是格格不入的,因此,当代的师范生更需要且更有义务在创新能力上多下功夫。师范生不能只满足于课本知识,一味地死记硬背的学习方式只会更加束缚了我们的思想。案例中,基蒂在备课时"认真地翻阅着在学校读书时所积累下来的那些笔记与资料,看上去就好像一个认真的学生正在准备着期末考试一样。"这样刻板没有创新性的教学只能让教学停滞不前。因此,师范生要勇于探索,多思考多动手,多参加一些实践活动,用心去观察身边的事物。当然,学校也要能够为学生提供一个良好的环境氛围去发展学生的创新能力,创造一种开放轻松的学习氛围,最大程度地激发学生的求知欲,锻炼他们的创新思维。

(三) 应对突发事件的能力

教师面对的大都是正在茁壮成长的孩子,这正是孩子们最活跃的时期,需要管理好一群学生并不是一件容易的事情,太多突发事件会让人措手不及。但教师作为一个集体的领导者,必须要有足够的能力去应对任何可能出现或已经出现的问题。然而现在大多是独生子女家庭,在生活上过度习惯于依赖家长、依赖朋友,一旦遇到困难,家人朋友都会尽力帮助去解决,因而师范生欠缺独立思考、解决问题的能力,尤其是基蒂遇到的突发事件,孩子们完全不在自己的掌控之中怎么办?基蒂"越是大叫,对班级的有效控制就越少"。如果能运用恰当的方法妥善处理课堂中的一些突发状况,就能最大化地降低影响,或许还能将不利因素化为有利因素。有一位教师刚跨进教室,发现学生都望着天花板,原来一条凳子上的坐垫挂在天花板外面的电灯线上了,他正想发火,忽然灵机一动,改变了原来的教学计划,转身在黑板上写了《由坐垫飞到屋顶上谈起》让学生写一篇命题作文,结果收到了良好的效果。学生通过亲身的感受,写出的作文真实生动,那位挂坐垫的同学也在作文中承认了错误。由此可见,应对突发事件的能力是一门艺术,是需要智慧的,这在保持教学顺利实施的过程中是非常重要的,师范生要努力提高这方面的能力,才能自信地面对每一次新的挑战。为了培养应对突发事件的能力,师范生在校的时候应该积极主动地去参与一些实践活动,学习如何靠自己去思考问题、解决问题,总结经验教训。

(四) 耐心与合理地分配时间的能力

"十年树木百年树人"。教育绝非是一朝一夕能够达到的事情,同样,着眼于更细分的一个学期、一节课、一本再常见不过的教案,它们需要的无不是教师的一颗耐心。对于教师本身来说,在竞争如此激烈的现代社会下生存,不得不去面对许许多多的问题,接受不计其数的任务,学习不断更新的新知识来使得自己得以提升等,摆在眼前的事情确实很多。然而,事在人为,师范生首先要拥有的就是如滴水穿石般的耐心,遇到困难不要立即就退缩或者否定自己,试着定下心对自己说,"再多坚持一下。"其次是合理地分配时间。上帝对每个人最公平的一点在于每个人每天都只有 24 个小时,而如何将这有限的时间合理地分配、创造出更多的价值便是刚毕业的师范生们的当务之急。因为缺乏必要的实际经验,在这一方面,一直以来就是毕业师范生们的短板,有着满腔热情却总觉得不适应任务繁重的新生活,不能把事情做得完善。因此,师范生应着重关注时间利用率。

(五) 班级管理能力

都说班级就像一个大集体、大家庭,于是,怎样把那么多成员凝聚在一起朝着既定的教学目标齐头并进便是一项需要认真思考的话题了。在课堂上,教师需要起到引领和带动的作用,协调组织好各种事宜,要引导学生们学习,可以采用趣味式或者体验式的学习方式,让学生们感受到寓教于乐的学习氛围,而不是一味地进行填鸭式的完成任务指标似的教学。师范生要培养自己的组织和领导能力,就需要在校期间积极主动地去组织活动,去管理团队,去解决问题,于实践中慢慢寻找到属于自己、适合于自己的管理手段和技巧,为未来的教师生涯打好扎实的基础。

【启示与建议】

一、不断加强职业技能

师范生的职业技能应该是师范生学习内容的重中之重。现代社会竞争越来越激烈,不仅仅是师范生,更多的非师范专业的有志青年也想要进入教师行业,那么,作为师范生,只有有了扎实的职业技能才会有信心去竞争。师范生想要提升自己的职业技能,不仅要将学校所开设的课程掌握好,更要积极主动地去参加一些课外的知识讲座,职业技能竞赛等活动。在这样的活动中,我们能从他人身上学到书本上没有的知识,也能看到一些自己的不足,并加以弥补。除此之外,师范生要认真对待学校安排的见习、实习,因为这是将自己的所学所知运用到实践的好机会,在这个过程中,我们才会对所学的职业技能该如何更好地运用,如何去不断改善有最深切的体会。师范生需要投入很多的时间去增强自身的职业技能,这是核心的竞争力,有了扎实的基本功,才不会辜负学生的信任,才不会畏惧任何考验,才能充满自信地站上讲台。

二、学会制订教学计划和时间计划

师范生在实习或是初登讲台的时候难免会感到迷茫、手足无措,不知道自己该做些什么或是不知道要怎么做,于是,所有的事情混杂在一起变得凌乱不堪,此时,师范生要学会为自己制订一份合理的教学计划和时间计划,而不能像基蒂一样在短时间内想把所有的事情都做好。教学计划要力求详尽、有可行性,比如这节课学生要掌握什么知识,如何运用教学方法以及查阅哪些参考资料等都要有所准备,还要尽可能地预计课堂上发生的特别情况。在时间计划的安排上,要注意调节好工作时与工作外的任务分配,以及课前、课中和课后的安排,特别注意安排时间应该尽可能充裕一些,确保有合理的时间以及顺序来完成各项工作。

三、努力建立良好的师生关系

许多师范生在初登讲台时可能也会遇到像基蒂一样的情况,无法控制好班级。一个教师想要管理好一个班级,能让学生心服口服地听从他的管教,就必须与学生建立起良好的师生关系。师生之间相互尊重是建立良好师生关系的最好基础。获得学生尊重的方法很多,教师可以从一些细节之处入手,比如尽快记住班上每一个学生的姓名,这会让学生很高兴;公平对待每一位学生,耐心解答学生提出的每一个问题,关心他们的情绪变化等。教师友好地对待学生有利于良好的师生关系的建立,做他们的好伙伴,但同时也不能与学生过分亲密,失去为人师表的威严。相信良好的师生关系是维系与沟通师生情感的重要桥梁,师生之间的关系融洽了,很多教学活动中的问题也就迎刃而解了。这会使教师对学生的领导、管理与教育变得更加顺利。

四、坚定从教的信念,热爱教育事业

想要做好一件事情就必须要有决心与毅力,成为一名优秀的教师也不例外。作为一名师范生,如果想要从事教育行业,就必须要有坚定的信念,真诚地对待教育事业,在诸多挑战与压力面前要有永不放弃的决心与勇气。要热爱教育事业并不断地去实践,去深入了解其中的快乐与艰辛,挫折与成就,从每一个细微之处发现其中的意义与快乐。

(陆燕)

案例4 如何承袭"老夫子"的优良师德?

都说"看一个国家的未来,要看它的国民教育。"承担着重要教育职责的是教师,教师对于一个国家的未来息息相关。教师培养着一代又一代的接班人,那么如果教师不能以身作则又怎么能更好地教育"国家的未来"呢?现如今,这样的担忧已经在社会上演绎的"如火如荼"。有的教师渐渐被现实所熏染:道德失范、徇私舞弊、剽窃造假、商海弄潮、误人子弟等,许多令人匪夷所思的行为却赫然若揭地成为现代教师的代名词。许多教师在这样的环

境迷失自我，于是，师道之不传已久矣！有的教师正慢慢走向职业化，慢慢丢失了古往今来"老夫子"的优良师德，前景着实令人担忧。面对这样一个让人痛心疾首的现实，我们必须重视起来，想办法从多方进行根治、改正、完善，还教师一片净土。对于师范专业学生——准教师而言，师德建设迫在眉睫！

【案例介绍】

案例1

一位家长向记者爆料，他同事也有个女儿，刚上小学。为了保险起见，同事还是鼓了鼓劲很大方地给了班主任1000元的红包，结果被拒绝了。过了几天，同事女儿放学回家后说自己被安排在最后一排，有时候上课听不清。同事当然就坐不住了，马上包了个2000元的大红包去女儿班主任家里公关。"一番公关之后，老师终于收下红包了，同事心中窃喜，这次终于是搞定了！谁知道，第二天孩子回来，又说了一个消息，差点让同事晕过去：女儿从倒数第一排给提到倒数第二排！"这位家长说。说到这儿，他还算了个账——原来2000元钱只够挪一排的啊，如果按教室8排算，想坐到第一排是不是得需要上万元？

案例2

浙江温岭一女教师因好玩把小男孩的耳朵拎着往上提，还请同事拍下当时的场景。受虐男孩表情痛苦，张嘴大哭，双手往上伸，想去保护耳朵而不能，身体悬空离地。而施虐的女教师居然面露笑意，远处隐约可见两个受到惊吓的小孩，其中一个男孩正用手捂住嘴巴……

案例3

据新华社报道，素有国际设计界"奥斯卡"之称的"红点奖"，日前花落武汉高校。本该好好庆祝的一件事，却在网上引发轩然大波。起因是，网友在微博曝料，称获奖作品"赤裸裸地抄袭学生的毕业设计"，矛头直指获奖者湖北工业大学艺术设计学院工业设计系某教授。后经记者核查，此事确为真实。这不由得让人想起一系列有关教授"剽窃学生作品"的行为。

【案例分析】

一、现今教师师德状况

从案例中我们发现，教师应有的真诚品格、人性美德、道德正义的操守等必备的职业道德，都迷失在利益诱惑中，他们渐渐染上了有损师德形象的道德沉疴，使教育主旨蒙尘，师德尊严蒙羞。

案例1中的教师就是让"贪心"蒙蔽了双眼。排座位这样的事情，从来就是按照学生的高矮来排，也可根据学生特殊情况来进行调整，然而教师却以此作为谋财的工具，贪念令其失去了教师应有的道德素质。这样的教师决不在少数，他们将学生作为自己赚钱的工具，有利可图才给你"行方便"，何来师德之谈！这样的教师怎么能成为一个合格的教师？怎么能让人尊敬？

再看看案例2中的教师，对一个孩子做出如此惨无人道的事情，我们不禁感叹如今教师的道德素质究竟到了怎样的地步？近年来，虐待学生的案件被频频曝光，可见我们在注重学生成绩的当下忽视了教师心理存在的问题、忽视了教师的道德品质。还有案例3中剽窃学生作品的教师，为了社会上的名利可以违背做人的良心和道德。学生的作品有创意、能获奖，这本是应该为学生骄傲的事情，但是这样欠缺师德的教师却因为自己的自私而伤害学生的利益,对学生的心理成长造成不良的影响。如今有的教师不再将学生视如己出,反而伤害学生的身心,这不仅仅对学生造成不良影响,也让家长、社会大众对教师失去信心。

乱收费、利用学生谋财、虐待学生、剽窃学生作品,这类丧失师德的新闻案例比比皆是。教师本应是保护学生、关爱学生的,除了家长,他们是学生最信任的人,有时要甚于家长。然而,有的教师却用冷漠、伤害来回应学生们的信任。有的教师缺少以人为本的文明秩序,缺少规律研究和责任意识,缺少前瞻视野,缺乏为孩子未来幸福着想的责任意识,缺乏实证性科学研究和牢固的基础性准备。种种这些都无疑直观反映了当今部分教师师德的丧失。

究竟是什么原因导致了现今某些教师师德丧失的局面呢?

(一)个人修养尚浅

现如今教师"职业化"的倾向已不再是个别情况,趁着职务之便在学生身上获取利益已成为常态。由于有的教师个人修养尚浅,容易在纸醉金迷的社会中迷失自己,被利益驱使。庄子说:"古之至人,先存诸己而后存诸人。所存于己者未定,何暇至于暴人之所行!"为人师表,就应该以高标准塑造自身,才能教书育人。所以教师应求深度、求博学、求高尚。然而现在的教师多数只求安逸、求利益,将"老夫子"的箴言抛在脑后,个人素质修养比较低,导致了如今师德缺失的局面。

(二)"职业彷徨"情况显著

许多教师在从业期间忽略了思想素质的提高和职业道德的修养,对职业理想认识不足,定位模糊,出现职业信念动摇,教书育人意识不强的现象。也就是所谓的"职业彷徨"。有些教师在社会大环境驱使下,忽略了教师应有的优良师德,不能很好地把握教师这个职业本质。调查显示,40.56%的教师存在育人意识淡漠的问题,认为教师在履行职责中爱岗敬业精神不强的受访者占36.19%。这样惊人的比例正是如今教师"职业彷徨"、道德缺失的最好证据。

(三)缺乏爱人之心

有的教师伤害学生,就是教师缺乏爱人之心,对学生没有关爱,只能看到利益和自己。孟宪承说:"社会上没有比我们享受着更多的爱的人:我们不论在哪里,都遇着儿童的笑脸。"教师的爱在学生心中会引起相应的情感,而且这种爱在学生的心中会无限地放大,并对学生的心理有着极大的影响。教师爱学生,学生才会信赖他,所谓"亲其师,信其道。"教师如果对学生没有爱,伤害学生,那么在学生的内心就会产生负面影响,这种影响严重的会伴随学生的一生。如今有的教师就是缺少这样一种"有爱"的道德修养,才会导致师德的缺失。

(四)教育行为失控

在应试教育体制下,教师身负很大压力。学生、家长、学校、自身等,来自四面八方的压力都压在教师身上。升学率、职称评审等这些压力容易导致教师烦躁、失控的教育行为,以至于出现伤害学生等丧失道德的现象。

由此教师的心理问题也日趋严重。教师心理健康状况不良的主要表现有:明知没有必要,但又无法摆脱无意义的思想、冲动和行为,出现烦躁、坐立不安、神经过敏、紧张等躯体表征;心理和行为有非常明显的异常等。这些心理问题都会造成教师伤害学生,促成教师把学生当成一个发泄的工具。

（五）法律意识淡薄

近年来，在教育系统内存在较为看重教学成绩的现象，对教师全面素质的培育和考核力度上存在薄弱环节，一些教师不注重政治、政策、法律等方面的学习，不注重政治水准与为人师表等自身综合素质的提高，缺乏正确的人生观、是非观，法制意识十分淡薄。

在信息公开化的时代，任何事情都会在民众的眼睛里放大，尤其是像教师伤害学生这一类的事件。教师作为人类灵魂的工程师更受到公众的关注。然而一些教师伤害了学生后，却认为自己有权力体罚学生，或者推脱说家长委托自己严厉管教他们的孩子，却全然不明白"爱护、尊重与信赖学生是一个优秀教师的基本品质"，他们的所作所为和野蛮粗鲁的做法，已经损害了学生的权益、人格、信心与尊严，为学生的日后成长留下了严重的精神创伤。这些做法，既损害教师威信、违背师德风范，又为法治社会所不容。

（六）学校管理松懈

现在多数学校把重点都放在学生的学习成绩和升学率上，只重视教师专业技能，欠缺对教师的道德素质培养。对于教师的一些不良行为，有些学校通常睁只眼、闭只眼，对教师素质教育的管理松懈，不愿过多声张，担心影响学校声誉。有些教师更是趁机"钻空子"，抱着"反正学校也不管"的心态，收受利益、伤害学生、败坏教师形象和社会风气。

二、古代"老夫子"师德状况

教师的职业由来已久，教师在古代有很高的社会地位，所谓"天、地、君、亲、师"，教师并列为五尊之一。教师更是把学生当成自己的孩子一样悉心教导，因此也获得了大家的尊重。最早记载我国尊师重教的古籍是《礼记·学记》，书中述："凡学之道严师为难。严师然后道尊，道尊然后民知敬学。"由此可见古人对于教师的尊敬。正因他们有着高尚的师德、关爱学生才会获得芸芸众生的敬爱。下面将从古代教育家的事例中分析教师所具有的优良师德。

（一）淡泊出世，不求名利，甘于奉献

传统师德强调积极人世，以"出世"的精神，干一番"人世"的大事业，讲究"修身""齐家""治国""平天下"的原则。传统师德要求教师以一种不求回报的态度教书育人，追求的是将自己的学生的修为提高，这就要教师自身具备淡泊、奉献的精神，具有强烈社会责任感和历史使命感。

（二）根据学生个性，因材施教

孔子是我国古代的教育大家，他深受众多弟子和百姓的爱戴，就是因为孔子师德高尚。对于学生孔子更是悉心教导，他会关注弟子不同的个性，从而进行教导。孔子根据每个弟子的性格、主要优缺点，而加以相应的及时的教育。子路曾经问孔子："听说一个主张很好，是不是应该马上实行？"孔子说："还有比你更有经验、更有阅历的父兄呢，你应该先向他们请教请教再说，哪里能马上就做呢？"可是冉有也同样问过孔子："听说一个主张很好，是不是应该马上实行呢？"孔子却答道："当然应该马上实行。"公西华看见同样问题而答复不同,想不通,便去问孔子。孔子说:"冉有遇事畏缩,所以要鼓励他勇敢;子路遇事轻率,所以要叮嘱他慎重。"

因材施教,首先要了解学生的性格、才能,只有对学生的不同个性了如指掌,才能根据学生的差异性"对症下药",这样才能事半功倍。在此基础上,要对学生定制不同的教学方案。上例中孔子对于学生充分关注并且十分用心,正是这样高尚的师德才能收获学生的心。

(三)严于律己,以身作则

孔子作为教育大家,一向都十分注重自我教育,其曰:"其身正,不令而行;其身不正,虽令不从。"也就是说,孔子认为作为教师,他的道德行为和作风正派,就是不发命令,学生也会执行;如果教师的道德行为和作风不正派,就是发命令学生也不会听从。孔子亦云:"不能正其身,如正人何?"如自身不端正,又怎么能端正别人呢?为人师表,教师是学生的榜样,教师的一言一行,都会直接影响到学生的健康成长。孔子的学生子贡称赞孔子教人"正身以俟",荀子颂扬孔子"早正以待"。

不仅孔子,古代的"老夫子"都是将"严于律己,以身作则"作为自己的准则,时刻用最高的道德规范约束自己。

(四)注重教学,提升素养

教师的知识水平、教学技能和从业道德,一直是我国古代教育家们十分强调的教师素质的重要方面。他们普遍认为作为一个教师必须是知识渊博的,"记问之学,不足以为师"。王夫之认为教师的知识不仅要丰富、正确,而且还要不断更新。欲明人者必须先自明。王充十分强调教师在学问上要做到"博"和"通"。可见"老夫子"们都已经充分地认识到知识就是力量,因此他要求教师"博通众流百家之口"。不仅如此,掌握教学规律和一定的教学方法,具备一定的教学能力,也是教师的基本要求之一。韩愈的《师说》将教师的职责概括为传道、授业、解惑三大方面,其中,教师如要授业,首先必须"精业",精通教学,掌握一定的方法。可见"老夫子"在其教学过程中只有不断提升自我的能力素质,才能教书育人。

(五)关爱学生,视如己出

学生是教育的对象也是教育的主体,热爱学生、关心学生,是良好师生关系的基础,也是中国古代师德观的重要内容。王通在教育实践中把弟子看作是他行周礼之道的同志,他与弟子朝夕相处,建立了深厚的感情,他的弟子董常死时,王通痛哭终日。在古代,学生就是自己的孩子,正因为教师将学生视如己出才会有如雷贯耳的"一日为师终身为父"的古话。教育家朱熹在这方面也提倡发扬孔子历来热爱学生的精神。

中国古代教育家热爱学生的优良传统,是建立在高度的自觉性基础之上的,他们懂得这是搞好教育工作、提高教育教学效果的重要措施,并视热爱学生为教育工作成功与否的关键因素,形成了中国古代师德观上的一个优良的传统。

【启示与建议】

虽说现代教师师德现状令人担忧,但是仍然有许多师德高尚的教师将"老夫子"的古训牢记心中,时刻关爱学生。教师应该多从这样的优秀教师身上认识到自己的不足,学习这些师德高尚教师的品质,将"老夫子"的警训牢记在心,正确认识教师这个职业,不断提升自我。而师范生更是应该了解教师、重视师德,在学习、实践中提升自己的才能和道德。

师者父母心。教育有一个永恒的主题——"爱"。在日常教学中,要如何把握这种爱呢?这种"爱"不是虚伪的迎合,不是无奈的妥协,不是无原则的退让。而是要用我们的智慧和真诚把爱巧妙地渗透到教育手段中,用爱来柔化刚硬的教育手段,让学生和家长感受到教师的良苦用心,进而得到他们的感恩之心,把那么多人的心凝聚成一股强大的力量,这股力量必将克服教育中的种种困难。教师最主要的师德品质就是——热爱学生。热爱学生、了解学生、尊重学生,时刻把学生放在心上,体察学生的内心世界,关注他们在学习、生活等方面的健康发展,同情学生的痛苦与不幸,与学生建立起和谐、友爱的师生关系。这样的师者正是传承了"老夫子"的优良师德。

面对教师的现状,教师该如何承袭"老夫子"的优良师德呢?师范生该从哪些方面提升自己?而作为培养师范生的教师和学校又该如何完善自己的制度呢?

一、教师自身方面

(一)热爱学生、热爱自己的职业

黑格尔说:"教育如果不从爱出发,那么一开始便结束了。"热爱学生是现在师德的一个基本内容,没有爱,就谈不上教育。教师应该学习孔子"仁者爱人"的道德思想,热爱学生,树立"一切为了学生,为了学生一切"的理念,不但喜欢优秀的学生,而且要重视差生;不但注重知识传授,而且要注重和学生心灵的沟通;不但乐于教育校内学生,而且要经常走出校园,为社会服务。热爱学生、热爱自己的职业,这才是教师师德的基础。现代教师要时刻保持一颗爱学生的心,才能做好教师工作。

作为师范专业的学生,应该多多到学校进行实践,学校需要新鲜的、年轻的血液不断带给学校活力。师范生也需要和学生、老师多多接触,在职前就能较好地把握自己未来的职业。教师职业的主要对象是学生,所以更该学会怎么跟孩子相处。如果等到进入教师这个职业再来学习如何关心孩子,那么我们可能会措手不及,甚至焦头烂额。因此,在专业学习阶段,师范生就该走进校园、了解学生、关爱学生。教师在学习"老夫子"的优良师德的同时多多地实践和运用,这样才能对教育工作得心应手。

(二)不断对自身和教学进行提升

爱因斯坦说过,使学生对教师尊敬的唯一源泉在于教师的德和才,而德和才应该是不断更新后的知识和品德。在信息时代,知识更新换代的周期越来越短,增长的速度十分惊人,教师要在瞬息万变的信息社会中生存和发展,必须要有广博的知识、多变的教学方法。现今的教师在提升自我的过程中还要注重创造性思维的提升,要懂得创造方法,在不断的学习中培养自己的创新能力。更重要的是要将这样的提升运用到教学中,灵活多变的教学也是教师优良师德的重要体现。

师范生还没有真正的教学经验,那么其优势又在哪里呢?应该在于其创新和对教育工作的激情!在专业学习阶段,师范生必须不断给自己"充电",在学习"老夫子"品德的同时更新自己的专业知识和教育理念。师范生应该到学校专门为师范生提供的图书馆或资料库,多多学习,从优秀教师身上汲取教育的精华和精神。还应多多观看教师师德高尚的事迹,不断提升自我师德境界。

二、学校方面

（一）注重环境熏陶，借助"榜样力量"

要使现代教师拥有"老夫子"的优良师德，学校也应该在多方面帮助教师。首先在教学环境中，可以通过正反两方面的典型案例，使教师重视"道德修身"，在内实现精神境界的升华、道德情操的培养、内心世界的醒悟，在外实现行为举止的规范，躬行实践的自觉。除此之外要强化文化感染，营造环境氛围。校园文化有着课堂教育无法替代的特殊功能，有着"春雨润无声"的特别效应，主要通过学术报告、科普讲座、文艺晚会等形式多样的文化活动来表现。良好的校园文化有助于帮助教师自省，从而时刻警惕自身保持良好的师德。

在对师范生进行环境熏陶的过程中，"榜样力量"是十分重要的。而这个榜样正是培养师范生的大学教师。大学教师在我们树立正确职业观的过程中，是师范生的明灯，引导他们传承优良师德、正确认识教师。如果一个教师自身行为不正、没有良好的师德，那么师范生怎么能信服，怎么能正确对待教师这个职业呢？因此，在师范生培养的进程中，"榜样力量"有着不可或缺的地位。还有"互相学习"也是环境熏陶的一项内容。学校可以定期开展交流会，让师范生在学习过程中互相取长补短，一起学习，互相监督，在学生阶段就将师德铭记于心。

（二）关注心理健康，正确认识心理问题

教师心理健康状况不佳，会导致师德水平下降。因此应提升教师的心理健康水平，做到身正为师、德高为范。为此，教育主管部门应该成立心理咨询机构，定期举办心理健康讲座，要帮助教师掌握心理健康知识，让教师正确认识心理问题，让压抑得到有效排遣。除了通过外界来进行心理辅导，教师自身也应该关注自己的心理健康。要用乐观、积极的心态对待这个职业；用冷静、稳重的思考对待教学；用宽容、热情的态度对待学生。

师范生的心理健康直接关系到未来教师群体的心理状况，因此学校应该加强对师范生心理健康的关注。在学习之余，学校应定期对学生心理状况进行了解，并及时解决心理问题。开放心理咨询室，可以让学生及时反馈在师范学习中遇到的问题，缓解不良情绪。师范生也应该多多关注自己的心理问题，加强心理方面的学习，可以通过同学间互助、找老师咨询等各种形式，及时解决心理困惑。

（三）加强师范生师德教育，做好岗位培训

加强师德建设宜早不宜晚，那么在培养未来教师的师范专业师德教育就显得尤为重要。这些刚刚接触教师这个职业的学生需要在早期形成一定的职业价值观，在学习专业知识的同时品味教师的艺术。在培养未来教师的道路上，超前教育也是十分重要的内容，在还未做教师之前，就让这些学生意识到师德在教育之路上的重要性，能帮助他们树立正确的价值观，对日后在教学中真正做到传承"老夫子"优良师德起着至关重要的作用。

在踏上教师这个岗位之前，学校也应该对新进教师进行一定的岗位培训。有些新教师对于如何成为一名优秀的教师并没有一个清楚的概念，带着这样的职业迷茫感进行教学工作势必会在教学中遇到困惑和困难。这时候做好入职前的岗位培训就能帮助教师正确把握教师这个职业。

（四）注重法制宣传、学习，加强制度监管

很多校园伤害事件都是由于教师法律意识淡薄而造成的，学校应该多多加强教师的法制学习。学校可以通过"法制周""法制竞赛"等活动，强化校园师德师风建设，加强对教师的道德修养教育和法制观念的树立。也可以进行自查、互查的评比，让教师明确责任、全面而深入地将学法、知法、懂法、守法落到实处，不遗余力地提高教师的师德建设和综合素质。仅仅从活动和互相监督不能确实加强法制意识，那么学校可以对教师的政治素质、道德修养、法律意识从严要求，并纳入整体考核，使教师全面认清保护学生不受侵害的必要性、重要性。让教师对学生的种种不良行为销声匿迹，切实做到维护学生的成长环境的同时确保教师自身良好道德素质发展。

师范生的法制意识也十分浅薄。在注重我们专业学习的同时，学校也该加强法制学习，这种法制学习可以在各个课程中穿插进行。比如，在学习教育案例的时候，可以开设法制教育这一内容，用一个个活生生的案例使师范生惊醒，也会让他们在以后的学习、工作中时刻提醒自己，依法执教。也能让师范生在职前对师德有进一步的了解。

（五）赏罚分明，完善师德考评制度

在加强教师的师德中，学校可以把物质激励和精神激励有机结合起来。在物质激励方面，要对师德表现突出的教师给予适当奖励，可以在全校范围内由学生和教师进行评选和表彰，并在岗位津贴、职称晋升等方面给予加分。在精神激励方面，可以让师德优秀的教师开展讲座和汇报，向教师宣传表彰优秀事迹。由此也可以启迪和感染周围教师，树立强烈的事业成就感和自豪感。不仅如此，学校还应该完善考评制度建设，把教师职业道德考核作为学校考评的重要项目，由学校、教师、学生三方进行评判。

师范生对于学校的考评制度还十分陌生，那么在专业学习中，学校可以开设这样的课程或者进行相应的模拟考评制度。学校以一个当地的中小学为例，让师范生先对此有所了解，然后根据他们的考评机制，以小组的形式进行"模拟考评"，帮助师范生对于未来进入职业后的各项事宜有一定的了解，也让他们对师德在教学生涯中的重要性有直观的认识。

（孙俊旭）

案例5　教师不能承受之重

原始社会后期，专门的教育机构——学校产生了，教师便成为了专门的职业。教师职业作为人类社会最古老的职业之一，我国的从业人数早已超千万。教师肩负着教书育人的重任，为社会培养着各种人才。两千多年前的战国后期，中国古代最早的一篇专门论述教育、教学问题的论著《学记》中提到"教也者，长善而救其失者也。"教育的作用就是使受教育者能发挥其优点并克服其缺点，教学成败的关键在教师。"善歌者使人继其声，善教者使人继其志。"人才的成长离不开教师，社会的进步亦离不开教师。教师是人类文化传承的功臣，教师的责任重大。夸美纽斯说：教师是太阳底下最光荣的职业。然而这份光荣的背后有着许多压力。

2009年，上海市教科院对上海13个区1300多名教师进行了关于工作压力的调查报告。77.5%的中小学教师感觉到工作压力大，对教育工作有厌倦情绪的占37.3%。任何职业都会有压力，但当前近80%的教师认为存在过重的压力，教师这一职业现状令人担忧。

【案例介绍】

赵某，生于1982年，大学毕业后，在河北某中学教书，担任高三年级班主任。每天周而复始地与高三学生一起出早操，直到学生晚上就寝，一天的工作才结束。

2012年4月28日，距高考还有38天。早晨6点10分，学校校园里又响起整齐的早操口号声。这天赵某没有像往常一样出现在操场上。6点30分，同事走进办公室，发现趴在电脑桌下的赵某：两腿绷直，脚尖紧绷着，一只手压在腹下，另一只手像是去取什么东西，姿势看起来很不舒服。

同事拍了拍他的肩膀，发现赵某的身体已经冰凉了。

这时，同事才注意到办公室里的异样，窗帘紧闭，一个敌敌畏的空瓶放在小桌子上，350毫升的敌敌畏只剩下瓶底黏黏的一层。

同事急忙拨打急救电话。120赶到时已来不及，由于赵某服毒量太大、时间太长，最终抢救无效死亡。

赵某的上衣挂在一旁，从内兜里，老师们发现了赵某的遗书："活着实在太累了，天天这样无休止地上班让人窒息，所领的工资只能月光。我决定以这样的方式离开这里，我并不恨这个地方，毕竟是我自己选择来到了这里。现在唯一放不下的就是我儿子以后怎么活，仅希望学校能帮我照顾一下他们母子。赵某2012年4月27日晚。"

这一天，距赵某30岁的生日还有18天。

【案例分析】

一、教师压力产生的后果

（一）身心亚健康

无锡某小学全体教师体检，结果出来后令所有人"吓一跳"，105人中仅14人达到健康水平。近年来，教师由于工作压力增强而普遍存在亚健康状况。长期超负荷的大声讲课、每日吸入粉笔微尘、喝水时间少引发咽喉炎、声带小结；经常站立、抬头写板书、伏案批改作业、精神高度紧张导致颈腰椎疾病。此类教师"职业病"频发，诸如高血压、甲状腺、乳腺小叶增生等与压力大小相关的病症也有不少人得。除了生理健康受损，存在烦躁、焦虑、失眠、易怒等心理问题的人也不在少数。还有的教师出现了过敏、多疑、抑郁、精神不振等症状。教师压力大，大家都知道，但现在已经"压力山大"到严重影响身体健康了。不少年轻教师的身体健康程度甚至不及快退休的老教师。

早出晚归、工作繁忙，教师往往没有时间照顾家庭，给家庭生活带来不愉快。忙于管教他人的孩子，对自己的孩子却疏于教育，陪学生的时间要远远大于陪自己的孩子。身为教师，却没有让自己的孩子成才，让不少教师极为苦恼。工作和生活的无法平衡让教师身心俱疲。

（二）教学效果差

教师不堪重压，上课不开心，没有热情和积极性，课堂效果、教学质量就会受到影响。一些教师会将负面情绪带入课堂，将工作和生活中的不顺心转嫁到学生头上，把委屈和苦恼带到课堂上和学生面前，这就势必让学生也跟着焦虑，受到莫名的情绪干扰，学生会不自觉地想要逃避。课堂气氛容易紧张、死板，使得学生如坐针毡，胆战心惊，时刻盼望着结束，不能专心听讲。大部分学生是喜欢哪个教师就好好学哪门课，讨厌哪个教师也会讨厌他所教的课程。久而久之，学生会对他喜欢的教师所教授的科目越来越感兴趣，在这门课上多花精力，而对自己不喜欢的就不努力，消极对待。有的会对学习产生抵触心理，从而产生厌学的思想。学得好的成绩越来越好，学不好的成绩越来越差。

教师情绪不稳定会造成对学生、对问题十分固执和偏见，不能平静地与学生交流，时常冤枉学生，伤害学生的自尊心。在平时的教学过程中，学生健康、愉快的成长是建立在与教师有着融洽师生关系的基础上的。学生都非常重视和教师的关系。有时他们会不听爸妈的话，但教师说的话一定会听。在良好的师生关系中，教师用关怀和爱感动学生。学生被教师接纳和信任，得到教师的支持、体谅和鼓励，感到自己的价值。学生会形成一些好的性格品质，如信任、尊重他人、自信等。师生情感融洽的班级，教师在学生中都有较高的威信。学生信赖教师，崇敬教师，教师说的乐意听，教师要求做的乐意做，班中就会形成良好风气。良好的师生关系，不仅能促进学生更好地成长，同时也是向学生提供了一种人际关系的榜样。学生才会喜欢集体生活，喜欢社会生活，对人生充满希望。如果教师对学生的进步视而不见，对学生的思想观点不认同，面对成绩优秀的学生和颜悦色，对成绩稍弱的学生百般责难，就会无法客观地看待事物，将会损害师生关系。网上曾有一个笑话：有一日，教师正在讲课，看到两个学生枕着书睡觉，而其中一个是成绩优秀的学生，另一个是差生。教师把那个差生拉起来骂道：你这个不思上进的家伙，一看书就睡觉，你看人家连睡觉也在看书。虽然笑话有夸大虚构的成分，但对学生的不公平对待在现实教学过程中确实存在。一些教师体罚学生并不是他们的内心有多邪恶，而是过度的压力把他们压得变形了。

（三）学校发展受阻

学校最宝贵的资源是教师，家长希望将自己的孩子送入名校，原因就是名校里有名师。教师压力过大使得学校氛围压抑，对学校管理工作倦怠和厌烦。教师的健康出了问题，必然会给学校带来损失。教师的疲惫和消极会使教学效果不佳，学生质量水平无法提高，学校的声誉和形象就会下降。教师身体状况不佳，如有病假，其他教师要代课完成教学工作，不仅增加工作负担，还会影响教师之间的关系。学校的年轻女教师，只要结婚怀孕，很多都需要回家休养保胎。直到休完产假大约需要一年时间，给学校的师资安排和管理带来困难。教师的频繁更换给学生和家长带来不好的印象，更不利于学校的可持续发展。为了自己所教班级能在年级中取得领先位置，教师间的恶性竞争也不利于团队整体水平的提高。

（四）职业吸引力下降

人们普遍想找一份轻松又收入多的工作，教师的职业吸引力会随着职业压力的增大而减小。2009年，浙江省高考文理排名前100位的考生，无一报考各大名牌师范院校，全省文理排名前200名的，也没有被任何师范院校录取的消息。浙江师大高考刚结束，就在学校招生网上发布重奖信息：全省高考文理前100名考生，如果报读该校，将获得20万元的奖励，全省排名前150名的，则奖励15万元。在重金之下，一流学生仍缺乏报考的意愿。培养一流的学生，必须有一流的教师。如果大家都不愿意当教师，优秀人才稀缺，那未来的教育将没有希望。

师范生是指师范类专业大学生，所修专业属于教育方向，将来的就业目标比较明确，就是到各级各类学校或教育机构从事教学管理工作。师范教育是培养师资的教育，师范生是未来教师的预备者。百年大计教育为先，教育之计教师为先，教师之计师范为先，师范生的培养直接关系到未来教育的发展和国家的发展。然而，作为教师储备的师范生在经历了大学四年的师范教育后却选择放弃从事教师这一职业。

2012年麦可思研究院发布了《奈何明月照沟渠——大学毕业生从教分析》，报告发现2011届教育类本科毕业生半年后42%选择了教师职业。仅四成师范生毕业后选择教师这一职业。大学多年所学专业，毕业后却不是自己的职业，所学非所用，这是一种严重的浪费。专业知识的积累需要一定的时间，在就业时，大学几年的储备却无用武之地。每天都要学习相关知识，花费无数宝贵青春时光，才能对体系有较系统的了解。外行冲击内行，缺乏专业人员，也会对于整个行业的发展造成影响。

二、教师压力产生的原因

（一）自我期望高

培养祖国的未来、人类工程师——教师一般有较高的成就动机，可现实的成就感不像其他职业那么明显。教师想方设法教学生知识，培养学生对学习的兴趣，根据不同的学生制订不同的教学方案，让每一个孩子都成才。花了大量的时间和精力，尝试各种手段和方法，有些学生仍未能达到自己的预期效果。一些教师义务地为学生补课，学生却认为教师占用自己的课余时间，心有不快。家长则觉得教师教学水平低，孩子课业负担重，不加以配合。因为教师面对的是一群有思想感情的活生生的人，付出的劳动和他们所得到的回报往往是不平衡的，自己的苦心教育还得不到学生和家长的理解。

教师传道授业解惑，需要丰富的知识储备。在知识更新加快传播渠道多样化的今天，教师已不再是学生获取知识的唯一途径。有时教师会感到学生知道的比自己还多。如果对于学生的问题总是无法解答，则教师的水平将受到学生的质疑，可能导致学生不信服教师。

随着一次次的课程改革，教学理念革新、教学要求变化，教学体系被打破，给教师提出了更高的要求。原有的知识储备、陈旧的教学方法无法满足新的教学需要，教师从而对自己产生不自信。传统观念中教师的形象是完美的，理想化的，"为人师表""学高为师、身正为范"，教师把尽善尽美当做自己的目标。教师也是普通人，自我期望过高，目标不能实现，就会产生很强的挫败感。

（二）工作强度大

每天都要精神饱满的讲课，不少教师直接用于教育教学的时间远远超过8小时，任务繁重。

下面是一个初中班主任的日程安排：

7：30 到校

7：45 早自习

8：10 广播操

8：30—9：10 上课
9：10—11：40 批作业、备课
11：40—12：00 午餐
12：00—12：30 巡走廊执勤
12：30—12：55 午自习
13：00—13：40 上课
13：40—16：30 批作业、备课
16：30 下班

放学后还要看着学生打扫卫生，帮助学生课后解疑，找学生或家长谈话，基本每天下班都会晚于16：30。班主任会议、年级组会议、备课组会议、教研组会议，几乎天天要开会。每周一次一个下午的教研活动；每周一次的提高班、班会课……出考卷需要花一天，改考卷一般需要两天。有时晚上、周末还要备课改作业。班主任的工作比其他科任课教师压力要大很多。手机不敢关，总是牵挂着班里每一个学生的情况，各科学习成绩如何，生活上有没有困难等，事无巨细。

当很多行业都实行8小时工作制的时候，教师的工作时间要长许多。学生进入初三高三后会产生各种问题和压力，执教的老师却要经历多次，长期处于备战考试的紧张状态。

每天对着几十名性格各异、活泼好动的学生，既要解决可能出现的千奇百怪的问题，又要搞好教学，压力不小。如何提高学生学习成绩、如何搞好班级建设、如何和家长有效沟通等，这些问题是教师每天需要思考需要面对的。不同的学生要采取不同的教学手段、不同的解决策略。班级中总有后进生破坏课堂秩序、影响班级平均成绩。转化后进生是每个教师要面对的难题，需要教师付出超额的劳动。两位家长教育一个孩子都会觉得力不从心，更何况教师要面对这么多家庭环境不同、认知水平不同的孩子呢。此外，教师不仅要关心学生的学习成绩，还要关心其性格培养、品行养成等。

除了上好课，教师的非教学任务越来越多。如管理学生、写科研论文、应付各项检查、评估，参加各类培训，令他们分身乏术。2009年，上海市教科院关于教师工作压力的调查报告显示：4个月里教师平均参加政治学习11.36次，组织班级、年级各种活动9.65次，进行教科研与科研活动8.51次，参加培训进修6.99次，上公开课1.5次。

（三）评价机制单一

只要有升学考试存在，教师的升学压力就不减，"升学率"是教师头上的紧箍咒。在学校和教育部门，学生的成绩仍是领导们所看重的。为了提高学生成绩，便制定出许多针对教师的加压性制度。如升学奖励制度、成绩领先奖励制度、评优制度等，这些无不与学生成绩挂钩。用学生考试成绩衡量教师工作水平学校根据学生考试成绩评定教师的职称、奖金等，直接关系到教师的收入和地位。普遍以学生成绩高低来评价教师的优劣，而忽视教师付出了多少。周测、月考、联考、期中、期末考，种类繁多，频繁的考试即是考验学生也是对教师的考验。教师常常要担心学生考试成绩不理想，考试排名太差。遇到考试比学生更紧张，对于分数比学生更看重。教师要想方设法地提高学习成绩，碰到一些调皮厌学的孩子要花更多的精力。成绩上不去，教师比学生压力更大。每周面批作业次数、听课的次数、参加研讨的次数等都列入考核指标，对教师工作过于细化量化，不仅无法调动教师工作的积极性，反而使工作越来越消极。

（四）工资待遇差

从某种程度上说，一个人的经济基础决定其社会地位，如果教师总为生活发愁，必然会有压力。

《中国统计年鉴》显示，2009年我国教育单位就业人员年平均工资为34 543元，在19个社会行业中排在第11位。2010年年收入38 968元，位列第10位，与第一位的金融业年收入70146元相差近一倍，由此可见，我国教师的工资水平在社会各行业中并不高。

麦可思研究显示，2011届教育类本科毕业生从事教师职业的半年后月收入为2617元，低于从事非教师职业2734元。该届教育类本科毕业生半年后月收入低于全国平均水平3051元。此外，根据麦可思大学毕业生三年后跟踪调查研究发现，2008届从事教师职业的教育类本科毕业生三年后月收入为3453元，与全国本科毕业生三年后平均薪资5066元相比，低了近三分之一。

大家都认为教师能带来额外的收入，而且收入颇丰。2012年上海市教委等七部门下发关于2012年上海市规范教育收费工作的意见，规定教师有偿补课将被取消晋升资格。在严厉的规范下，补课的教师将付出惨痛的代价，补课之风削弱。教师补课挣钱大多是出于经济压力，双休日、节假日大家都想好好放松休息，补课实属无奈。一方面也是学生家长有需求。有人称教师不把精力花在课堂上，往往留一手，待课后创收。每个教师都有自己的职业理想与道德，教好每一个学生是教师的本职工作。去医院时，你会担心医生为了多赚取医药费而故意不给你适当的治疗吗？就像医生不会藏着自己的医术耽误病人的病情一样，教师也不会为了补课赚钱而丢掉自己的信念。如果教师收入足以让教师不需要依靠额外的补课，则自然就不会有这么多教师牺牲休息时间去补课。

（五）公众期望高

社会要求教师不仅要做个有学识的人，同时也要做学生学习的模范，集学问家、道德家于一身。社会对教师从事教育工作所必须具备的素质，也存在较高要求。写字要像书法家，口才要像演说家，大家把教师看作无所不能、无所不会的超人。例如，学生课业负担重、教师体罚学生、教师补课创收，社会的报道宣传，漫骂比掌声、鲜花多，对教师质疑误解。不理解和不配合以及过度的期望使教师产生了压力。人们普遍认为，教育质量的提高关键在于教师素质的提高，一旦出现教育质量下降，学生问题增多，人们就会将责任归咎于教师，认为是教师教育不当造成的。社会上出现的多种问题都归结于教育不利，一线教育工作者成为众矢之的。

有些家长把学生交给了学校，就认为教师要对自己孩子的一切负责，自己则忙于工作，对孩子的教育不闻不问。家长希望自己的孩子能取得好成绩、考上好学校、找到好工作，注重现实利益，这种希望给教师提出了更高的要求。学生具有多元智力，不同学生的接受程度不同，学习成绩也会有区分。教师无法保证每个学生都考第一，与家长的期望产生落差。"没有教不会的学生，只有不会教的老师。"此类口号式标语深入人心，展示了一幅美好的教育蓝图，似乎大家都认为真是如此。但就像广告有夸大的成分一样，口号不是教育理论，这些并不符合真实的教育。

【启示与建议】

当今教师应如何应对压力呢？下面给出三条建议。

一、职业规划

想从事什么职业,未来发展方向是什么,自己的梦想是什么,许多同学从未认真思考过此类问题,对自己的职业生涯没有规划。盲目地选了专业、找了工作,工作之后才发现自己和岗位不匹配、不喜欢这份工作,为时已晚。一些学生出于某些外在原因选择了教师职业,自身没有做好准备,工作后发现并不像原先所想的那么光鲜亮丽。工作缺乏耐心和积极性,面对一群"不听话"的学生自然压力很大。

职业生涯发展规划应贯穿人的一生,随着自身发展与外部环境变化,不断调整完善。尽早地设计规划能使自己的发展有方向、有目的,当面对职业选择时才能理性客观地选择适合自己的职业。我国学生普遍没有明确的职业规划,学生对社会上的各种职业不仅了解得太少,而且了解得太晚。我国基础教育实行的是普通教育与职业教育完全分离的政策。在基础教育阶段和高中阶段,只有文化课程,对学生的职业教育几乎空白。学生只知道埋头学习书本知识,取得高分,从未考虑职业取向更没有职业规划。当学生结束十多年的学习,走向社会时,才发现无所适从,对未来没有目标与希望,这是人才培养的悲哀。

大学四年是校园到社会的过渡,要有一个比较明确的职业规划,提前认识岗位情况,了解自己的职业兴趣以及职业能力所在,尽早定好自己的职业规划。有目的的学习与实践,分阶段地去实现自己的职业理想。学生进入大学后相对自由,若抱着"60分万岁"的心态得过且过,或许就会面临毕业就失业的困境。未来面对竞争激烈的求职环境,能否脱颖而出就取决于这四年的成果。有志于从事教师职业的同学在大学填报志愿时应首选师范院校,接受师范生教育。1897年成立的南洋公学师范院是我国最早的师范学校,从此算起,我国的师范教育已经走过了一百多年的风雨历程。兴办师范教育是教育工作中的一项基本建设。师范教育是整个教育体系的基础,要发展教育,就必须先重视师资的培训。1923年后,高等师范学校都先后改为师范大学或并入普通大学。有很多大学都设立了教育系,有的增设了师范学院或教育学院,后来还成立了一些独立的师范学院和教育学院。中华人民共和国成立后,经过对高等院校的院系调整,高等师范学校全部独立设置。

师范生确立自己所要教授的学科后,就要精通本学科知识。有扎实的学科基础,教学时才能游刃有余,深入浅出。有的学生会疑惑:自己只是想去教小学生数学,为什么要学高等数学呢?和小学生讲高等数学他们又听不懂,也没有必要知道,将来的授课内容永远也不会涉及这么深。有人调侃道:去菜市场买菜最多用用加减乘除,又不会用微积分或线性代数去计算。首先,存在就是合理,教师要对本学科知识体系有所了解。高等数学和初等数学都是数学的一部分,教师不能教什么就学什么,而要有更深入的研究。其次,数学能锻炼人的逻辑思维,能锻炼一个人的耐心与定力。在如今的校园里,能沉下心来对问题专研几个小时的人已经不多了,师范生要有对知识的求知欲和探索能力。不仅是数学,其他学科也是如此,只有把握全局才能深入了解其中的某个部分,其会潜移默化地影响学生对专业的理解和把握。即使未来不会直接运用相关内容,学习的过程也会让学生受益匪浅。

做了十几年的学生,对于教师我们都不陌生,但要像教师那样上好一堂课却难倒了不少师范生,师范生要锻炼各种能力。钢笔字、毛笔字、粉笔字、简笔画这"三字一画"是教师的传统技能。随着电子时代的到来,多媒体教学已经成大势所趋,三尺讲台上,PPT早已是司空见惯的教学工具。但未来教师们仍有必要认认真真地书写粉笔字,多媒体教学不能完全取代教师板书的作用。空有教育理论,当面对正真需要实践的课堂必会手足无措。师范生还需要多参与见习、实习,或进行家教义教等实践活动多加锻炼。

二、终身学习

教师职业的稳定性让不少人羡慕,有些教师一辈子都奉献给了教育事业。虽然教师转行的人数比例不高,但并不意味着教师可以高枕无忧。不同的时期对教师有不同的要求,教学观念变革,一次备课教几届学生已经不太可能。在科技迅猛发展、知识爆炸的年代,所有人都必须给自己及时充电,作为传授知识给下一代的教师来说,更是如此。教育在发展,教师需要掌握最前沿的教学理念教学方法以适应当下的教学任务。一个人的经验是有限的,只有通过不间断的学习,提升能力,做好充分的准备,才能从容应对职业生涯中所遇到的各种挑战与机遇。在全面构建学习型社会的背景下,配合自身的发展和职业发展的需要,拥有终身学习理念,接受终身教育显得格外重要。从踏入职场的那一刻起,工作与教育就是相辅相成的。终生教育能让人符合职业的需要,拥有更好的职业生涯。在这个瞬息万变的现代社会,无论是什么职业,只有通过不断学习,丰富和完善自己的专业技能,才能满足不断提高的单位要求。"人是一个未完成的动物,并且只有通过经常的学习,才能完善自己。"在职业生涯中随时根据职业发展的需要,选择最适合自己的学习形式和学习内容,使自身得到最好的发展。在一个人的职业生涯中,单靠十几年的学校教育是不够的。传统的学习观念已经无法适应时代的需要,取而代之的将是边干边学,边学边干。在终身学习观念的引导下,人们可以认清职业价值,更理智地选择适合自己的职业,通过职业潜力不断开发、职业能力不断提高来实现职业生涯发展,教师更是如此。现在的学生在某些领域懂得比教师还多,这就需要教师不断充实自己,提高自己的能力。

三、自我调节

各个行业都会有压力,人生不可能一帆风顺。若压力超过自身承受能力,不及时调整有效减压,就会产生负面影响。教师要懂得自我心理调节,培养自己乐观积极的心态。教师要正确认识自我。金无足赤,人无完人,教师也有自己的缺点和劣势,不必因此自责。学生的水平参差不齐,有优等生也会有后进生。同一个年级中,班级成绩总会有优劣之分。设定过高的教学目标,难以实现,给自己带来的失望也就越大。不仅使自己力不从心也会让学生感到压力倍增。允许学生犯错误,让每个学生在原有的基础上有所进步即可。毕竟在庞大的教师队伍中,能成为一代名师的只是少数,绝大多数都是在平凡的岗位上默默耕耘。也许现在教师所教的学生未必是最优秀的,不一定大有作为,但教师会影响其一生的发展。过了十年、二十年后,教师或许已经不记得自己带过多少学生,但学生一定会记得教师。他们将走向各行各业,为社会做出贡献。

教师要积极主动地处理好各种关系。学生、家长、同事、领导,教师要和不同的群体打交道,紧张的人际关系会带来不愉快的情绪。若人际关系和谐,则他们都会转化为教师的朋友,支持教师的工作,那就会事半功倍。处理问题时要有效沟通,全面客观地分析,遇事火冒三丈只会激化矛盾。

一张一弛,文武之道。学生需要课间休息和课外活动,教师也需要。长时间的疲劳工作无利于工作效率的提高。当自己的工作压力大时可选择户外运动,和朋友打打球、跑跑步,让自己的身心得到放松,劳逸结合,重回工作岗位时便能精神饱满、心情舒畅。

(杨慧玉)

第五篇 未来发展

案例1 专业性视野下教师专业发展研究

【案例介绍】

案例1

张天是个违纪大王,以前的老师都对他烦透了。面对这样的"坏主儿",魏老师该怎么治呢?这天班会课,魏老师给大家布置了一道家庭作业——找优点。第二天,本子交上来后,魏老师一查,果然没有张天的。魏老师把张天请到办公室,问:"张天啊,你怎么没交本子呢?"张天没有吱声。"怎么,忘记找了?"张天挠了挠头说:"老师,我没有优点。""怎么没有优点?我已经看出你有好几个优点了。"魏老师笑着说。"老师,我真没有优点,全是缺点。"张天把头低了下来。魏老师摸了摸张天的头,说:"那这样吧,你回去再找找,明天来告诉我。"第三天,张天如约来到魏老师办公室,他不好意思地对魏老师说:"老师,我找到了,可只有一个——我心眼好。""心眼好,这是很大的优点啊。"魏老师高兴地说,"而且,你不止心眼好,你能遵照老师的吩咐,回去认真找了,这不也是优点么?还有,你非常诚实,有一说一,这也是优点。还有……"魏老师连着帮张天找了好几个优点。"老师"张天脸有点儿红,"我没有你说的那么多优点。"听到这里,魏老师话锋一转,严肃地说:"张天啊,你只有七八个优点,不像有些同学有几十个优点,他们随便丢掉一个优点没关系,可你丢不起啊。优点越少就越要珍惜,你说是不是?"张天懂事地点点头。自此以后,张天就像换了个人似的。渐渐地,他的优点越来越多,而他的学习成绩也一点点上来了。期末考试,张天门门功课都及格了。魏老师教的语文,他竟然考了八十多分。古人云:数子十过,不如奖子一长。魏老师可谓深谙其中真谛。对于像张天这样的后进生,魏老师没有排斥,更没有放弃,而是戴上了"放大镜",帮助他寻找自身的闪光点,进而去放大这些闪光点。魏老师用激励唤起张天的自信,用自信来促进他的成长。

案例2

第一次开家长会,幼儿园的老师对某家长说:"你儿子有多动症,三分钟都坐不了,你最好带他去看医生。"回家的路上,儿子问她,老师说了些什么,她鼻子一酸,差点流下泪来。因为全班30位小朋友,唯有她儿子的表现最差。然而,这位家长告诉儿子:"老师表扬了你,说宝宝原来在板凳上坐不了一分钟,现在能坐三分钟了。其他小朋友的妈妈都非常羡慕妈妈,因为全班只有宝宝进步最大。"那天晚上,她儿子破天荒地吃了两碗饭,还没让她喂。儿子上小学了,在一次家长会上,老师对她说:"全班50名同学,这次数学考试,你儿子排第45名,他平时老老实实的,成绩为什么还这样,是不是有智力障碍?您最好带他去医院查一查。"回到家里,这位家长对坐在桌前的儿子说:"你的老师对你充满了信心,说你不是个笨孩子,只要能细心些,会超过你的同桌,他这次排在第21名。"说这话时,她发现儿子沮丧的脸一下子舒展开来,第二天上学时,去得比平时都早。孩子上初中,又一次家长会,她等着老师在差生的名单中点她儿子的名字。然而,这次却出乎她的意料,老师没点她儿子的名字。临别时,她去问老师,老师告诉她:"按你儿子现在的成绩,考重点中学有点儿危险。"她走出校门时,儿子在等她。一路上,她扶着儿子的肩膀,心里有一种说不出来的甜蜜:"班主任对你非常满意,他说了,只要你努力,很有希望考上重点高中。"高中毕业了。第一批大学录取通知书下达时,学校打来电话让她儿子去学校一趟。她心里不安,巴望着儿子回来。儿子回来了,把一封印有清华大学招生办公室的特快专递交到她手里,而后哭了起来:"妈妈,我知道我不是个聪明的孩子,从小到大很多人嘲笑我。在这个世界上,只有你欣赏我……"这时,她悲喜交加,十几年来凝结在心中的泪水,一个劲地往下淌,任它打在手中的信封上……

【案例分析】

一、教师专业性的界定

由上面的两个案例我们可以看到成功的教育不仅需要从事教育的人有着丰富的专业理论知识和高超的教育艺术,也需要具有适合教育职业的特殊能力——教师专业性向。要对教师专业性向加以界定,首先要界定性向这一概念。英语中性向叫 aptitude,意思是自然倾向、天资、能力倾向、癖性、爱好等。事实上,性向是一个心理学概念,亦称为能力倾向,对这个概念的界定学术界没有太多的歧义。在心理学中,现在凡是用"性向"来说明某人的能力时,一般是指"对某种职业和活动的特殊潜在能力"或"能力倾向"。对某种职业的特殊能力叫专业性向(或职业性向)。因此,教师专业性向是指,教师成功从事教育教学工作的潜在能力和成功从事教育工作所应具有的人格特征,或者说适合教育工作的个性倾向,包括心灵的敏感性、爱的品质、对教育工作的兴趣的个性倾向性和性格、气质、基本能力的个性心理特征。只有真正具有这些性向的个体,才能更好地接纳并从容应对教育事业。正如苏霍姆林斯基所说:"如果和多数集体交往使你头痛,如果你感到工作时独自一人或两三个朋友一起比和一大批人在一起好,那就不要选择教师工作作为职业。"一个不善于与人交往的教师不可能喜欢教育学生的工作,也不能真心地深入教育工作场景。

二、教师专业性向的构成要素

根据教育活动的特点和教师职业的性质可知,教师专业性向是那种与教师素质有关、形成合格教师素质的必要条件并成为其组成部分的、对教师素质的最低限度要求的人格特征,包括个性倾向性和个性心理特征两个部分。

(一)个性倾向性

个性倾向性是指一个人所具有的意识的倾向性和对客观事物的稳定态度,主要包括需要、动机、理想、信念等心理成分。个性倾向性体现了一个人需要什么、追求什么、信仰什么，是人从事各项活动的基本动力，它决定着一个人的态度、行为的积极性和选择性。从理论上说，作为合格教师要有这些方面的性格倾向。

1. 心灵的敏感性

教育对象的特殊性要求教育者要善于深入调查了解青少年个性特征，善于观察他们的各种表情、动作，以判断其内心活动，这种"敏感性"是教师专业性向的要素之一，穆特修斯（Muthesius）将这强调为是否适宜从事教师职业的基本条件，马克斯·范梅南称之为"教育的感知力"。情感师范教育的支持者在批评传统师范教育时就指出"大多数师范教育计划仅仅注重了教师知识和教学技能的发展"而忽略了"教师对学生情绪反应的意识"，这种"对学生的情绪反应的意识"实际上就是心灵的敏感性，而包括这种"敏感性"在内的教师的情感特征（而非教师的认知特征）最能区分开"效率较高"和"效率较低"的教师。

2. 爱的品质

爱的品质是教师专业性向必不可少的内容，优秀的教师无一不是以爱作为教育前提和基石的。教育从爱起步，由爱伴随，因爱结果。教师的爱心是成功教育的原动力，缺乏爱心就无从教育。陶行知先生说"捧着一颗心来，不带半根草去。"教学活动是情感性活动，教师的爱心是调动学生积极性的最有效因素，爱心的缺失往往导致教学效能的低下，甚至教育的失败。

3. 教育事业的兴趣

兴趣是指人力求认识和趋向某种事物并与肯定情绪相联系的个性倾向。兴趣在人的职业活动中起着重要作用，主要表现为影响人的职业定向和职业选择、开发人的潜能、激发人的创造性、增强人的职业适应性和稳定性。朱永新曾把教师分为三种境界：一是职业，把教师工作视为谋生之所；二是事业，把职业视为实现价值的舞台，渴望得到他人的认同；三是志业，把职业视为宗教，为意义之旨归，职业与生命融为一体。对于教师职业的兴趣，会驱使他们通过学生的卓越发展，使自己的生命得以丰富扩充。那些把教师职业作为谋生手段的人往往不愿意研究教育，心存惰性，很难进行专业发展；而有事业之心的教师其专业发展的主动性较强，但一遇挫折易产生职业倦怠，影响专业发展的稳定性；只有真正具有职业兴趣并将教师职业视为志业的教师才能抛开一切"杂念"，专心于教育事业，为教育事业鞠躬尽瘁。因此，有着这些性格倾向的个体才是适合做老师的人。

（二）个性心理特征

个性心理特征是一个人身上经常表现出来的本质的、稳定的心理特点，主要包括能力、气质、性格。对于教师气质、性格的研究已经有很多且比较深刻。下面主要探讨教师心理特征的能力部分。由于教育活动的特殊性决定教师除了有相应的知识和技能外，还应有一些先天性的心理特征的能力。

1. 豁达的心态

豁达的心态是教师专业性向的重要品质，苏霍姆林斯基曾经说过："宽容产生的道德上的震动比责罚产生的要强烈得多！"教师只有具备了豁达的心态，宽容并有耐心，才能胸襟坦荡、虚怀若谷、宠辱不惊，才能忧他人之所忧，乐他人之所乐。有学者通过研究发现一个优秀的教师除了职业素养、科研精神、处事原则、聪慧品质外，还要做到大度、豁达、心胸开阔，如此才能与学生建立平等的关系。只有这样才能更好地增进师生之间的交流，培养学生在学习方面的兴趣。要有豁达心态，能用激情感染学生，用幽默调动学生，用大度感化学生，这些通过内隐观研究法发现的优秀教师心理素质是我们今后在教师培训中和教师专业成长自我设计的过程中必须充分考虑的。

2. 良好的表达和人际沟通能力

教师口语表达能力的强弱也影响到教育教学的效果，准确简明、通俗生动、富有幽默感、富有条理性和启发性的语言能让教学增色。有的教师上课情趣横生，气氛活跃，而有的教师的课却平板乏味，沉闷窒息，究其原因在很大程度上取决于教师的口语表达能力。《学记》有言："……善教者，使人继其志。其言也，约而达，微而藏，罕譬而喻，可谓继志矣。"这句话实际是强调教师语言的重要性。与他人合作是教师成功的前提条件，是一个合格教师的基本能力。教师在教育过程中经常要与他人建立某种联系，包括学生、同事、家长、管理者等。1977年，美国人类教育协会作了一项为期三年的调查，发现教师的交往能力影响学生的成绩。除了与学生交往外，教师还要与任课教师、管理人员打交道。另外，教师的人际关系能力还涉及协调合作能力和组织管理能力。以协调合作能力为例，教师必须与同事密切配合才能完成教育任务，也必须接受行政人员的安排，还要协调与学生方方面面的关系。就组织管理能力而言，教师必须能管理班级的教学活动和各种班级活动。有人说："人际关系能力对一个教师的重要性，相当于各种手术工具的使用能力对一个外科医生的重要性"。

三、教师专业性向的意义

与以往只注重教师的知识和技能方面相比，对教师专业性向的研究为教师专业发展提供了一个全新的视角，对未来教师的培养和选拔、对学生的成长和发展、对教师角色的定位有着重要的意义。

（一）有利于对教师的职前培养和就职选拔

我国传统的教师教育存在着重视理论知识而忽视专业精神和实践能力的倾向，是一种培养教育工作者的目标取向，这种取向已不能适应社会展对教师素质的要求，教师的专业性向是教师专业精神的重要组成部分，所以选拔和培养教师也应把它作为考察的内容之一。特拉弗斯在论及教师个性时说："由于教学是一种表演艺术，这就要求师资培训中注重训练未来教师的个性（这并不是说要排斥其他方面的学习）""有一些师范生，在入学时已经形成了不能适应丰富多变的课堂环境的固定的个性品质，对这样的学生，应当劝他们另谋一种不以对人和对社会的适应为成功之关键的事业。"M. 戈尔德施米也曾阐述过教师个性的重要性："那种以为精通某些知识就足以将它传授给他人的说法已经过时；那种不是把个人全面教育而是把理论知识的简单传授作为目的的内容教育学已经被超越……独专一门已经不行了。"

（二）有利于学生的成长与发展

我们经常可以从报纸上看到由于教师处理问题的方式不当等原因，造成学生自杀、离家出走等事件，学校中还经常发生一些暂时没有表现出恶果的对学生的隐性伤害事件，这些由教师原因引起的对学生的伤害通常称之为"师源性伤害"。教师专业性向对学生的影响可追溯到两千多年前，古代罗马帝国著名教育家昆体良就在其《雄辩术原理》中指出："最要紧的是要建立和教师之间的亲密友谊，使他的教学工作不是出于完成任务，而是出于对学生的热爱""教师要以慈父的态度对待学生……他应当严峻而不冷酷,和蔼而不纵容;否则,冷酷会引起厌恶,纵容会招致轻视"。关于教师专业性向对学生的影响洛克曾谈过自己的看法:"导师如果自己任性,则教训儿童克制感情便是白费力气的;如果自己行为邪恶、举止无礼,则儿童的行为邪恶、举止无礼,也就无法改正。"如果说昆体良、洛克等人仅仅是形而上学地探讨了教师专业性向对学生发展的意义,那么来自教育实践的调查告诉我们,学生、教育研究者和教育行政部门对称职教师和不称职教师特征的看法都惊人的一致。有调查显示,学生、研究者和社会人士眼中称职教师的特征中包含态度友好、尊重学生等,不称职教师的特征之一就有对待学生态度恶劣等,这些都说明学生很在意教师对他们的态度。态度恶劣的教师中不乏专业水平高、教学技能突出者,但是他们在学生的眼中却是不称职教师,这确实值得我们反省。

(三)有利于教师角色的定位

教师的角色定位究竟是什么样的,人们的认识有很大的差异。从私塾中的句读之师、经院官学中的经师,到能启迪学生心智的人师,还有诸如"灵魂工程师""蜡烛园丁""人类文化的传递者"等说法也反映了人们对教师角色的感性认识。从这些描述可以看出,古今中外对教师的角色定位也基本上没有将教师的专业性向的因素包含在内,教师专业性向的研究有助于我们重新认识教师这一特殊角色。《国际教育大会第45届会议的建议》倡导:"聘任未来教师的标准应该不仅仅依赖于申请者的知识基础。个人的素质(Qualities)如良好的道德、责任感、与人团结、动机强、对小组工作态度积极以及交际的能力同样是必要的。"从这段话中可以看出,人们对教师的角色定位已不再局限于"教师是知识的传递者和年轻一代的道德塑造者",情意性是教师角色的另一个重要的但到目前为止仍然被忽视的特性。

【启示与建议】

一、加强教师专业性向的理论研究

首先,由于受到国外教育研究动态的影响,在对教师专业发展内容的研究上,我国教育界较多关注教师在知识和技能方面准备不充分的状况,而对教师在专业性向上的欠缺并没有引起足够的重视。从目前我国教师素质情况看,由于在师范院校招生和入职招聘中没有对相关人员进行筛选,有很多教师在不具备从事教育工作的专业性向的条件下便开始从教,这类教师容易对学生造成很多不可挽回的伤害。遗憾的是,到目前为止人们对由于教师原因引起的"师源性伤害"大多还是从道德或法律的角度去认识,却忽视了教师专业性向方面的原因,这方面的研究则更少。在教师专业发展过程中究竟应如何解决我国师范教育和学校中存在的这些问题是我们面临的一个重要的课题。

其次,虽然教师专业性向议题已经引起人们的重视,但是研究成果还是很少。一方面,国内虽有些学者对教师专业性向进行了探讨,但是从研究的概念、范畴、模式到研究方法几乎都是在翻译、移植基础上的一点推进而已,还需要经过实践的检验和相关实践研究支撑。另一方面,关于教师专业性向的特征,不仅具有先天性,而且具有生成性。需要进一步思考的问题是,教师专业性向中哪些因素属于先天,哪些因素属于后天,哪些性向可以通过改进教学方法和设置相应的课程来实现。虽然"能力本位"师范教育和"人格本位"师范教育在这方面作了很好的探索并取得了一些成就,前者强调特定能力和技巧(也包括态度、价值)的训练,后者则注重人格方面如敏感性训练等。情感师范教育的提倡者则试图通过角色扮演、游戏和模拟、解决冲突、T型小组和心理疗法等方法来培养师范生的人格。然而,无论在理论上还是在实践上,我国教师教育研究在这方面的成果都较少,我国教师专业发展研究还存在一些问题,应加强教师专业性向的研究,以丰富教师专业发展理论,促进教师专业发展的实践。

二、努力营造良好环境

(一)创建完善的教师专业化评价体系

对教师展开评价应关注教师工作的复杂性、创造性和内隐性特点,展现教师个人的价值需求和个性追求,因此,教师评价需要由一元的被动的实证评价走向多元的主动情意评价。我国现有的教师专业发展评价体系中,通常从知识、能力、业绩三大领域来评价教师,无法体现教师劳动的人文特质,这会引起教师的冷漠与抵制,也因为人文特质评价的缺失使得教育中经常出现一些"师源性伤害"。因此,在教师专业发展的评价体系中,需要打破原来只注重知识和技能的单一的工具性评价,加强专业性向的评价建立工具性评价与教育性评价并重的完善的评价体系,为教师专业发展奠定良好的评价制度环境。

(二)创设良好的学校环境

教师的劳动充满了创新性、开拓性。在发展的过程中可能会遇到许多问题、困难和障碍,教师总处于不断学习新思想、新方法以替代自己习惯的教学思想、方法与过程之中,在教师努力的过程中还面临着种种个人和环境的不利因素。良好的学校环境是无价的,它是一块强有力的磁石,是一笔无形的资产,是一种和谐、融洽、具有很强亲和力的氛围。良好的整体氛围数倍、数百倍地扩展了教师的生存空间。例如,良好的学校文化环境会增加教师对教育职业的兴趣,提升教师的心灵敏感性,增强教师对学生关爱的感情,教师专业性向中先天的部分会在良好的学校文化中得到优化、提升。此外,学校良好的组织环境。例如,经常组织教师进行座谈以了解教师的需要,开展多种多样的活动激发教师发展的积极性,送优秀教师外出进修学习、请专家到学校讲授新的教育教学理论、协调好教师与教师之间的关系、处理好学校的行政操控与教师自主之间的矛盾、同事间相互沟通、了解等,有利于专业性向中教师所需的基本能力的提高。这种良好的学校环境对于每个教师来说都有利于优化教师专业性向,促进教师专业化的发展。

三、发挥教师主观能动性,构建实现平台

(一)积极提高和优化适宜于教育事业的个性心理特征

积极提高和优化适宜于教育事业的个性心理特征在心理过程中形成,又反过来影响着心理过程的进行,是教师专业发展的基础和内容。教师要不断提高与教学实践直接相联系的基本能力,在平时的培训与教学中有意识地加强与其他教师之间的合作与交流。教师职业是一种开放的社会性的职业,与他人合作与交流能力不仅是教师专业性向的内容之一,也是促进教师专业发展的重要因素。强调优化教师专业性向,促进教师专业发展,其本意是让教师自己主动地、积极地追求专业发展,保持开放的心态,随时准备接受好的、新的教育观念,更新自己的观念和专业技能。为此,教师需要充分发掘、利用各种可利用的有助于自我专业发展的资源。因此,打破相互隔离,寻求与同事的合作与帮助正是优化教师专业性向,促进教师专业发展的具体策略。

(二) 积极培养和优化适宜于教育事业的性格倾向性

个性倾向性是从人的能动性、人的积极活动的内在原因和动力方面来体现一个人的个性的,它表现为人的需要、兴趣、动机、信念、世界观等。需要是个性倾向性的基础源泉,是在一定生活条件下有机体的需求;兴趣是力求认识某种事物和渴望探求真理,与肯定的情绪态度相联系的积极的意识倾向,是人对客观事物的特殊的认识倾向;动机是激励人进行活动的内部原动力,其性质决定着人的行动的性质;信念是人所遵循的与理想相联系的生活准则;信念构成一定的体系就成为人的世界观。因此,教师有意识地培养对教育事业的兴趣,把教育工作当作是自己的事业来经营,树立坚定的信念。同时,教师还要不断进行自我反思,不断提高自我发展意识,使自己成为完全意义上的专业发展主体。有意识地把自己的专业发展现状与教师专业发展要求相比较,使追求理想的专业发展变为自觉行为,及时调整自己的专业发展行为方式,最终达到真正理想的专业发展。

教师专业发展是一个不断发展和变化的过程,也是教师不断追求专业成熟和发展的过程。充分发挥教师的主观能动性,有意识地自我规划,以谋求最大程度的自我发展,关注课堂内部活动及其实效、关注学生是否真在学习。在这一过程中,教师不断超越实然、追求应然,超越现实、追求理想,不断达到教育教学的"自为"和"自由"境界。只有这样,教师才能真正体验职业的乐趣,感受职业的内在尊严、价值与自信;才能焕发出自身生命的活力。正如教育家苏霍姆林斯基所说:"如果你想让教师的劳动能给教师一些乐趣,使天天上课不致变成一种单调乏味的义务,那你就应当引导每一位教师走上从事一些研究这条幸福的道路上来。"

学者未必是良师。总之,教师职业是一种特殊的职业,从事这种职业的教师也是一种特殊的人。教师的劳动能影响学生的一生,甚至能决定或改变人的一生的命运或发展方向,而这一切的实现都是和教师素养尤其是专业性向素养分不开的。教师专业性向不仅是教师发展的心理与素质基础,也是教师专业发展的重要内容和新领域,同时还是教师专业发展研究的对象。对教师专业性向的重视可以帮助我们以一种全新的视角来看待教师专业发展,对未来教师专业发展的理论研究和实践建设提供一种新思路。

(赵鑫)

案例 2 教师之路,如何行走

——从语文教学视角浅谈教育之路

仿佛时间在和年龄赛跑,转眼大学三年,学到的知识越积越多,心中的困惑和矛盾也越来越突出。自己到底适合不适合做一名教师?如何将理论知识应用到以后的实践教学中?怎样适应从一个莘莘学子到人民教师的转变?怎样应对新时期教育的变革?教师是培养人的职业,尤其是语文教师,如何通过一本薄薄的语文书给学生传递更好更多的人文知识?肤浅的理论知识决不能支撑看似狭小的一方讲台,那么在大学四年,有志于做一名语文教师的同学，应该如何准备走向教师之路呢？

某师范生曾在一家私人托班机构里做过兼职，接触了几个1~5年级的小学生，对于他们的学习状态和情况有一些了解。单从语文这一学科来看，他发现了以下几个问题。

问题一：学生在课堂上学到的东西很少，大部分靠课下作业和家教。

问题二：他们的语文教师运用的还是传统教学法，"填鸭式"教学明显。

问题三：学生的生活单调，缺乏阅历，没有其年龄层该有的想象力。

在帮助这些孩子完成作业的时候，这位师范生不禁要感叹他们沉重的课业负担。仅语文这一门学科就有4个作业本，不包括两三天一张测验卷。学生课本上笔记都是一些要默写的词语、段落大意、诗歌的解释，对课文没有情感体验和拓展。有的学生除了上家教课外还有各种兴趣班，但很少是出于他们真正的兴趣。在他们这个年龄正是充满想象力和最喜欢说话的时候，可是作文却是他们最头痛的一大"敌人"，他们缺少素材，基本上都是按照一个模式来写。

看着这些深陷苦恼的孩子，这位师范生也深陷迷惘，我们的教育怎么了？语文教育怎么了？我们应该怎样打破传统，营造真正意义上的语文课堂呢？未来肩负的责任重大，我们应该做何准备？

【案例介绍】

为了了解新入职教师身份和心理上的转变，以及刚工作后遇到的问题和困惑，一位师范生访问了一位刚入职不久的教师。被访者是上海市徐汇区爱菊小学的一名语文教师兼班主任，入职一年零一个月，大学所学专业是小学教育。访谈内容如下。

（F代表访谈者，B代表被访者）

F：工作以后感觉和大学里最大的差别是什么？

B：最大的差别就是备课压力大，大学里无忧无虑的，工作后就考虑的事情比较多。还有缺乏实际教学组织经验，大学书本里的理论知识基本用不到，只好自己不断摸索。

F：做了老师以后，"教师"这个职业和你以前想象的一样吗？

B：不太一样。本以为教师是很纯粹的教学，不曾想到学校的杂事很多，分散很多精力，觉得很累。

F：具体有哪些杂事呢？

B：比如教学科研，领导要求写论文；做了班主任以后，要收费、统计回执等；还要应对家长的一系列要求。

F：现在你觉得教师这一职业与其他职业最大的区别有哪些？

B：相比起来，教师的德行要比其他职业更高一些，要用比较高的要求来约束自己。不然的话内心会极度不平衡，从而产生不认同感和职业倦怠。

F：入职以后有没有什么困惑？或者遇到过什么问题？可以具体讲讲吗？

B：困惑肯定是有的，大概分几点来讲吧。首先，教学方面，缺乏策略，往往备课的时候想得很好，但实际上课情况并不理想，这个困扰了我很长的时间；其次，是现实与理想的差距，跟我想象中教师的样子不一样，前面提到过，并不是纯粹的教学工作，除了教学我们还要承担很多任务；最后，还有一些细节的东西，我是教小学中高年级的，作文的批改很头疼，评语和评价在一开始的时候简直是一张白纸，后来我借了很多资深教师的作文批改来学习，看他们的评语、评价，稍微好一点儿。

F：大学里所学的专业知识在入职以后运用得多么？

B：多少还是有一点联系的，但是对实际教学帮助不是很大。我们入职初期最缺的是什么？教学呀，备课呀，上课呀，但是这些在大学里基本没有学到。

F：你觉得语文学科的教学和其他科目的教学有什么不同？或者对语文教学有什么看法？

B：我觉得最大的不同就是对文字和文学的教学吧。语文学科的涵盖内容比较广，包括字词、阅读、写作等，更需要教师对所教文本进行再构。有的人觉得语文教师的专业性并不是很强，但是我认为语文教师更需要高度的专业，这样才能把学生需要的知识更加深入、全面地传输给学生。

F：你觉得大学生在校四年需要有哪些准备才能更好地适应语文老师这个职业？

B：建议学校开设小学语文1~5年级教材解读，还有班主任培训；立志做老师的同学，一定要做家教，学了儿童心理学以后就多多观察，心理学对教学很有帮助；还有，要开始准备备课了，尽量锻炼自己的语言表达能力；尽量考出来各种相关证书，找工作的时候有用，可以提升个人附加值。

F：对学弟学妹们有什么建议呢？

B：多看看国外教学模式、理念和教材，取长补短，中西合璧，这点很有用。要让自己跟上时代的节奏。想一想未来的社会需要怎么样的人才？你想培养出什么样的学生？还有，心态很重要，要学会调节，做内心强大的老师。

【案例分析】

访谈中该语文教师的困惑和问题，几乎是每一个新入职教师都会面临的问题：缺乏教学实践经验，对教师这一职业预想得太简单，处理各方面问题应接不暇，缺少自己的一套教育理念和模式等。

尤其是实践经验这方面，和资深的优秀教师相比，新手教师通常存在着实践性知识缺乏的困境。缺乏不是某种知识单方面的数量不够，而是教师的理智在整体上不足以应对教学实际问题需要的一种欠完善状态。在中国的教育模式下，学生不要说站上讲台的机会，就连自由发表自己见解的时间都少之又少。虽然在大学里读了师范专业，但是理论知识大于实践，他们缺乏实践演练的时间和机会。如果突然让他们从被动接受的学生变为"手握大权"的教师，他们会无所适从。

在国外的教育实习中，教育实习通常是由模拟实习、见习、正式实习三个环节组成。在模拟实习中锻炼教学技能，师范生尝试由学生向教师进行角色转换的练习，适应角色的客观要求；在见习中，学校鼓励学生发现问题，并通过调用自己所学的理论知识进行科学理解并找到解决的方法；在正式实习中，学生将深入了解中小学生的实际情况，掌握学生的身心发展规律，能够根据实际制订详细的教学计划，顺利取得良好的教学效果。相比之下，我国的教育实习主要存在时间短、形式单一、不受重视等问题。由于课时不足、缺乏指导而流于形式，导致新教师不会教书，从而引发了新入职教师的许多问题：对工作岗位不适应、教学技能不熟练、很难完成从学生到教师的角色转变等。

特别是"教育学"这个专业，本来学科针对性就不明确，就业选择又比较窄，虽然师范生学了很多教育心理、教育案例、教育理论等，但这些课程不是以"能力"为本位、以"工作"为导向的课程，而是偏于系统化理论知识或学术型知识学习的课程，导致师范生毕业时缺乏实际从事教育教学工作所需要的方法与技能。师范生不仅要自己谋求定向科目的发展，还要顾及实际教学经验的汲取，对于他们来说可谓两面夹击。如案例中被访语文教师所述，语文教学对于教材解读能力的要求很高，可是学校里又没有设置关于教材解读的课程，所以这方面的能力也要靠他们自身培养。

另外，选择做语文教师就等于附加了班主任工作，尤其是在小学阶段，大部分班主任工作都由刚入职的语文教师担任，这是一种磨炼，更是一种挑战。所以没有经验的"新手"就会不适应。再加上本身对教师这一职业的美好幻想，认为只是一心一意地教书就可以了，没有心理准备的老师对教书之外的琐事就更是应接不暇。

因为案例中被访者出身于小学教育师范专业，专业针对性比较强，即使是这样，他也会感叹理论知识与实践经验缺少联系，刚刚入职感觉压力过大。这位教师用了将近一年半的时间适应了这些问题，那么作为出身旁门的师范生，怎么应对自己未来的教师之路呢？

【启示与建议】

即将面临毕业和就业，虽然师范生的就业方向比较明确，但是对于未来依然感到迷茫和无助。下面从师范生自身的经历和对一些成功语文教师、教育家的研读，来浅谈如何准备做一名合格的语文教师。

一、巩固课堂理论学习，努力积累教学经验

虽然理论学习对我们来说已经是"老生常谈"，但是拥有扎实的基本功还是非常重要的。大多数人都会觉得理论枯燥无用，或许是因为只停留在理论的表面，而没有挖掘其中的精髓。任何一种真正的理论，都具有以下三重基本内涵：

（1）它以概念的逻辑体系的形式为人们提供历史地发展着的世界图景，从而规范人们对世界的自我理解和相互理解。

（2）它以思维逻辑和概念框架的形式为人们提供历史地发展着的思维方式，从而规范人们如何去把握、描述和解释世界。

（3）它以理论所具有的普遍性、规律性和理想性为人们提供历史发展着的价值观念，从而规范人们的思想与行为。

学习理论是为了更好地进行实践，尤其是语文教师，更需要渊博的知识和广阔的视角，所以更要不断地积累和更新自己的知识储备。拥有了扎实的理论功底和知识做后盾，我们就可以迈着坚挺的步伐实践了。

需要注意的是，实践不仅仅是课堂教授技巧的实践，教学课堂是微型的社会，课堂教学生活是活生生的社会生活。课堂教学的实践可以理解为由以下三个范畴构成的复杂的活动。第一范畴，构成教与学这一文化实践之中心的认识形成与活动的发展范畴；第二范畴，构成介于教与学的认识活动之间并促进该活动的人际关系的活动，形成人际关系的社会实践这一范畴；第三范畴，是在该活动主体——教师与学生的自身关系中构成的。在教与学中，教师与学生不仅构成同客体世界的关系，确立、维护人际关系，而且生活在自身世界中，展开着探索自身的存在证明、改造同自身的关系的实践。传统教学论仅限于第一范畴（认知过程），而失落了第二范畴（社会过程）和第三范畴（内省过程）。仅在于对学生传递知识的实践，还要体验教师与学生之间的存在关系，从而总结、自省，以找到我们自身的存在价值。

学校给师范生实习实践的机会是有限的，在珍惜、牢牢把握这些机会的同时，师范生还要不断地给自己创造机会。比如，做兼职家教，寒暑假到小型教育机构做兼职，多接触一些身边的学生，了解他们的学习状况和心理状态等。这样不仅可以慢慢习惯教师与学生之间的交往关系，还可以把自己平时总结的理论或教学想法付诸实践。这也体现出了佐藤学教授提出的教学实践的第二范畴和第三范畴。不过，师范生要端正自己的态度，把一切实践的机会都当做学习的机会，以学习、充实自己为主。有些在外面做家教兼职的同学，兼职的动力是赚取零花钱和生活费，而不是以积累经验为主，这是本末倒置了。其实家教是一个很好的实践渠道，虽然不能站上讲台，但是可以全面、近距离地接触现在的学生，为师范生以后走上讲台打下基础；尤其是在一些补习机构，可以接触更多的孩子，更能锻炼师范生的能力。总之，在实践中学习并及时总结经验是很重要的，这也为师范生以后准备成为一个怎样的教师提供了现实依据。

下面介绍的是一位新教师"为站稳讲台，再做几年学生"的案例，以此共勉。

为站稳讲台，再做几年学生。我首先拜师学艺，师父的每一节课我都听，并认真完成每一份作业，包括试卷。就这样，我坚持了三年。除了听课笔记与做过的试卷，我还写读书笔记、听课札记与教学心得。为提高教学技能，我不是停留在机械模仿上，而是根据自己所教学生的特点，有所创新，逐步形成自己特有的教学风格。为了不断丰富专业知识，拓宽视野，我从不放过任何一次学习机会。教师工作是育人的工作，教师专业发展不仅仅是学科知识、教学技能的提高，还包含教育能力的发展。为成为一名懂教育的教师，我研读了多部教育理论专著与优秀班主任经验介绍。

这位教师和上述案例中的语文教师一样，缺乏实际授课经验，可以看出她在入职后花了很多心思和工夫才站稳脚跟。所以在加强理论学习的同时，也要为自己创造更多的实践机会。

为了能更好地从课桌转向讲台，从现在开始实践、开始学习，经验是一点点累积起来的，师范生需要收获授课技能、师生关系等多方面的经验，多尝试由学生向教师角色转换的练习，才能为教师之路增添更多的自信。

二、研读国外语文教育模式，逐渐形成中西合璧的教育理念

上述被访教师给的建议中，特别强调了要多吸收外国的教育模式、理念和教材。虽然国家的教育主张科教兴国、与时俱进、素质教育，但是我们依然秉承着严酷的考试制度，一切为了考试的填鸭式教学。通常，教师都是以教学大纲为本，以考试范围为主，认为学生应该学习什么就一丝不苟地教给学生什么。我们的教育应该也必须注入一些新鲜的活力、自主的气氛，那么应该怎样让教育鲜活起来呢？怎样摆脱传统教育的固有模式，将"非主流"的教育理念融入主流呢？这就要求师范生博采众长，既不能摒弃传统教育中的精华，也要更多地吸收国外教育的精髓。

在学习国外、博采众长之前，应该先思考一些问题，我们的教育到底应该培养什么样的人才？或者说，人才的定义是什么？《窗边的小豆豆》中有几句令人深省的话："世界上最可怕的事情，莫过于有眼睛却发现不了美，有耳朵却不会欣赏音乐，有心灵却无法理解什么是真。不会感动，也不会充满激情。""让孩子们看到'真正的东西'是非常必要的，也是最重要的。""无论哪个孩子，当他出世的时候，都具有优良的品质。在他成长的过程中，会受到很多影响，有来自周围环境的影响，也有来自成年人的影响，这些优良的品质可能会受到损害。所以，我们要早早地发现这些'优良品质'，并让它们发扬光大，把孩子们培养成富有个性的人。"书中的校长小林宗作先生是一个真实的人物原型，本名为金子宗作。在先后进行了两次欧洲游学之后，创办了私人巴幼儿学园和巴学园（小学）。他的教育理念和做法在当时教育界中几乎是独一无二的。他主张与学生之间绝对民主，给孩子自信和自由，培养学生对美的热爱和对真、善的追求，满足孩子的一切求知欲，让学生在自然中学习并自由地学习等。金子宗作有一句名言，非常适合送给当代的教师们："不要把孩子们束缚在老师的计划中，要让他们到大自然中去。孩子们的梦想，要比老师的计划大得多。"现在的教育中，尤其是在我国，教育者们总是乐此不疲地让孩子们做很多他们计划的事，甚至有很多是大人都做不到的事。但是却往往忽略了孩子"真善美"的发展，忽略了给他们实现梦想的空间。自由主义教育家尼尔说过："我宁愿培养出一个快乐的清道夫，也不愿培养一个神经不正常的学者。"我们未来的新一代教师更应该思考，怎样从对"机器"的教育转变成真正对"人"的教育？

下面是在上海热线教育网上发表的一篇新闻——《看看国外各国的语文课都教些什么》。

美国：把语文课上成阅读课。从古希腊故事《特洛伊》《奥德赛》，到莎士比亚的《哈姆雷特》，再到《安妮日记》《罪与罚》和《蝇王》等，都是学生经常被布置阅读的著作，还要按进度在课堂上讨论。目前，美国一些学区大胆引进了"工作坊"式的语文教学法，学生自己选择想读的书，并跟同学分享。教师说："学生无论读《哈利·波特》还是狄更斯的作品都无所谓，关键是在信息时代保持阅读的习惯。"

法国：电影也被引入语文课程。法国中学的语文课没有统一的教材，学校根据教育部制定的大纲自主选择课本。从巴尔扎克到雨果、从拉封丹到拉伯雷，几乎每一个法国文学分支都可能涉猎，文科的学生还要完整阅读如兰佩杜萨（意大利作家）的《豹》和莎士比亚的《罗密欧与朱丽叶》等译作。为了应对中学生越来越不愿意上语言课的现象，法国教育部还于2010年5月宣布把电影引入语言课程。

德国：语言课上成公民教育课。20世纪90年代，德国曾对基础教育课程进行改革，目的是为了让教育更适应社会发展。语言课在选择教材时专门加入了更多展示社会阴暗面（如种族歧视、违法犯罪）的内容，以引导学生主动思考社会现象。

日本：尊重每一个学生的个性。日本目前发行量最大的《光村图书》小学语言教科书——《光村图书小学国语》，更是提出了这样的编辑方针：① 适应学生在21世纪生存的需要；② 尊重发挥每一个学生的个性；③ 彻底体现、保障语文学习的基础性和基本要求；④ 让学生有兴趣地自觉投入到学习活动中。编辑目标是培养学生的思考力、判断力、想象力和表现力。

上述各国的语言（母语）教学中，都比较注重学生的阅读体验和思考能力，而且比较重视学生的个性化教学。这些是当前我国语文教育中比较欠缺的。教学形式和教学理念是多种多样、因人而异的，中国目前也引入了一些西方的新式教学法，诸如合作学习、自主学习、个性化学习等。在形成自己的教学理念或教学风格的过程中，一定要从学生出发，了解学生的基本学情，无论我们信奉哪一种理念，都要以学生获得知识为主，都要遵从学生的心理发展和个性发展，真正让学生学有所用，学有所长。

三、研读教材和课程标准，把握课程结构

除了有自己明确的教学理念，还要深入地了解教材，有教材解读的能力。尤其是新课改以后，对语文老师的教材解读能力要求更高。教材究竟该怎样解读，这不是一个简单的问题。作为未来的语文教师，师范生需要用心思考，才能艺术地解读教材。虽然现在学校没有开设教材解读这门课，但是师范生可以自行练习。自己解读教材、设计教学，然后观摩资深语文教师的教学视频，与其对比然后改善不足。

《义务教育语文课程标准》指出："语文是最重要的交际工具和信息载体，是人类文化的重要组成部分。工具性与人文性的统一，是语文课程的基本特点。"语文教学有十个要素：字、词、句、段、篇、听、说、读、写、书，包括识字、用字、读句子，理解句子，用句子表达自己的思想感情等。尤其是小学语文教学，语文特级教师薛法根先生认为：按照新的语文知识观，可以将语文知识分成陈述性知识、程序性知识、条件性知识。语文教学中所要学生识记的字词、积累的诗文及所要了解的比喻、拟人等语法、修辞、逻辑知识，都是陈述性知识；重要的是怎样概括、怎样推理等关于听说读写策略的程序性知识以及在什么时候选择什么学习策略的条件性知识，这些知识将能在实践中转化为学生的语文能力、言语智慧。他认为这些知识才是语文教学中的有价值的"石块"，而脱离了这些内容的泛语文的东西、陈旧的文本套路、浅表的知识，其价值就显得如"沙砾"一般。由此可见，对于语文教师来说，科学地选择教学内容显得尤为重要。

国外的母语课程标准比较注重阅读和写作的能力，如美国宾夕法尼亚州的英语课程标准有9大项：① 学习怎样独立地阅读；② 阅读以解决问题，做出决策，得出结论；③ 阅读、分析和解释文学作品；④ 写作过程；⑤ 写作的种类；⑥ 写作的质量；⑦ 讲演与听力；⑧ 英语语言的特征及功能；⑨ 研究。与国外的课程标准相比，我国的标准基础知识的要求比较高，小学到高中要求字、词、句子、阅读、作文循序渐进。这样课程内容的设置就会比较繁杂，教师要进行筛选和取舍，使每一种文本都有不同的能力训练的针对性。

在教材解读这方面，教学名师蒋军晶老师认为，教材解读要防止过度诠释，应关注社会群体意识、应遵循艺术创作规律；尊重儿童阅读心理；加强语文课程意识。在教材解读时，教师不是一般的读者，对文本的思考不能只停留在享受阅读的自由与乐趣。作为教师，在解读时不应加入过多的自我感受，应该多倾听学生的想法，根据他们的阅读心理再加以正确的引导。教材解读需要注重多方面，但是不能脱离语文课程的实质，要加强"文字"与"文学"的教学。

教材究竟应该怎样解读，并没有十分统一的看法，也不是一个简单的问题。教师要做的就是学习和尝试，多吸收一些教学名家的思想和方法，对教材内容和课程结构有更加深入的了解，一步步地总结和积累教学经验。

四、正确对待教师之路，培养正确成熟的教育心态

师范生可能将要面临的另外一个问题就是新教师入职后的角色适应。大部分师范生毕

业入职后都会遇到这样或那样的困惑，比如工作环境不适应、对各类工作应接不暇、缺少和学生相处的经验、工作压力大等。这说明他们还没有完全准备好从学生到教师这一角色的转变，他们的教育心态还不成熟。能否成功教学，除了教材处理、教学技巧外，教师的教育心态也很重要。教育心态是指教师在施教时的心理状态，它建立在教师的世界观、教育观念、个人价值体系、个性心理品质和专业心理品质的基础之上，而且能动地体现在现实活动和精神活动之中。现代心理学研究表明，教学活动不仅是认知的活动，也是在情感心态的参与下进行的情意活动，教学过程就是认知行为和情感行为的共生共茂的互动过程。只有培养一个积极乐观的心态，才能面对和解决入职后各方面的不适应和困惑。

师范生怎样把握正确成熟的教育心态呢？以下有三点建议。

（一）对自身有一个正确全面的了解

只有全面的认识自己，才能更好地胜任将来的工作。全面认识自己就是对自己进行一个全面的分析，认识自己的特点，对自己进行准确的定位，比如价值取向、性格、各方面能力等。对于教师这个职业，师范生是否具备耐心、细心、爱心？是否有较高的道德涵养？是否愿意面对付出与收获不对等？更进一步来说，对于语文教师这个职业，师范生是否有较强的语言表达能力？是否具备深厚的文学素养？还有哪些性格上的缺点、能力上的不足？师范生要透彻地分析清楚自己的现状，把握自己的优缺点，要了解自己和教师这一职业要求的差距，仔细地比较各个方面要求的差距，进而及早地有针对性地弥补自己的缺点、摆正自己的态度、完善自己的性格，才会有一个健全而积极的心态面对将来的教育工作。

（二）对教师这个职业有一个正确的认识

如果问师范生一个问题：你为什么要选择教师这一职业？有的人可能会回答是因为选择了这一专业，有的人可能会说是家里人帮忙决定的，大部分人会说是因为工作稳定、有很多带薪假期。大家的答案都有自己的理由，但是有时候我们太过相信自己的感觉，想当然地认为"教师"是什么，想当然地认为教师这一职业会带给我们什么。或许我们对它的工作内容、工作性质、工作环境、工作要求都还不太了解，所以才会导致入职后很难应对各方面的问题。只有对这份工作有一个正确的认识和全面的了解，才能较快地融入到"教师"这个职业当中，不至于手忙脚乱，充满困惑。

另外，师范生要思考自己对教师这一职业的期望是什么。它不是简简单单的工作稳定和带薪假期，一切所得都必有付出。师范生在这个职业中扮演什么角色？对它付出的最大程度是什么？教师这个职业是付出与牺牲的职业，也是收获与成功的职业，教师在塑造别人的人生时实现自己的人生，这本身的富有是任何有形的财物难以比拟的。身为教师，尤其是一名语文教师，必然对知识素养、道德素养、人文素养有较高的要求，有时候很可能会觉得付出了很多、身心疲惫，却总是达不到自己期望的结果。但是，这恰恰是一个不断完善自我、超越自我的过程，在不断付出中也实现了自身的价值。因此，教师这个职业能带给师范生的绝不是功名利禄，而是一种实现自我价值的满足感和精神力量。

（三）对自己做一份详细的职业规划

在了解自己和了解职业的基础上，师范生要给自己做一个准确定位，即"我是谁""我要干什么"。"凡事预则立，不预则废"，对自己的职业有一个长远的规划，使自己有一个明确的前进和发展方向显得尤其重要。通过对自己职业生涯进行系统的规划，给自己的未来确定一个目标，然后再努力去实现，让这份规划书时刻提醒自己，激励自己。教师的职业生涯规划，是对有关教师职业发展的各个方面进行的设想和规划，具体包括对教师职业的选择，对教师职业目标与预期成就的设想，对工作单位和岗位的设计和对成长阶段步骤以及环境条件的考虑等。如果要成为一名合格的语文教师，职业规划必不可少，它通常分为两个部分：一部分是教学规划，另一部分是班主任管理规划。不仅要考虑到自身的教学方面问题，还要考虑到班级的管理。师范生要在职前做好职业规划，比如给自己规定好适应期、完善期、突破期或挑战期，正确地对待新入职的困惑期和适应期。现在我国对教师的发展越来越强调专业化，所以师范生对自身的发展也要有一个专业的认识和估测，只有明确了每个阶段应该干什么，才能从容地应对各种困惑和困难。

师范生只有对自己和自己选择的职业有了全面的了解，并对未来职业有一个详细系统的规划，这样才会对教师之路有正确的把握和认识，才会有一个成熟的入职心态。

（李亚琳）

案例3　基于校本课程开发的教师成长之路

【案例介绍】

案例1

S 中学英语教师对 SDP 课程开发理念的理解

SDP 校本课程的理念是为了使我国高中生能够用流利的英语介绍他们的研究领域、研究目的、过程与方法、困难和解决方法以及最终的研究成果，充分体现 SDP 校本课程带给他们的国际化视野和跨文化意识、解决问题和批判性思维的学习能力、领导意识和团队合作、独立研究的能力、自我激励与自我约束的能力以及成功的语言沟通能力等核心要素。教师们基于这样的国际课程新理念来贴合中国的课改实际，首先就要在课程开发前深入地认知这些理念背后的社会背景、文化背景和教育背景。在 SDP 校本课程开发之前，通过对 8 位教师的调查，50％的教师表示完全认可 SDP 课程的教学理念，还有 50％的老师不完全认可。8 位教师都认为 SDP 课程的教学理念对常规课程有一定的积极作用，有助于常规课程的有效教学；但对于常规课程的教学也会产生一些负面影响。比如，会占用学生一些常规课程的学习时间和精力。可见，大部分教师对 SDP 课程教学理念是接受的。教师对 SDP 课程的理念仅仅处在一般的了解状态。

在参与 SDP 校本课程开发之后，继续对这 8 位教师进行深度访谈和调查研究，发现他们对课程理念的解析上升到了理论的高度，课程理念的形成会促使他们主动地开发和实施课程资源，他们会从 SDP 课程产生的国家的社会背景去探析，他们会深入地挖掘国际课程引进中国后水土不服的根源，他们会剖析不同的社会背景对于所需人才的不同需求。这足以证明教师参与校本课程开发后会使对他们能从更深层面理解课程的理念。若要有效地实施一门课程，首先必须对这门课程的理念能够深入地解读，只有这样才能在他们进行课程实施的过程中体现出这种理念所引起的教学观念的转变。这种态度和立场的转变更能有效地促使教师在自己的教学情境中扮演研究者的角色，在自己教学的课堂上采取研究的立场。教师的这种自觉的研究也会使他们自觉地反省和批判自己的课程实施和教学实践，从而形成真正属于自己的课程与教学知识观。课程与教学的知识观点形成反过来会使教师站在更高的层面去审视课程理念，这是一种质的提升，它将会使教师的成长不可估量。

案例 2

S 中学英语教师的 SDP 校本课程开发过程

参与 SDP 校本课程建设的教师团队中每个小组成员其教学经验、专业资历各有不同。但我们的最终目标是为发展中的教师团队创造一个积极向上的学校文化环境，使他们具有凝聚力和团队合作精神。我们的每个小组以以下的几个步骤来进行课程的开发。

一、SDP 校本课程资源的选择

要做好对 SDP 校本课程资源的选择关键是要做好对资源的调查。首先，要调查学校的课程理念及学生的发展需求。其次，要调查校内及校外、学科内及学科外、国内及国外有哪些资源可为学生的技能拓展服务。最后，在课程资源的选择、采集、整理、分析过程中需要充分考虑到现代信息技术给予的支持，从各个维度透视，SDP 校本课程内容已经根植于现代信息技术的沃土。教材媒体化、资源全球化、教学个性化、学习自主化、活动合作化都需要技术的支持。

二、SDP 校本课程资源的收集

小组成员需要发掘全国各个图书馆、博物馆、展览馆、科技馆等丰富的社会性课程资源，也要整合民间习俗、传统文化、生产和生活经验等广泛的乡土资源，开发和收集不同层次、不同类型的课程资源。

三、课程的编撰

教师们需要按照研究项目和课题的内容将其分为十一个大的模块，他们分别是基因工程、女性的社会与经济地位、网络的影响、学校社团活动、爱心公益项目、石油污染、青少年追星现象研究、动物权利、互联网络、盗版以及热带雨淋的保护。各模块的教学内容都需要结构化，包括课程内容分析、教学设计、教学课件、教学案例、试题、评价量规以及参考文献等。

【案例分析】

一、范式转型：从教师专业发展到教师专业成长

（一）教师专业发展

教师专业发展的价值取向是技术化和科学化的，教师专业发展的实质就是以教学为专业的教师专业发展，教师的发展目标就是专业的教学人员。基于这种假设，教师专业发展的模式就应该依据教学工作的性质和教师专业化的要求进行设计。教师若只以教学为专业，那么他仅是教学知识的"代言人"和"熟练技师"。这一假设就意味着教师专业发展就是教育领域的专家们按照学科教学的预定目标、计划和标准，使教师的教学朝着一种预设的既定目标发展。这种发展观所关注的是预定目标和设想，而未曾将教学的对象——儿童作为一个主体去考虑。因此教师的专业发展被认为是脱离教师的教育生活环境，有计划地、持续地促使教师专业知识、专业技能的孤立的发展过程。

教师专业发展就其内容而言，主要是指发展教师的学科内容知识和学科教学知识，在

学科教学知识中，富有生命的、完整的教学生活被肢解为无生命的、机械的、孤立的个体，之后依据这种基于技术理性的分析来确定教师专业发展的各项任务，教师所获得的这种教学技术是可以被观察到的，更能够运用技术标准测量出来。这就使得教师专业发展的理想追求就是教师的教学从机械遵守到自动化，再到运用自如。

教师专业发展的危机表面上表现为师生生命意义和教育意义的丧失，其深层根源则是对生活世界的脱离以及近代客观主义和实证主义成为教师专业发展自明性的前提。换句话说，教师专业发展理论是绝对客观性、自明性的产物，教学专业技术就是这种自明性的前提，它是先验的、意向的。目前，教师专业发展理论的研究发展迅速、取向多元、模式新颖、话语活泼生动，但终究无法摆脱教学的技术性取向。无论是校本教师培训，还是教师的反思性实践；无论是过程性评价，还是校本研修，都是以教学作为核心基地，仍然无视学生们的生命价值。这种抽离生命意义的，基于科学主义和工具理性的教师专业发展，它所追求的是客观真理。因此，它所培育的教师在面对活生生的生命个体时，虽然满腹高深的教育理论、卓越的课程开发模式和娴熟的教学技能，但也只能是束手无策，只能按照既定程序行事。胡塞尔认为，近代欧洲科学的危机在于它将一切有关主体的问题，如意义、价值和理性等问题都排除在自己的研究范围之外，从而丧失了"生活意义"或"生命意义"。因此，对于教师成长和教育实践，我们应该意识到教师专业发展的危机，要解决教师专业发展危机，首先要回归生活世界，探寻教师专业的成长之路。

（二）教师专业成长

教师的专业成长与教师的专业发展最大的区别在于，前者摒弃了人们对于教师专业发展已有的技术信念和科技追求，它注重创生、丰富、拓展和深化教师教育的智慧。

教师的专业成长其内涵是教师作为一个生命主体的生长、长成的过程。因为教师所从事的不仅仅是一种育分的教学活动，更是一种育人教育活动。教师专业成长的观点和研究取向都是从现象学、诠释学的观点来探讨课程、教师与教学的关系的，它强调教师的生成和创新。回归到教育世界的本身，就会发现教育就是教师与学生在实践的情境中一种具有教育意义的生命体验活动，这种活动不是知识传授的技术活动，而是赋予了生命意义的、追求实践智慧的活动。教师专业区别于其他专业的本质在于，它是一种育人的教育活动，是一种智慧的活动，因此教师专业成长最为根本的问题或最终目标不是追求教学的技术和方法，而是对教育智慧的追求。正如叶澜先生所描述的，"教师的教育智慧集中表现在教育、教学实践中：他具有敏锐感受、准确判断生成和变动过程中可能出现的新形势和新问题的能力；具有把握教育时机、转化教育矛盾和冲突的教育机制；具有根据实际对象和面临的情境做出抉择和选择、调节教育行为的魄力；具有使学生积极投入学校生活、热爱学习和创造，愿意与他人进行心灵对话的魅力。"

教师专业成长指向儿童的幸福，以儿童的发展为目的，这就要求教师必须领会生命的意义和价值，深入学生的心灵，了解他们的内心世界，只有这样，教师才能真正探求教育的真谛，因为在学校生活中的每一个学生都是具体的、鲜活的、富有个性的，教师对于学生生活经验的认知与了解是教师专业成长的基础。教师的专业成长不仅要关怀学生个体的生命意义，而且要追求真理和关爱。教师这种具有自主性的，作为生命意义的个体成长不是被塑造的、训练的，而是在教师已有的知识、经历的基础上生成的。

二、教师参与校本课程的条件要求

（一）教师的课程运作

课程改革成败的关键在于，它必须透过教师的运作和学生经验的建构，从课程专家对于课程的开发到课程在课堂上的实施，其中有一个关键的桥梁，即课程运作（curriculum operation）或课程体验（curriculum experience），它是由教师的运作与学生的体验相互作用而生成的。教师在实施课程的过程中需要经过一系列的选择与重构，其中包括对学生需要与兴趣的诊断、对教学内容的二次开发、对教学内容的重新组织、对学生学习经验的选择、对课程评价和学生评价方式的选择等。这一系列的选择与重构本身已经意味着教师在课程实施过程中对课程的改变，这些改变的主导者就是课程实施的主体——教师。已有大量的研究证明教师在课程的实施过程中，其实际传递的知识价值与课程中规定的知识价值在质和量上存在着显著的差异。教师通过对课程内容的选择与取舍所形成的课程是一种经过整理的二次课程。

这里所研究的校本课程是相对于国家课程和地方课程提出的根据学校的办学思想，在具体实施国家课程和地方课程的前提下，以学校为基础，以教师为主体，针对学生的需求与可持续发展而开发的多样性的、可供学生选择的课程。校本课程开发的起点与归宿点就是充分满足学生对课程学习的需求和兴趣。

（二）教师参与校本课程的可行性

基于以上的分析，教师参与校本课程开发有他的合理性，教师是校本课程开发成败的关键人物，他既是课程的实际操作者又是主要承担者，他处于核心的地位，有着决定性的作用。这主要是因为教师知道学生需要什么，能激发学生学习兴趣的是教师，了解学生学习习惯与学习方式的人是教师，能够树立学生强烈自信心，引起学生成功动机的人还是教师。校本课程开发最根本的目的就是为了使课程切合不同学生的学习需求，为了在课程改革中贯彻"以学生发展为本"的教育理念。校本课程开发的基地是学校，开发的主体是教师，教师需要根据课程的理念、课程的目标，通过参与课程的研制、收集资料、编撰教材，整合教学资源来参与校本课程的开发，也可以通过对已有的课程进行改编和取舍或者进行课程资源的拓展等活动参与校本课程的开发。教师参与校本课程的开发会使教师从课程的执行者和运作者变为课程的编撰者和设计者。校本课程在赋予教师的课程决策权的同时也对教师的教学理念、职业素养提出了更大的挑战。恰恰就是这巨大的挑战为教师的专业成长指明了道路。

（三）教师参与校本课程开发的素质要求

参与校本课程开发的教师的素质直接影响着校本课程开发的成败，为了提高校本课程开发的质量，就需要有意识地提升和培养参与的教师们的各方面的素质，其中主要有教师对课程理念的领会、对课程开发的意识以及课程开发的知识与技能的掌握。

1. 课程理念

课程理念是关于课程的根本观念，它是我国近年来课程理论与实践中一个醒目的部分。基于本研究的目的与意义，它的内容主要包括以下几方面。

（1）社会观。因为课程总是受社会的制约，并要为一定的社会服务，因此它要体现一定的社会观。

（2）人的发展观。因为课程总是为人的发展服务的，因此要体现一定的人的发展观。

（3）教育价值观。课程目标和课程内容的确定，课程中学习评价标准的确定和学习评价方式的选择，都要体现一定的价值倾向。

（4）知识观。通过课程决策而形成的课程的主要内容是广义的知识，这就要在课程决策过程中遵循一定的知识观，如关于知识的本质和来源、关于什么知识最有价值、谁的知识最有价值等问题的观念。

（5）学习观。因为课程总是提供给学生学习的，是以学习为基点的，因此要体现一定的学习观。

2. 课程开发意识

课程开发意识是课程的开发者积极地、自觉地进行课程开发的心理倾向。它的内涵是课程开发者自觉地、清楚地认识到自己在课程改革中肩负着不可推卸的责任，有义务将自己的课程开发理念与以学生发展为本的教育理念贴合起来；教师要认识到自己在课程开发中具有不可取代的地位，认识到自己在课程开发中的权利与职责；并自觉地将课程开发与自己的人生理想和职业素养联系起来，积极地在校本课程的开发中发挥自己的作用，自觉地履行课程开发所赋予他的权利和使命，并积极地探索出自己专业成长的有效路径。

3. 课程开发的知识与技能

教师要参与校本课程的开发就需要具备课程开发的知识与技能，主要包括：有关学科的知识；有关学生的知识；有关学科教学的知识；有关社会价值取向的知识；把握社会发展前沿的能力；决策中进行判断与抉择的能力，确立课程目标的能力；形成课程方案的能力；收集和整理课程资源的能力；在课程团队协作与沟通的能力；评估课程设计的能力。根据目前的研究成果来看，教师参与校本课程开发的各方面知识和能力都很匮乏，因此要想提高校本课程的质量，就得花大力气提升参与校本课程开发的教师的素质。

三、教师参与校本课程开发的实践路径

教师参与校本课程建设需要从专业、学科、课程资源、课程制度和文化等方面入手，教师参与校本课程的建设与教师的专业成长密切相关，是教师成长的内在动力。就教师参与校本课程建设的内涵而言，校本使课程的建设对教师的发展是多维度和多阶段的过程，并且在教师成长的每一个阶段与教师专业水平发展的每一个维度之间也存在着必然的、复杂的相互作用，在教师编制的校本课程的实施过程中，既能够加快教师管理课程实施的步伐，又能够提升教师的专业水平和学科教学能力。

教师参与到校本课程的规划、编制、实施以及评价之中，为他们自主化的专业成长提供了坚实的平台，在这一平台上，教师会在课程理念、教学观念、职业素养等方面得到全面的提高，从而更好地推动教育改革的顺利进行和自身专业可持续的成长。

（一）课程理念层面

教师参与校本课程的开发之后，他并不仅仅是课程内容、教学方法的研究者，更是课程开发的研究者，对于课程开发的研究赋予了教师新的使命，提升了自己的专业能力。教师通过对课程开发的研究，更加深刻地体会到了他们所开发的课程的理念，教师唯有在亲自参与的校本课程开发中才能够获得实际的课程理论，这样的理论才更能贴切课程实施的实际需求。有鉴于此，教师透过自己的身体力行，亲自体验课程的开发过程，才能在更高

的层面理解课程的理念,才能给予课程的理念,合理地实施他们的校本课程。

(二) 教学观念层面

教师参与校本课程开发意味着教师的传统角色从课程使用者转向课程的开发者,在指向学生学习的校本的课程开发方面承担更多的责任。教师参与课程开发的行动与他们的教学实践相互关联,从教学实践入手更能促使教师开发校本课程,因为这样开发出来的课程本身就会具有适合的教学方法。因此校本课程的开发绝不仅仅为课程而课程,而基于校本课程的教师成长也绝不仅仅为教学而教学,校本课程的开发与教师的成长是相互促进的共同体。

通过对参与 SDP 校本课程开发的教师的深度访谈,发现教师的教学观念发生了如下的改变。

1. 关注学生的学习兴趣

参与课程的开发会使教师成为课程的研究者、教学的研究者及学生的研究者。他们会改变自己传递知识的角色定位,进而对课程内容、教学环境、学生的学习等诸要素进行理论层面的把握,并对每位学生进行深入的学情分析,关注学生的兴趣。这种观念层面的转变会使教师自觉地在教学中唤醒学生的探究意识、激发学生与生俱来的探究兴趣、提升学生的探究和学习的能力。教师在课程开发的过程中教学模式潜移默化的转变足以证明校本课程开发是教师专业成长的必经之路。

2. 尊重学生的差异

学生生来就是参差不齐的,具有差异的,如何使这些学生都能得到全面和均衡的发展,是教育改革面临的一大难题。教师通过参与 SDP 校本课程开发,他们会把自己的努力目标从关注自己的教学效率转向关注学生本身,学生学习的差异性是不可回避的,因此教师会改变以往的教学模式,努力使自己的教学朝着个性化方向发展,只有个性才能有创新,只有创新才能批判,老师没有个性、创新和批判的素养,怎么能培养出富有个性化、具有批判性和创造性的学生呢。"对直接经验和学生主体参与的关注,可以有效地冲破传统分科课程中惯于接受、灌输的学习方式的阻力,为充分开展'研究性学习'倡导的学习方式提供相对独立的、有计划的学习机会。"

3. 张扬学生的学习主体性价值

学生学习主体性是教师教学质量的决定性因素。SDP 校本课程的开发使教师深切体验到学生学习的本质,在课程开发中教师要调查和研究学生及学生的需求,学生是学习的主体,没有主体性发挥的学生,学习只能是被动和无奈的,这样就不会有学生的主动选择、自觉学习和反思改进,也很难有学生的创新思维。教师意识到这些方面后,就会自觉地主张学生学习的主体性,充分尊重学生的自主选择。学生天生带有非常高的好奇心与学习热情,但由于学习环境的禁锢,学校的束缚使他们产生了学习倦怠,从而失去内在动力,因此教师不断增强学生学习的主体性,保证每个学生都有适当的学习目标与追求,这些都为教师专业的成长提供了方向。

(三) 职业素养层面

教师在校本课程开发中会从自发逐渐地走向自觉,在这之中有多种因素在起作用。教师的校本课程开发在学校校长、教导主任和学科负责人等的支持与推动下对其自身的成长至关重要。教师的自觉会促使学校形成相互合作、支持课程发展的学校文化,这种文化氛围反过来又促使教师提高自我反省思考能力并且教师之间善于协作,同时将校本课程的发展导向积极的方向。

1. 教育意识品质的养成

教师的成长从职业素养层面来讲首先就是教师的教育意识品质的养成。教师参与SDP校本课程开发,是以明确的课程理念和教育理论态度为出发点,集中的体现就是教师重新理解教育追求。教师将自己的实践带回到理论本身,走出近代教师对教育传统的认识论,使自己通过教育理论与实践的结合走向实践哲学的教育理解。教师在参与校本课程的建构中以一种哲学方法论的态度和精神自觉地贯彻始终。重新理解教育的精神也给教师的教育意识品质赋予了丰满充盈的特色和活力。并且还会提升教师从哲学、方法论的角度反思教育本身。

校本课程开发为教师树立明确的教育职业意向、坚定的教育职业信念和深刻的教育职业理解,并且使教师敏锐地觉察和把握教育规律,形成深刻的理论认识并将其融入到自己的教育意识品质之中。

2. 教学生命化本质的回归

通过参与SDP校本课程开发,教师认识到教学不仅仅是课程知识的传授,更是学生自己的事情,自我更新是学生学习的最高要求,教师会将SDP课程的教学回归到学生,让他们从学习中体验到生命的快乐。如果教师不能将教学还给学生,那么学生的学习也只是一种外在的压力与负担。但可喜的是,通过让教师参与校本课程的建设,让教师成为课程和学生的研究者,他们已经认识到教师专业的成长不仅仅是要关注自己生命的成长,还要关注学生生命的成长。在探寻教师专业成长之路时,要尊重教师生命成长的规律,坚决摒弃压制教师生命、背离教师生命和脱离教师生命的教师专业发展路线,积极创造条件使教师在专业成长中体验到生命成长的价值与乐趣。

3. 教师专业成长多样化的生态取向

通过调查得知,在目前教师专业发展中,关注最多的还是学科指导、班级管理、教学法培训和对学生的指导,这充分印证了教师对于自己的专业发展模式有共同的设计,但是他们忽略了教师专业成长的差异性,这就要求我们在促进生态取向的教师专业成长中尽可能多地关注教师专业发展的多样化需求,为教师创造多元化的专业成长平台,提供多样化的成长路径,以保障不同的教师能获得适合自己成长的方式与条件。SDP校本课程的开发使教师充分认识到教师专业发展与教师专业成长之间的本质区别,教师的专业成长不仅仅是学科知识、学科教学、班级管理、教学法等方面的发展,而且是教师的自我价值实现、教育意识苏醒、职业素养提升等指向教师生命自觉的内在需求。

【启示与建议】

教师参与的校本课程开发对于今天的课程改革以及教育理念与教育实践的结合具有举足轻重的意义,但是作为教育者,我们必须清楚地认识到,校本课程是为谁而开发的课程,是为了什么而开发的课程?校本课程开发的模式与意义尽管可以作为一个独立的主题来研究,但就其本质而言,它与教师专业成长密不可分。

教师开发校本课程最丰富的内涵在于使教师处于一种从自发走向自觉的成长历程之中,在于使教师体验到他们的专业成长始终在一个以研究和开发课程为核心的,伴随其生命不断成长的教育变革网络之中。

（张诗雅）

案例 4　未来教师的门槛有多高？

为了保持教师队伍的青春活力，促进教师队伍的更新换代，学校需要招聘符合现代国家需求、社会潮流和地区特点的新教师。多数学校在招聘新教师的时候，都要求应聘教师熟悉并掌握相关多媒体软件，提供相关证书作为有效凭证，与之相呼应，很多高校都把拿到国家一级计算机证书作为学生毕业的硬性指标之一。

【案例介绍】

上海师范大学一位大四学生在一所公立小学实习，实习期间这位学生积极投入，努力配合班主任做好教学工作，待人接物一直为人称道，各方面表现良好，校长和老师都很看好他。正好这时候学校也有招聘教师的名额，有意留下这位学生；该学生同样也很满意校园和周边的教学环境以及学校的工作待遇，于是决定留在该校。谁知本来你情我愿，一拍即合的事情竟然因为一个小插曲而泡汤了，问题就出在了一张大学英语四级证书上。这位学生大四考的英语四级，因为证书的发放有一定的延迟性，拿到手肯定比知道考试成绩晚几十天。这位学生很后悔没有及时报考四级并拿到证书，但是已经来不及了。很多学生因为一时的疏忽，没有及时拿到这些基本的证书造成了追悔莫及的后果。所以千万别小看这些证书，它们是从事教师职业时有效的敲门砖，如果没有及时拿到这些证书，那么许多机会可能会和你无缘。

【案例分析】

很多学生在大学期间，甚至是大学开学之前就已经做好了一系列的规划，尽早地拿到该拿到的证书，多余的时间就会选择考取和自己专业对口，对以后也有帮助的证书，保证自己毕业后拥有相当强的竞争优势。对于师范生来说，在所有证书中教师资格证书是最为重要的，是从想成为教师到成为正式教师的一个必备条件。以前读书的时候，很多老教师并不是师范院校毕业的，甚至有一些教师没有大学学历，凭借多年教学经验的积累，他们的教学水平完全胜任日常教学工作；现在的教师大多是师范院校毕业，新教师的教学技能比较扎实，可以不用担心，只是教学经验稍有欠缺，处理一些棘手的问题不能做到面面俱到。最大的问题在于现代教师形形色色的负面新闻，比如经常有教师虐童事件、教师不堪教学压力心理崩溃以致跳楼自杀等消息此起彼伏，一时间与教师有关的不良新闻频频登上各大新闻报纸的头版头条。人们对教师的师德，从事教师的资格打起了大大的问号，到底什么样的人才能有资格担任光荣的人民教师呢？2012年以前，"教师资格证"的定义是教育行业从业人员教师的许可证，在我国师范类大学毕业生须在学期期末考试中通过学校开设的教育学和教育心理学课程考试，并且要在全省统一组织的普通话考试中成绩达到二级乙等（中文专业为二级甲等）以上，方可在毕业时领取教师资格证。非师范类和其他社会人员需要在社会上参加认证考试等一系列测试才能申请教师资格证。2012年国务院颁布

《国家中长期教育改革和发展规划纲要》，在全国掀起新一轮的教师资格改革，改革后的中小学和幼儿园教师资格考试（以下简称国家教师资格考试）由教育部制定考试科目、考试标准和各科考试大纲。国家教师资格考试包括笔试和面试两部分，笔试包括使用计算机考试（机考）和纸笔考试两种方式。笔试各科成绩合格者，方可参加面试。笔试、面试均合格的考生，由教育部考试中心颁发教师资格考试合格证明，该证明是申请教师资格认定的必要条件。这是为新时期的发展建设一支具有高尚师德修养、高质量业务水平的高素质教师队伍，通过实施中小学和幼儿园教师资格考试，考查申请人是否具备教师职业道德、基本素养、教育教学能力和教师专业发展潜质。严把教师入口关，择优选拔乐教、适教人员取得教师资格。国家教师资格考试主要考试科目如表5-1所示。

表 5-1 考试科目

类别		考试科目			面试
		笔试科目			
		科目一	科目二	科目三	
幼儿园		综合素质	保教知识与能力	—	教育教学实践能力
小学		综合素质	教育教学知识与能力	—	教育教学实践能力
初级中学		综合素质	教育知识与能力	学科知识与教学能力	教育教学实践能力
高级中学				学科知识与教学能力	教育教学实践能力
中职	文化课教师			试点省自行组织	试点省自行组织
	专业课教师			试点省自行组织	试点省自行组织
中职实习指导教师				试点省自行组织	试点省自行组织

为了更好地落实这一政策，上海市自2012年起纳入国家教师资格考试试点城市。表5-2是某高校根据此纲要开设的相关培训内容。

表 5-2 培训内容

第一阶段（笔试）	幼教	综合素质
		保教知识与能力
	小教	综合素质
		教育教学知识与能力
	初高中	综合素质
		教育知识与能力
		学科知识与教学能力
第二阶段（面试）	幼教	综合教学能力
		钢琴①
		绘画②
	小教以上	综合教学能力

可以看到上海的教师资格考试科目与国家规定的考试科目一致，也就是说全国实行教师资格统考。作为试点城市，上海的教师资格证有哪些不一样呢？师范类学生是否需要参加教师资格证考试？依据相关规定的说法：改革试点工作启动前已经进入全日制普通高等

---

①② 因国考笔试、面试之间时间间隔太短，无法安排教学课时，特将钢琴、绘画提前至第一阶段开课。可根据需要选择报名，提前参加培训。

院校师范类专业的学生,可以持毕业证书申请直接认定相应的教师资格证,试点工作启动后,即2012年以及以后入学的师范类学生,申请上述教师资格证者,须参加教师资格证考试。因此师范生的"优势"将会失去,但是反过来想,师范生毕竟接触训练的时间长,理论知识相对扎实,因此参加考试实际上还是占优势的,所谓失去的"优势"是指直接申请教师资格证的资格。

可能有些人会对教师资格考试存有以下疑问。

(1) 参加教师资格考试应具备什么条件?

参加教师资格考试应具备什么条件?应具备相应的学历条件:报考幼儿园和小学教师资格,应当具备大学专科毕业及以上学历;报考初级中学、高级中学和中等职业学校教师资格,应当具备大学本科毕业及以上学历;报考中等职业学校实习指导教师资格,应当具备中等职业学校毕业及其以上学历,并应当具有相当助理工程师以上专业技术职务或者中级以上工人技术等级。全日制普通高校在校三年级以上学生,可凭学校证明报考。报考人员须符合《教师法》《教师资格条例》及《〈教师资格条例〉实施办法》规定的其他条件。

(2) 教师资格考试笔试部分主要考核什么内容?

笔试主要考核申请人从事教师职业所应具备的教育理念、职业道德和教育法律法规知识;科学文化素养和阅读理解、语言表达、逻辑推理和信息处理等基本能力;教育教学、学生指导和班级管理的基本知识;拟任教学科(专业)领域的基本知识,教学设计、实施、评价的知识和方法,运用所学知识分析和解决教育教学实际问题的能力。

(3) 教师资格考试面试主要考核什么内容?

面试主要考核申请人的职业道德、心理素质、仪表仪态、言语表达、思维品质等教师基本素养和教学设计、教学实施、教学评价等教学基本技能。根据上海市基础教育发展需要和教师队伍的实际情况,适时在不同的教师资格种类中,增加相应的面试内容。在2012年的面试中,先在学前教育教师资格面试中融入钢琴弹唱、绘画等技能测试内容。

(4) "综合素质"主要考查哪些知识和能力?

"综合素质"主要考查职业理念、教育法律法规、教师职业道德规范、文化素养和基本能力。

(5) "保教知识与能力"主要考查哪些知识和能力?

"保教知识与能力"主要考查学前教育原理、学前儿童发展、生活指导、环境创设、游戏活动的指导、教育活动的组织与实施。

(6) "教育教学知识与能力"主要考查哪些知识和能力?

"教育教学知识与能力"主要考查教育基础、学生指导、班级管理、学科知识、教学设计、教学实施、教学评价。

(7) "教育知识与能力"主要考查哪些知识和能力?

"教育知识与能力"主要考查教育基础知识和基本原理、中学教学、中学生学习心理、中学德育、中学课程、中学生发展心理、中学生心理辅导、中学班级管理与教师心理。

(8) "学科知识与教学能力"主要考查哪些知识和能力?

每个学科的考试大纲根据本学科的特点制定,基本包含学科知识、教学设计、教学实施和教学评价的内容。

(9) 考试成绩如何确定?

笔试成绩合格线由国家确定。笔试单科合格成绩两年有效。笔试各科成绩合格者,方可参加面试。上海市教育委员会确定面试合格成绩。笔试和面试合格后由教育部考试中心颁发教师资格考试合格证明，作为申请认定教师资格的必要条件。

另外，新的改革措施规定了教师每5年将认证注册一次。如果考核不合格，将退出教师岗位。考核中主要考查包括师德、业务考核以及教学工作量考核。中小学教师只有连续注册5次，即任职25年以上才可免注册。

教师资格证书制度的改革为我国教师职业化提供了可操作的标准，并为教师职业终身制画上了句号。面对教师资格证书制度的实施，高等师范院校出现了两种不同的态度：一种为悲观态度，认为教师资格证书制度的实行将导致高等师范院校的萎缩；另一种是乐观态度，认为教师资格证书制度的实行使高等师范教育明确了培养方向，扩大了高等师范教育的范围，高等师范毕业生的职业优势将更加明显。

【启示与建议】

2012年关于教师资格做出了如此大的变动，未来的新教师是该以不变应万变还是雷厉风行做出改变呢？答案肯定是后者。可以从以下三大方面加以改进。

一、最最重要的当然是提高师范生的教学技能

可以从以下两个方面入手。

（一）提高师范生的实践能力

之所以说实践能力，是因为师范生在学校里有大把的时间学习理论、研究理论，对于理论知识的掌握是必然的，现在缺少的是真正有用的实践机会，而不是像有的见习那样，全班同学集体出现在某一所学校，听听校长讲讲学校历史，参观参观学校或者是听一两节课就行的，这几乎就是走一个形式，没有实际意义。如何进行有效的教学？怎样的一堂课才算？我们需要像真正的教师融入到学校生活里，拥有教师的身份（实习老师），在真正的实践中积累的经验，比如说可以有上课的机会，可以获得其他教师有建设性的点评。这个过程可能有失败和挫折，但正是这真真实实的障碍才会帮助师范生快速成长。实践经验需要时间的积累，所以最有效的办法就是增加实习的时间，大四可以把两个月的实习时间延长到一个学期，可以鼓励学生自己寻找实习基地。当然，实习的学生也要全身心地投入才能有收获。关于师范生实习有很多建议：态度要认真，积极主动做事情，不管什么事要认真对待；备课要充分，上课之前一定要多次试讲，可以寻求指导教师或者其他教师的帮助；讲课内容和板书要提前设计好，要熟悉讲课内容的流程，讲课的时候不看备课笔记；课堂提问的问题要简洁明了，不要让学生产生歧义；应该留足时间让学生思考问题；如果提问某位学生时他没有回答到"点"上，不要匆忙告诉学生正确答案，可进行适当引导，必要时请其他同学回答。对于讲课中的重点和难点，要多多强调，一遍、两遍是不够的。学生的注意力维持时间有限，因此教师应适当变换教学方式，比如提问、学生阅读、联系反馈、小组讨论等，这样有助于延长学生的注意力，课堂气氛也会活跃一些。另外，学院举办的师范生技能比赛，比如钢笔、毛笔、粉笔三笔字比赛、诗歌朗诵比赛都是提高技能的好办法。微格教学也是提高师范生教学技能的有效手段。微格教学一般包括以下几个步骤：（1）事前的学习和研究；（2）提供示范；（3）确定培训技能和编写教案；（4）角色扮演；（5）反馈和评价；（6）修改教案后再次角色扮演。

（二）善于运用计算机辅助教学

21世纪是信息爆炸的时代，网络是信息快速传播不可替代的重要工具，网络是教师实施教学的好帮手，如何从茫茫大海找到自己需要的信息？教师有必要学会运用网络的力量。现在很多学校都会使用多媒体教学，很多老教师之前很少有机会接触多媒体教学，因此上课过程中手忙脚乱，不知所措。新教师不仅要会用多媒体上课教学，会使用Office办公软件，更需要发挥网络深层次的能力，网络最重要的功能就是实现人际交流。教师需要利用网络的力量沟通家长和学生，形成融洽的师生关系，构建和谐的家校关系。网络也是教师看世界的窗口，正所谓"风声雨声读书声声声入耳，家事国事天下事事事关心"，一个合格的教师要适应时代的节奏，跟随时代的潮流，了解新鲜事物。

二、加强未来教师的德育教育

新的教师资格改革加大了师德的考察比例。北京市朝阳区沙板庄小学开展了"学生家长眼中教师素质教育"的问卷调查中关于教师的形象发现，师德在家长心目中排在第一位，他们认为家长们普遍希望教师爱岗敬业，对工作负责，有法制观念；而且衣着得体，举止端庄。排在第二位的才是教师的文化素质。首先我们给师德下一个定义，师德修养是指教师为了适应教育过程的需要，依据教师的道德和规范的要求，在个人道德方面所进行的一种自我锻炼和自我改造的活动。师德修养属于教师职业道德的范畴，是以敬业精神、职业道德意识为主要内容，包括教师在品质方面的修养，如公正、爱生、以身作则、献身教育事业、热爱科学、追求真理等；也包括外在行为方面的修养，如稳重、沉着、外表端庄、语言文明而规范、衣着整洁而大方等。而师德修养的完美性应体现在内在品质修养和外部行为修养的高度统一，所以说，有教师这个职业就应有师德修养。

从以上定义，可以归纳出师德的两方面内容：第一，教师要爱岗敬业；第二，教师要注意日常生活的行为规范。爱岗敬业体现在以下几个方面。

（一）热爱教师事业

有时候教师不得不利用自己的时间帮助学生查漏补缺，学生和家长有的抱着感激、有的抱着不屑的态度，因为教师的教育成果不是立竿见影的，往往需要很长时间才能体现出来，所以教师的付出和努力没有显著的提高效果很可能不被学生和家长理解。但是教师本人应该做好心理准备，仍然热爱自己的本职工作，对学生负责，对自己的付出负责。

（二）热爱学生

我国近代教育家夏丏尊说过，教育之没有情感，没有爱，如同池塘没有水一样。教师热爱学生，关怀学生，成为学生的良师益友，使学生亲其师而信其道。汶川大地震时，德阳市东汽中学教师谭千秋用自己的双臂保住了4名学生的生命。"我们发现他的时候，他双臂张开着趴在课桌上，身下死死地护着4个学生，4个学生都活了！"一位救援人员描述着当时的场景。世上没有那么多汶川大地震，也不需要每个教师都牺牲生命，教师只需要真正花心思在学生身上，就是实实在在的热爱学生。

而注意日常行为规范体现在：严于律己，为人师表，教师的劳动具有明显的示范性。俗话说，亲其师，则信其道；信其道，则循其步。教师是旗帜，学生如影随形般地追随；教师是路标，学生毫不迟疑地顺着标记前行。A老师是B校的优秀老师，控班出色，师生关系融洽，为人师表，是公认的好老师。但是某个周末被该校学生撞见其在地铁里没有给老人家让座,为此还和指责他的其他乘客发生了口角,A老师在学生心目中的光辉形象就此一落千丈,甚至还感觉A老师是个伪君子,学校一套,离开学校又是另一套。做了教师,所有举动就全部曝光在学生的眼皮底下,更要慎言慎行,随时想到自己的教师身份,随时警醒自己。教师希望把学生培养成什么样的人,他自己首先应具备这方面素质,在道德上教师应不断自觉地完善自己,严于律己,以身作则。

目前,上海地区正在积极推行师德"一票否决制"。在某一年的高级职称评审中,有两位教师因师德失范而被取消了申报资格。实行师德"一票否决制",可以在一定程度上促进教师队伍的师德建设。但"一票否决制"毕竟只是一种行政手段,决不应该视之为可以包治百病的灵丹妙药。师德建设,更有待于教师自身觉悟的提高,让重视师德师风成为广大教师的自觉要求与自觉行动。

未来教师,从教师的准入制度开始就应该对教师进行精心筛选,教师队伍建设必需严格,未来教师的入职资格改革是将高等师范教育体系由封闭型向开放型转化。教师来源渠道的广泛性打破了原有高师院校对教师培养和供给的垄断局面,同时,为其他大学特别是综合性大学提供了培养教师的机会。但高等师范院校教师专业的底蕴却是其他高校短时间内无法抗衡的,但是一些有实力的高等学校要与高等师范学校分享师资培养这块资源,两者竞争之下带来的结果就是高等师范教育必须面向社会敞开大门,吸纳八方人士,广收生源,以高质量的教师教育水平稳固自己教师培养的龙头地位。这样的教师资格改革才符合时代要求,加速教师职业化,引入竞争机制为教师队伍注入新鲜血液,为教师队伍的建设指明了方向。教师从最开始的知识创造者、知识承载者、知识传递者三位一体,逐步向知识传递者演化。社会发展把教师从烦琐枯燥的知识记忆中解放出来,同时,也对教师提出了更高的要求。在这样一个信息爆炸的时代,在这样一个教师和真理并不完全等同的时代,需要教师不断深入学习掌握本门学科的知识,需要教师不断学习新的信息技术并加以运用,需要教师紧跟时代节拍掌握学生心理,这样才能更好地完成传递知识这一教师职能。

(顾彬彬)

案例5 道德教育中教师的"不做"

【案例介绍】

小李和小王分别是某中学高一年级的班主任。小李当班主任后感到责任重大,工作比平时更认真,班级的任何工作他都要亲自把关。由于任何事情都要亲力亲为,小李常常加班到深夜,自己感到很累,可是班级工作却没有任何起色,学生还常常抱怨小李管得太多。小王当班主任后制定班级管理办法,让学生自我管理,给学生充分的自由,只有涉及班级管理的大事情时他才会过问,学生们都很喜欢小王,班级整体工作也取得很大的进步。

【案例分析】

一、教师的"做"与"不做"

德育一直是我国教育领域中最关注的焦点，从20世纪80年代至今，以中共中央或教育部（国家教委）名义颁发的有关加强德育工作的文件多达十几份，学校德育工作虽然也发生了一些变化，但效果依然不够明显。学校德育工作的低成效是我国教育理论和实践工作者普遍关注的重要问题。学校在进行道德教育的过程中，教师往往要替学生选择做什么，替学生决定怎样去做，最后对其结果进行评判，一切都是教师在包办。这其中有些是教师应该参与的，有些则不尽然。那些不应该做的事情反而带来了诸多不良的影响，（如：加重了教师的负担，引发了过度教育、不当的教育等问题），阻碍了学生的成长，助长了教育中的形式主义作风。

教师什么都要做，什么都要管也是有其渊源的。教育界经常出现的有两个错误观点。第一个观点是：每当学生出现什么问题，或者遇到什么问题，我们的教师往往会说要通过教育的方式来处理，好像什么都需要教，什么问题都可以通过教育的方式来解决。但事实上，现实中有很多问题不需要教，也没有办法教。第二个观点是：不管什么内容，我们都要教，而且所使用的都是理性的方法。比如，我们常常用理性的方法来教授爱国主义。仔细思考，就会发现这是有问题的。以上两个错误的观点在教师队伍中很盛行，已是约定俗成的规约，教师也默然接受。

第一个观点本身就不成立，对以下三方面的认识不到位给这个观点提供了滋生的土壤。

首先，对教育对象的认识不到位。作为教育对象的人具有特殊性，不管是在生活、学习还是工作中，有一些东西是不需要教的，如人具有的与生俱来的生存本能，不能言传只能意会的技能，无师自通的东西。

其次，教师要教什么，能教什么，会教什么，人为了适应社会生活，除了不用教无师自通的先天具有的东西之外，还有些东西是需要通过教来获得的。教师要明晰教什么与不教什么，能教的与不能教的，会教的与不会教的，这是教师在进行教之前必须考虑的事情。教育到底要教什么与不教什么呢？教育要教的内容、教师能教的内容、教师会教的内容无非是一些知识和技能而已，除此之外还有什么东西是可以对其进行教的呢？

最后，教对于一个人的成长和发展的作用是有限的。学校教育是为学生走向社会和以后的生活奠定基石，埋下伏笔而已。在经济和科学技术日新月异的时代，学校教育并不能保证受教育者可以应对一生中所面临的挑战。学校是"有限公司"，只能带给学生有限的东西，因此，教不是育人的唯一手段也不能当成主要手段，教仅仅是教育的一个方面。不管教师教的有多卖力，如果学生不买账，那么作用会是微乎其微的，学生是自己学会的，而不是教师教会的。教师要明确现在的教是为了以后的不教，教是为了促进学，教是学的催化剂。

第二个观点虽然是站不住脚的，之所以会如此有市场是因为用理性的方法讲道理教易于掌握，有一定的程序可供教师参考，新教师容易掌握，老教师用得顺手，特别是对于一些老教师，这些也形成了习惯。我们可以看出教师也喜欢讲道理，但其并未注意到有许多内容是没有道理可言的，或者用讲道理的方法收效甚微。教育是为了促进人的全面发展，要实现这个目标，什么东西都要用理性的方法来教，什么东西都要用说理的方法来教肯定是行不通的，在情感目标方面用理性的方法反而会起反作用。我们必须认识到这一点，这是教育的大忌，虽然我们习以为常。为此，我们需要先理清理念，然后用理念来指导我们的行动，对于所采取的行动要进行深刻的反思，使知与行互补，采取多种多样的教育方法来实现教育目标。

历史的车轮已驶入21世纪，但在我们当今的道德教育实践中，仍然存在大量人为违反儿童本性、违反学生身心发展规律的现象，而且有的触目惊心。针对这些现象我们需要认真反思：学生需要什么，教育应该给学生什么，教育的最终目的又是什么。学生的发展是我们最终的追求，知识、技能、技巧的掌握是为了学生的发展服务的，我们应该分清主次，切勿本末倒置，学生本身的特点和自身的需要是我们进行教育的依据。教师凡事都要教，凡事都要管，这些出于好心的做法反而给学生的发展带来了阻力。教育实践是能动性与受动性的统一，两者同等重要。在教育活动中，教师的"做"是教师自觉主动地表现，教师的"不做"是教师教育教学实践的受动性，要求根据学生身心发展规律开展丰富有效的教育教学活动指导的同时，不做违背学生身心发展规律的事情，这也是教师教育教学实践自觉性的体现，具有多重意义。教师要学会适时放手，以此来化解凡事都要教，凡事都要管带来的负面影响，"不做"可以有效地发挥教育实践中受动性的积极作用。教师的"做"与"不做"是相辅相成的，在教育实践中，"做"与"不做"是同等重要的，教师要平衡"做"与"不做"，充分发挥"做"与"不做"的功效，使二者在教育实践中相互统一、相互补充。教育应该顺应自然，遵循教育的规律，掌握教育实践的内在逻辑，做好"做"与"不做"之间的相互转化。在需要的时候不施肥，或者施肥太多，都会导致相反的效果。

二、教育实践的受动性之维——教师的"不做"

马克思说过，人作为自然存在物，而且作为有生命的自然存在物，一方面具有自然力、生命力，是能动的自然存在物，这些力量是作为天赋和才能、作为欲望存在于人身上；另一方面，人作为自然的、肉体的、感性的、对象性的存在物，同动植物一样，是受动的、受制约的和受限制的存在物。说一个东西是感性的，是说它是受动性的存在物。因为它感到自己是受动的，所以是一个有激情的存在物。关于实践的受动性及其价值在哲学史上有很多相关研究，在亚里士多德的实践哲学中，与形式主义相对的质料作为趋向目的的能力赖以存在的基质指涉着本体的受动性；在梅洛—庞蒂的身体现象学实践观中，表征"我能"的前反思、无意识的消极的身体意向和身体行为关联着以沉默跛足为特征的受动性；在后现代主义解构启蒙理性的过程中，以消解人类中心、回归自然的姿态力挺实践的相互转化中方能领略"不做"的意蕴。

教师的不做有多重意义。

第一，有助于顺应人性的自然从而保护学生的人性。"不做"作为教师的无为态度，给人性留下更多可能性和空间，以无为的姿态顺应人性的自然倾向从而自觉遵循学生身心发展规律，在不损害学生潜能情况下耐心等待其自然生长。

诚如有学者所言，"对于类似于无花果树的学生的生长来说，我们的基本对待方式应当是保证其基本的生活条件之后，最大程度地静待花开，而不是干预其自身生长的内部过程。……静待花开是在纷繁的教育事务和问题中的一种自觉，是对人和教育的一种理性。"

第二，有助于顺应教育的自然并遵循教育实践的自在逻辑。持有"不做"心态的教师能够自觉做到顺应教育的自然并遵循教育实践自在的逻辑。

第三，有助于警惕并抑制教师的自大倾向。教师作为有比较浓厚的救赎他人情结的群体，极易滋生种种傲视一切、目空一切、舍我其谁、自身万能的自大情节。"不做"的姿态有助于教师审视自己并时时自我警醒，从而充分认识自己实践的限度并在学生身心发展规律的弹性空间内谨言慎行。

第四，有助于促进教师合理减轻工作负担。怀有"不做"心态的教师会最大限度地做好该做之事，不做不该做之事，智慧地做好自身教育教学工作的加减法，从而切实减掉没有必要的负担，同时担当起应有的职责。

第五，有助于化解教师对学生的消极影响。教师的消极影响常常来自于教师的不当言行，而教师的不当言行要么是该做的没有做或没有做到位，要么是做了不该做的事情，秉持"不做"心态的教师会最大限度地有效避免这种局面的出现。

"顺应儿童，回归自然"是21世纪的教育走向，尊重与解放人性，实现让人自由、幸福、全面发展的教育。"顺应儿童，回归自然"暗含着自然主义教育观，所谓自然主义教育观是指在整个教育教学过程中，对受教育者不刻意施加某种人为的影响或作用，而是在遵循自然发展变化规律和人的身心发展规律的基础上，顺乎自然地促进受教育者个性发展的教育观。《窗边的小豆豆》中的校长小林宗作先生说了这样一句话："不要硬把孩子塞进教师设计好的模式中，要让他们在自然的环境中无拘无束。因为孩子们的梦想远比教师计划的还要远大。"教师的规划不能适应所有人也不能囊括所有儿童的发展，因此，教师什么都替儿童做反而违反了儿童身心发展规律。现代教育思想的一个核心内容是，教育要让学生主动学习和生动活泼地发展，要遵循而不是违背教育对象的身心发展规律。

在教育中，要充分考虑教育不做什么对人性的积极作用。教育并不是意味着必须做些什么，教育固然要通过种种"做"来达到教育的目的，必须认识到"不做"也是完成教育目的的途径。需要说明的是，在此强调"不做"并不是意味着完全放弃"做"，"不做"是针对现在的教育不当或教育过度造成的现象的纠偏。无为分两种情况：积极的和消极的。在人与人之间，通常会有"此时无声胜有声""只可意会不可言传"等情况，在这时"不做"就是机智，属于积极的无为。新课程改革进行过程中，教师的"做"的活动是占主要地位的，而且工作量也很大。教师身上的担子很重，一心只扑在学校测评和量化的事情上面，有些教师是为了图个清静，对于有些事情置之不理或者视而不见，忽视了可以进行道德教育的情境，这属于消极的无为。"不做"是需要机智的，需要把握教育情境，发挥无为的积极功效，可以看出"不做"比"做"的要求更高。除了要求教师需要具备以身作则的责任、坚实的学科知识、个性化的教学方法之外，教师还要能正确地判断：在什么情况下，"不做"比"做"取得的效果更佳。"不做"需要机智，更是一门艺术，在道德教育过程中需要创造性地运用"不做"。在教育实践中，教师的"做"与"不做"都是为了学生的发展，能激活学生内在需求的道德教育就是有效的道德教育。在教育实践中教师的"不做"也是教育的智慧，遵循学生的身心发展规律，不做违背学生发展规律的事情。

教师要有所为，有所不为。教师如何做到有所为，有所不为呢？教师是为学生学习提供服务的，作为服务者的教师需要遵循三大"服务原则"。

首先，能力原则。凡是学生自己能够做的，教师就不要替做。

其次，意愿原则。凡是学生能做却没有想到去做的，教师要促使他做成。

最后，方法原则。凡是学生能做、想做而又不知道该如何做的，教师要教会他如何做。

三、"不做"的教学机智

机智不可以事先计划：机智是无法计划的。虽然机智无法计划，但还是可以为其做些准备的，即可以作好思想和心灵的准备。何时克制自己，何时忽略什么事，何时该等待，何时"不去注意"某件事，何时后退几步，而不去干预、干扰、打断别人的工作等。

【启示与建议】

一、教学观的转变

教学是为学生发展服务的一个主要手段，是实现教育目标的主要途径。意识决定行为，教学观指导着教师的教学行为，在道德教育中教师应明确自己秉持的教学观。道德教育的根本目标是教会学生践行道德的方式，并进行终身学习。为了实现这个目标，教师必须明确：教是为学服务的，做是为放手服务的。必须把被颠倒的"教"与"学"的关系再颠倒过来，"教"是为了"学"。在教育管理界有一个口号：凡是学生能够做的，教师就不要替做；凡是教师能够做到的，校长就不要替做；凡是校长能够做的，上级主管就不要替做。以前的越位现象之所以比较普遍，一是由于角色观念的错误，二是由于"与民争利"使然。它往往使管理者该做的不做，不该做的抢着做，越位必然导致缺位、不到位。教师的服务是为了提高学生的道德学习效率，插手是为了放手。优秀教师的成功经验、道德教育的最高智慧往往表现在善于放手。那种具有包办癖好的教师，一是没有领会到德育的学习本质，只是把德育看成是教师教学生的活动；二是由于教师硬要霸占德育主体的地位。为什么德育花了那么多的人力、物力、财力、精力，却总是被指责为缺乏针对性和实效性？为什么教师忙忙碌碌，直至弄得心力交瘁，师生关系反而紧张、对立？这，也许正是问题的症结所在。

区分道德教育与知识教育，正确理解道德教育。知识教育的方法不完全适用道德教育，道德教育属于情感性教育，情感需要通过"爱"来培养，道德教育的方法要符合道德的特性。对于道德学习，要有正确的理解。在道德教育领域里，关心伦理强调动机，从而面向道德教育中推理的权威地位发起挑战。劳伦斯·科尔伯格和他的同事们继承柏拉图和苏格拉底所开创的传统，重视道德推理过程。他们的一个理论前提是，道德知识是道德行为的充分条件。以这种观点来看，人们做错事都是因为无知了。针对这个问题，我们需要理清道德教育的原初问题："德是可教的吗？"德包含知善与行善两个层次。从"知善"层面来讲，德是可教的，这与其他学科教学并无不同，教师可以教授公正、关爱、尊重、竞争、诚实、信任、公德等德目的知识。知善是为了行善做准备的，行善体现了知善。如何让知善转化为行善是道德教育研究的聚焦点。从"行善"的层面来看，德的可教性就受到了挑战，单纯地教并不能让学生行善，这也是道德教育中难以解决的问题。可以看出，道德教育不同于知识教育的方法。

爱与关心在伦理学与道德教育中都扮演着核心角色。关心是一切成功教育的基石。教师确实愿意关心学生，这应是前提。但问题是他们很难与学生进行有效的沟通，从而也难以建立起关心与被关心的关系。关心是需要回应的，关心者与被关心者是需要彼此反馈的，不然就很难称得上是真正的关心。关心与被关心的关系一旦建立，教师和学生彼此既是关心者又是被关心者，这也是道德教育中应有之意，学生不仅享受被关心而且也应学会关心他人，懂得替别人着想。

由此可见，在道德教育过程中应避免单纯地灌输与说教。教学应是教师和学生之间互动的过程，而不是教师一味地灌输知识。被人们言传的道德教育中"5加2等于0"的现象，无疑是对这种教学方式的一个质问。教学是教师和学生互动的关系，理应存在于教师和学生之间的对话，通过对话来寻求解决的良方。对话允许我们表达各自的心声。它给学习者问"为什么"的机会，也帮助双方互相探索，最后达成某种意见和决定。对话在道德教育过程中还发挥着另一种功能，它把人们联系在一起，从而使我们有可能建立一种充满关心的人际关系。学生在学习与周围的人建立关心关系的这一过程中，对话的作用是至关重要的。令人遗憾的是，在教室中盛行的对话只是简单机械的教师问学生答的形式，最终由教师来评判结果。可以看出主动权还是在教师手里，学生被动地接受。真正的对话绝非是一问一答的形式，教师和学生是对话的主体，对话既可以由教师发起也可以由学生发起，是互动的形式。注意在对话过程中要给学生留出自由空间，将评判权留给学生，让学生养成理性思考的习惯，形成批判性思维。对话是一个探索的过程，并不在于结果，而是过程中的启发、感悟、理解、认同。在这样的对话过程中，学生可以学到很多东西，其中一点就是"人际关系推理能力"。这包括与人沟通的能力、作决定的能力、妥协的能力以及在解决问题过程中互相帮助的能力。

二、从生活中进行道德学习

教育中所提到的学生全面发展指的是学生的"德智体美"和谐发展。因此学生"德"的方面的发展，不是孤立的事情。除此之外，"德"的发展还涉及社会、家庭、学生自身的经验等方面。"德"的发展不单单只是从学校中展开的，然而，道德发展的关键期是学龄阶段，因此学校教育对于人的发展起着至关重要的作用。学生"德"的发展是包括学生学校生活在内的全部生活的结果。除学习生活外，学生在学校的生活对于学生发展的意义，却没有引起相应的重视。学生的学校生活乃是学校教育的一个有机组成部分，必须受制于教育目的。换言之，学生的学校生活必须具有教育性。杜威把学校界定为"特殊的环境"，而这种特殊环境的设置，乃是为了实现教育目的。要发挥学校这种特殊环境的教育作用，与实际的社会生活相比较，学校生活应具有其特殊性，即它应该是"简化的环境""净化的活动环境"，其"职责在于平衡社会环境中的各种成分"。要发挥学校这种"特殊环境"的作用，学校生活对于学生的发展必须具有正确的导向性。为了使学生"学会民主"，学生的学校生活应该充满爱，学校应该成为每一个学生的家园。

教师要利用一切道德机会养成学生的道德习惯。一些教师可能是出于好心，每天都在努力为学生的成长创造一片"净土"，生怕在校园里出现不好的现象，对所出现的不好现象也是采取或视而不见，或加以禁止，或加以摒弃的简单处理方法。其实，没有多元的道德经验，学生就没有借以发展出比较、鉴别、选择等自主能力的情境。学生不是在校园过道德生活，而是通过道德生活进行道德学习。作为道德生活，我们也许可以尽量避免消极的道德环境；但是，作为道德，任何环境都是宝贵的教育资源。

三、学会沉默

《基础教育课程改革纲要（试行）》提出：改变课堂实施过于强调接受学习、死记硬背、机械训练的现状；倡导学生主动参与，乐于探究、勤于动手；教师在教学过程中应主动与学生积极互动、共同发展。因此，对话、交流、讨论成为课堂教学的"宠儿"，课堂沉默成了"过街老鼠"。对话、交流、讨论成了课堂教学的主旋律，也成为新课程改革的关注点，课堂沉默是教师所畏惧的，害怕沉默也是教师喜欢一手包办的原因所在。课堂沉默为人们所遗忘，对话、交流、讨论在提高教育教学质量方面没有达到预期的效果。我们应该将课堂沉默从人们遗忘的角落中重拾起来。我们应改变传统的沉默观，重新认识沉默的本质和意义，学会运用积极的沉默，发挥教学的另一种机智。

在哲学意义上，沉默，作为沉默本身，是指没有语言的意义。但沉默和语言一样，是有意义的语言。沉默作为一种特殊的语言形式，它拥有比语言更大的空间，即沉默的无限性和永恒性。沉默有积极的沉默和消极的沉默。积极的沉默，能够表达意义，或是传达文本的内在属性。

新课堂需要怎样的沉默？首先，是聆听的沉默。这是一种对年轻人的思想感情的全心全意的关注。机智的沉默并不是指有系统地、有条理地拒绝说话，而是在认识到有些时候，不发表自己的意见、看法、建议或任何评论更加重要些。作为专业教育者，教师应该学会聆听学生的心声，在聆听时注意保持沉默，不要急于给学生纠错，听完学生的陈述或许不用你来纠正，学生就已经意识到了。学生在表达自己心声的过程时，一边说一边在做思考，给予他足够的时间，他会意识到错误或不足，他也从你的沉默中得到很大的尊重。然而，现实中大多数教师则由于各种原因不能耐心听学生讲完，随意打断学生的讲话，指出其错误，这样做反而会适得其反。学生感到未被尊重，从而拉开了教师和学生的距离，这无疑失去了良好的教育机会，也使得师生之间关系紧张。其次，是对话的沉默。在对话中，沉默与语言同样重要。何谓对话？真正对话需要给学生留出自由思考的时间，而不是我们现在所认为的表面上的活跃、热闹。沉默可以发生在对话之前、对话中、对话后。对话前的沉默是对话的准备阶段，主体之间是相对独立的，此时没有感情的共鸣也没有统一的认识和不同的分歧。这时的沉默虽是静止的，但它是有意义的，给对方留出准备的时间；对话中的沉默，主体之间产生了感情的共鸣的思想的碰撞，这时的沉默是给彼此留出消化的空间，对于只可意会不可言传的部分在此时可以得到深刻的加工。语言遇到障碍时，沉默是最好的诠释，此时进行的是意识交流；对话后的沉默留出自由选择的空间，彼此之间可以是赞同也可以反对。最后，是理解的沉默。在教育实践中，师生通过相互之间的理解达成共识，这也是他们共同行动的基础。"通过理解，他们才能相互承认、相互接纳，才能形成真正的教育交往。"言语的交流和沟通功能也是有限的，有些是不需要言明的，只需要通过一个动作、一个眼神或者是一个手势就可以对其充分的表达。师生之间心领神会时，此时的沉默是沟通的最好方式。现象学教育学代表人范梅南在《教学机智：教育智慧的意蕴》一书中就指出：沉默是机智的最有力的调和剂，沉默是机智交流中的作用是"无声胜有声"，多余的话语或唠叨是画蛇添足或适得其反，沉默在机智对话过程中可以起到画龙点睛的作用。

记得有位哲学家曾经说过:"教育中最难的事情,莫过于让教师闭嘴"。这句话对于现在绝大多数课堂教学来说是再适合不过了,也是形式课堂的真实写照。为了防止课堂中出现沉默的现象,教师设计各式各样的对话。教师们煞费苦心地为了设计各样的对话,他们认为沉默就是课堂教学的失败,是评课的一大禁忌。这也是对传统教学过程中的沉默矫正过枉,教育者应转变传统的沉默观。机智也包含一种这样的敏感性,知道什么该随其自然、什么该保持沉默、何时介入、何时"不注意"什么。教师要学会通过适时的沉默来给学生留出深度思考、自由思考的空间,有利于培养他们独立思考的好习惯、理性看待事物、形成成熟、稳重、富有责任感的品格。

四、衡量教育效果的标准是学生的发展

评价是道德教育过程中一个十分重要的环节,它在整个道德教育过程中起着调控的作用,通过信息反馈将道德教育目标、内容、方法与道德教育过程中的实际效果进行比较,从而对道德教育做一定的调整,以求得道德教育目标最终的实现。必须认识到的是,知识经济时代给知识的获得带来了巨大的变化,教是不能囊括所有知识的,为了应对知识经济时代,学生要学会学习。对于道德教育进行评价要避免传统道德教育评价的以下弊端:单一性的评价主体、主观性评价方法、终结性的评价目的。道德教育的效率是要看学生是否通过教育而获得了可持续学习和发展的能力。道德教育评价要符合现代社会的需求,对人做出符合客观实际的正确的评价。对评价主体的多样性、评价的客观性、形成性评价的运用,要注意对其做价值判断,以符合道德教育的特性。

教师,要有所为,有所不为。有所为,体现了教师的专业本领;有所不为,则反映出教师的职业智慧。有所不为不是教师不能为,而是他能够为,却出于对自己职业的理解与尊重,故意不为,让学生试着去为,这其实是"大为"。

(肖楠楠)

第六篇　师范生招生及培养制度

案例1　本科层次小学教师的培养

——"2+2"模式之设想

【案例介绍】

A高校教育学院小学教育（文科）专业2010级学生小B，生源地河南，学制为四年制本科，系2014届应届师范毕业生。A高校是一所省级高等师范院校，对小B同学四年制本科教育的培养方案设计如下。

一、培养目标与人才规格

本专业培养具备热爱小学教育事业，文化基础知识扎实宽厚，教育教学技能全面，德、智、体、美全面发展，具有创新精神和实施素质教育的能力，适应新世纪初等教育改革与发展需要，能够胜任小学教育教学和小学教育科研的高素质师资人才。

二、学制与学分要求

标准学制为四年，可在三至六年内完成。本专业总学时数为2826，总学分数为166，其中，专业必修课中的学位课程为41学分，如表6-1所示。

表6-1　各类课程学分数和学时数

		学分数	%	学时数	%
公共必修课	公共必修课（学位课）	26	15.7	576	20.4
	公共必修课（非学位课）	20	12.0	396	14.0
专业必修课	专业必修课（学位课）	41	24.7	738	26.1
	专业必修课（非学位课）	23	13.9	414	14.6
限定选修课		29	17.5	522	18.5
任意选修课		10	6.0	180	6.4
实践性环节		17	10.2		
总计		166	100	2826	100

资料来源：上海师范大学教务处，2010级本科培养方案（一）

三、本专业课程结构特点说明

本专业课程分为公共必修课、专业必修课、限定选修课、任意选修课和实践性环节五个板块,具体课程设置如下。

1. 公共必修课

本部分课程是培养专业基础素质,包括大学生思想品德素质和基本文化素质教育的课程。

2. 专业必修课

本部分课程是培养本专业学生所必备的文化科学素质、专业方向知识和教育专业技能的课程,具体可分为三类:一是文化科学素养类必修课,二是专业方向类基础必修课,三是教育类必修课。

3. 限定选修课

本部分课程是进一步拓宽学生专业学科素养的课程。文化修养类课程,主要有综合素质课程与综合素质讲座;教育心理类课程。

4. 任意选修课

本部分课程是为了发展学生的个性特长,进一步拓宽学生的知识面而开设的,允许学生根据自己的兴趣爱好,自由的选择相关课程进行学习。

5. 实践性环节

这个环节主要包括教育见习、实习和毕业论文等。A 高校四年制本科小学教育专业实际专业教学执行情况如表 6-2 所示。

表 6-2 四年制本科小学教育(文科)专业教学计划表

学年	一		二		三		四		总计		考核方式	
学期	1	2	3	4	5	6	7	8				
课程 \ 学时A 学分B	A	B	A	B	A	B	A	B	A	B	考试	考查
马克思主义基本原理	3	3							54	3		√
思想道德修养与法律基础			3	3					54	3		√
中国近代史纲要			2	2					36	2		√
*毛泽东思想概论(一)					4	4			72	4	√	
毛泽东思想概论(二)										2		√
*大学英语	5	4	5	4	5	4	5	4	360	16	第一三学期考试,第二四学期考查	
大学英语口语					2	0	2	2	72	2	√	
体育	2	1	2	1	2	1	2	1	144	4		√
军事	2	2							36	2		√
*计算机	4	3	4	3					144	6		√
形势与政策										2		√
以上为公共必修课 总计 A972 B46												
教师口语			2	2			2	2	72	4		√
毛笔字	1	1	1	1					36	2		√
素描基础	2	2							36	2		√
视唱乐理	2	2							36	2		√
色彩基础			1	1					18	1		√
合唱指挥			1	1					18	1		√

续表

学年		一		二		三		四		总计		考核方式	
学期		1	2	3	4	5	6	7	8				
课程	学时A 学分B	A	B	A	B	A	B	A	B	A	B	考试	考查
高等数学		2	2	2	2	第一学期考查，第二学期考试				72	4		
科学技术						2	2			36	2		√
*人类社会						3	3			54	3	√	
*现代汉语		3	3							54	3	√	
*儿童文学				2	2					36	2	√	
*外国文学				2	2					36	2	√	
*写作				2	2					36	2	√	
*中国古代文学				2	2	2	2			72	4	√	
*名著选读		1	1	1	1	1	1	1	1	72	4	√	
*汉字文化				2	2					36	2	√	
*文学概论				2	2					36	2	√	
*中国现代文学						3	3			54	3	√	
*经典诵读		1	1	1	1					36	2	√	
以上为专业基础课 总计 A846 B47													
*小学生心理学				3	3					54	3	√	
*初等教育				2	2					36	2	√	
*教育心理				2	2					36	2	√	
教育课程与教学论				2	2					36	2	√	
教师教育				3	3					54	3		√
教育科学研究方法						2	2			36	2		√
*小学语文课程与教学论						3	3			54	3	√	
以上为专业课 总计 A306 B17													
综合素质课程		2	2	2	2					72	4		√
综合素质讲座										12次	B2		
教育心理类						5	5	4	4	162	9		√
专业方向类				2	2	4	4	4	2	216	12		√
艺术类		2	1	2	1					72	2		√
以上为限定选修课 总计 A522 B29													
任意选修课				4	2	4	2	4	4	180	10		
教育见习						2周	2周			2			
教育研习								1周					
教育实习								8周		6			
教师技能考试										2			
毕业论文									6	6			
总计		26	23	25	22	23	20	28	25	25	23	24	26	6	12	0	7	2826	166		

（资料来源：上海师范大学教务处，2010级本科培养方案（一））

就读于 A 高校小学教育专业的 2010 级的学生小 B，依据该专业四年制本科培养方案在规定时间内完成了教育实践活动，包括教育见习（一）、教育见习（二）和教育实习。每次完成教育实践活动，该专业学生都会被要求撰写一份《教育实践报告》，其中有"见（实）习小结"部分。

小 B 的"小结"部分摘录如下。

这次见习结束之后，本人陷入深深的思考：小学教育专业的学生的课堂应该在小学里，还是在枯燥低效的大学课堂里？小学教育专业的老师，应该是小学生和在小学教学一线的教师们，还是专门搞学术研究但缺乏实践经验的教授们？小学教师的培养应坚持理论和实践的结合、小学与大学的结合。所以四年制本科小学教育专业学生的培养方式应该有所改革。

从理论到实践是一段不平坦的道路，从实践再上升到理论更是需要智慧，总之实践是其间的桥梁。没有教育实践，教育理论终究是一条死胡同，是一条永远走不通的路。虽然两个月的实践已经不算短了，但是当结束的时候，总有一种怅然：实践时间再长一些该多好啊！课堂上学习的理论一旦和实践相结合，就立马变得鲜活起来。有了实践的尝试，再学习理论也变得形象而具体。期待能有更多的机会和时间进行更多的教育实践。

【案例分析】

基于以上案例，作为一名准教师，一名本科层次的小学教师，从一个学习者的角度以及一个教育者的角度都需要思考一个问题：与英语专业、数学专业和文学专业本科毕业的学生去从事小学教师的工作相比，本科层次毕业的小学教师的不可替代性何在？专业性何在？竞争性何在？

一、"2+2"培养模式的概述

1998 年，南京师范大学晓庄学院、杭州师范学院教育系开始了培养本科学历小学教师的探索；1999 年，上海师范大学、南京师范大学、杭州师范学院和东北师范大学先后被教育部批准开设本科小学教育专业。这表明小学教育专业已被纳入到我国高等教育体系，至今已有 15 年的历史。高学历小学教师的培养模式、课程体系一直都处于不断探索和改革实践阶段，就培养模式来说，归纳起来大体有两种：综合培养模式和分科培养模式。综合培养模式以上海师范大学、东北师范大学、杭州师范大学为代表院校，其中，上海师范大学分为综合文科和综合理科两个方向；分科培养模式以首都师范大学、南京师范大学为代表院校，其中首都师范大学开设了语文、数学、英语、美术、音乐、科学、信息技术等七个学科方向。这两种培养模式虽然各有利弊，但同时专业优势不明显，极易被相关专业替代，例如，信息技术学科方向毕业的小学教师很容易被计算机专业毕业生所替代。那么，如何改变这种现状？一是提高小学教育专业学生的教师实践能力，包括教学能力、班级管理能力、专业知识技能等；二是发展小学教育专业学生的教育科研能力；三是注重小学教师培养过程中理论与实践的结合。

本案例中，小 B 大胆设想了一种新型的本科层次小学教师培养模式—"2+2"模式（如图 6-1 所示）。选择小学教育专业的学生，进入大学之后实行"两年理论课学习＋两年教育实践"的培养模式，理论课包括公共必修课、专业必修课、限定选修课、任意选修课；教育实践包括教育见习、实习和毕业论文等。两年的理论课和教育实践是不连续的，两者交叉进行。

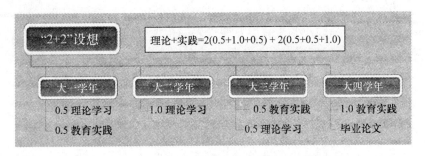

图 6-1 本科层次小学教师培养"2+2"模式的设想

"2+2"模式的具体内容如下：就读四年制本科小学教育专业的学生，进入大学之后，大一学年上学期是理论学习（0.5），下学期进入基地小学进行教育实践（0.5），此次教育实践即初步教育见习，主要目的是观察学校环境、小学生、小学老师、课堂教学、课程设置、班级管理、小学运行体系等各项事宜，同时自修教师法、义务教育法、未成年人保护法等相关法律、行政法规等。大二学年进行为期一学年的教育理论学习（1.0），主要包括专业方向类基础必修课以及教育类必修课，例如写作、儿童文学、文学概论、小学生心理学、教育心理学、初等课程与教学论等，同时也为大三学年上学期的教育实践奠定理论基础，使得教育实践更具有针对性、更有效率。大三学年上学期进入教育实践基地进行教育实践（0.5），本学期的实践更具有针对性和专业性，在大一学年下学期实践以及大二学年一年的专业理论学习，本次实践更加注重理论与实践的结合，把大二学年学习的理论真正应用于实践，并产生自己的思考，为大三学年下学期理论学习奠定实践基础，这样学生会更加明确自身的不足，在理论学习中更有针对性的学习。大三学年下学期是为期半年的理论学习（0.5），包括专业必修课、限定选修课等，例如教育研究方法、班级管理、学校管理、教师教育、教师专业写作等。大四学年一学年教育实践即顶岗实习（1.0），其中包括毕业论文，在教育实践中完成毕业论文。经过两学年的教育实践，该专业学生可以获得丰富的实践经验以及关于小学教育的丰富的一手材料和信息以及实际的例证，这样写出来的毕业论文也会内容充实、材料数据充足，而不是空洞的说教。

二、"2+2"培养模式的原则

（1）理论与实践紧密结合，用理论指导实践，在实践中认识理论、完善理论，形成自己科学合理并且符合实际的教学经验；

（2）综合培养，专业发展，既注重学生知识面的广度和宽度，更注重学生专业技能的发展；

（3）以学生自身发展为本，以效率为准则，高效率培养专业小学教师；

（4）注重学生的知识底蕴，发展学生的教育科研能力，重视教育技能的全面发展；

（5）与成熟教师接轨，更好、更快地适应小学教师工作，并储备更强的专业发展能力。

三、"2+2"培养模式的可行性

（一）两年修读完成四年理论课程的可行性

上海师范大学教育学院小学教育专业课程表安排课时是11节，一周五天总课时是55节；东北师范大学教育学部小学教育专业每天安排课时是12节，一周五天总课时是60节。当前上海师范大学小学教育专业培养方案规定的总学时数是2826，如果每周每天11节安排课时都为上课，即该专业学生每周共55节课，那么只需要52周就可以学习完成大学四年的所有理论课程。换句话说，52（2826/55）周就是13个月，13个月可以完成所有大学四年本专业所要求课时的学习，一年的时间里用三分之一的时间休息，三分之二的时间学习，一年之内上海师范大学小学教育专业的学生可以把大学四年的课程在一年内修读完成。反思一下，当前浪费四年的时间来学习本能够在一年内完成的学业是否妥当？

上述的推理是比较理想化的，在一年之内完成似乎太过急于求成，培养出来的毕业生质量难以保证。但是基于上述结论可以做如下变通：小学教育专业本科生培养依旧是四年，理论课程和实践课程各占两年，即"2+2"模式。两年内完成理论课程的学习，进行两年的教育实践。

1. 上海师范大学小学教育专业四年总课时数据分析

四学年平均每周上课课时数总和为167（如图6-2所示），而第四学年上学期每周只有三节课，所以可以合并到大二上学期，那么大二上学期平均每周上课课时数只为22，占每周安排课时的40%。下学期完全没课，至此可以得出：现在大学四年的课程（包括部分实践课程）实际在三年内可以修读完成，即把四学年平均每周上课课时数分摊到三个学年（六个学期）内，那么每学期每周平均上课课时数大约为28（167/6）。如果只算理论课程，在三年内修读完成也是可行的，因为除去实践课程占的平均每周上课课时总数约为13，理论课程三学年平均每周上课总数为154（167—13）。

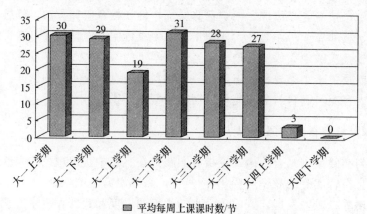

图6-2 上海师范大学小学教育专业本科四学年课时统计

现行培养方案每周上课课时平均仅占安排课时的50%左右（如图6-3所示），如果在这个比例上平均提高20%，即占到70%，则每周平均上课课时数约为39（55*70%），那么两学年平均每周上课课时总数为156（39*4），大于第三学年平均每周上课课时总数154。即如果每周上课课时数平均占到每周安排课时数的70%，那么在两年时间可以把三年的理论课程修读完成的。

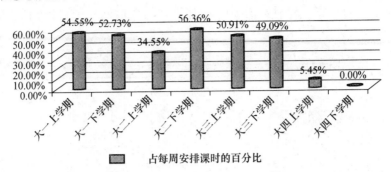

图 6-3 上海师范大学小学教育专业每周上课课时占每周安排课时的百分比

上述数据充分说明上海师范大学本科层次小学教育专业学生在两年内完成三年的理论课程是完全可能的，前提条件是每周上课课时数平均占到每周安排课时数的 70%，即周一至周五每天上约 8（11×70%）节课。每节课 40 分钟，总计 320 分钟，加上课间时间，即每天学习时间为 6 小时。坚持两学年，便可以完成本应在大学四年内修读完成的课程。两学年的理论课程通过科学、系统、合理分配到不连续的四个学期内实现，与实践课程交叉进行，就是理论与实践紧密结合的"2+2"模式。

2. 东北师范大学小学教育专业四年总课时数据分析

东北师范大学小学教育专业四学年平均每周上课课时数总和为 146（如图 6-4 所示），远低于上海师范大学小学教育专业的平均每周上课课时总数。该校本专业除去实践课程包括教育见习（6 周）、实习（12 周）、毕业论文、实训（2 周）、军训（2 周）、实践活动（7 周）等，占据的平均每周上课课时总数约为 11（27×60/8/18），四学年间理论课程平均每周上课课时数为 135（146—11）。所以前面的结论也适用于东北师范大学小学教育专业，即本科层次小学教育专业学生两学年可以修读完成大学本科四学年的理论课程。

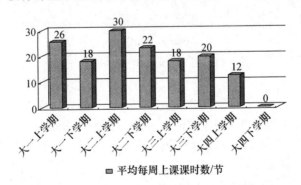

图 6-4 东北师范大学小学教育专业本科四学年课时统计

东北师范大学小学教育专业现行培养方案四学年每周上课课时平均仅占安排课时的 30% 左右（如图 6-5 所示），每周安排课时总数为 60，即平均到 8 个学期每周上课课时仅为 18。如果把这个比例平均提高 30%，即占 60%，每周平均上课课时约为 36（60×60%），那么两学年平均每周上课课时总数为 144（36×4），远远超过了四学年理论课程平均每周上课课时总数135。即对于东北师范大学小学教育专业的学生来说，如果每周上课课时数平均占到每周安排课时数的60%，那么在两年时间完全可以把三年的理论课程修读完成。

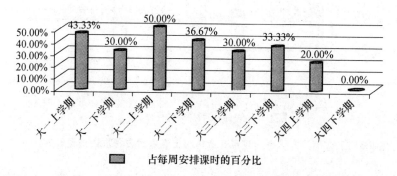

图6-5 东北师范大学小学教育专业每周上课课时占每周安排课时的百分比

上述数据充分说明东北师范大学本科层次小学教育专业学生在两年内（四学期）完成四年内的理论课程是完全可能的，前提条件是每周上课课时数平均占到每周安排课时数的60%，即周一至周五每天上约7（12×60%）节课，这也是完全可以实现的。每天7节课，每节课40分钟，总计280分钟，加上课间时间，每天学习时间为6小时。东北师范大学小学教育专业的学生每天学习6小时，坚持两学年，便可以完成本应在大学四年内修读完成的理论课程。把两学年的理论课程通过科学、系统、合理地分配到不连续的四个学期内实现，与教育实践交叉进行，就是理论与实践、大学与小学基地紧密结合的"2+2"模式。

3. 其他本科高校开设的小学教育专业总学时与总学分的对比分析

从总学时来看（如图6-6所示），临沂大学、杭州师范大学该专业培养方案规定总学时远低于上海师范大学。从总学分来看（如图6-7所示），上海师范大学小学教育专业出中等偏上水平；总体来看相差不大，最低的东北师范大学为149，低于上海师范大学7个学分，最高的扬州大学为171，高于上海师范大学5个学分。所以这些本科高校小学教育专业的学生在两年内修读完成本科四年课程也是可行的。

综上所述，通过对上海师范大学、东北师范大学以及其他开设小学教育专业的本科高校的现行培养方案的具体分析，已充分论证了"2+2"模式之理论课程学习在提高课堂效率、增加每周上课课时数占每周安排课时数比例（两所学校分别为70%和60%）的基础上，可以在两年内修读完成，而且学生仍然有大量的自由支配时间来拓展自己的兴趣。

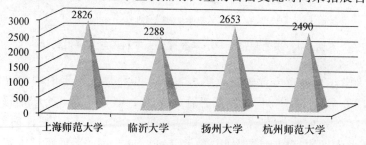

图6-6 相关本科高校小学教育专业总学时对比

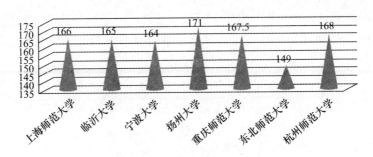

图 6-7　相关本科高校小学教育专业总学分对比

（二）两年教育实践的可行性

马克思主义教育观认为，教育产生于劳动，劳动就是实践活动，在实践中学习能更好地掌握知识和技能。亚里士多德曾说过：我听过了就忘记了，我看过了就记住了，我做过了就理解了。这句话同样是在强调实践的重要性。下面通过图表的形式对比分析当前开设小学教育专业的本科师范院校对该专业教育实践的要求。主要涉及教育实践中比较重要和普遍存在的实践形式，包括教育见习、教育实习、毕业论文等。其他非常见的教育实践形式，例如教育调查、教育研习、实训、实践活动等，在统计中已进行归类。

从教育见习来看（如图 6-8、表 6-3 所示），教育见习周数最长的是杭州师范大学（6周），分别安排在第二、四、六学期，每学期 2 周；教育见习周数最短的是重庆师范大学和东北师范大学，均为 1 周。

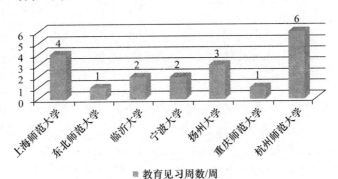

图 6-8　相关高校小学教育专业教育见习周数对比

表 6-3　相关高校小学教育专业教育见习周数及其时间安排

	教育见习周数/周	教育见习时间/学期	周数分配
上海师范大学	4	第五、六学期	各 2 周
东北师范大学	1	第六学期	1 周
临沂大学	2	第三学期开始	2 周
宁波大学	2	第二、四学期	各 1 周
扬州大学	3	第三、四、五学期	各 1 周
重庆师范大学	1	第三学期	1 周
杭州师范大学	6	第二、四、六学期	各 2 周

从教育实习来看（如图6-9、表6-4所示），教育实习周数最长的是重庆师范大学，为18周，相当于一个学期，在一定程度上弥补了教育见习时间比较短的缺陷；教育实习周数最短的是扬州大学，只有3周。

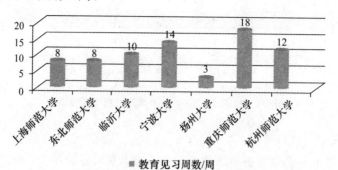

图 6-9 相关高校小学教育专业教育实习周数对比

表 6-4 相关高校小学教育专业教育实习周数及其时间安排

	教育实习周数/周	教育实习时间/学期
上海师范大学	8	第七学期
东北师范大学	8	第七学期
临沂大学	10	第八学期
宁波大学	14	第六、七、八学期
扬州大学	3	第六学期
重庆师范大学	18	第七学期
杭州师范大学	12	第七学期

从毕业论文所占学分以及时间安排来看（如表6-5所示），毕业论文所占学分最高的是临沂大学，为10学分；毕业论文所占学分最低的是东北师范大学，为4学分；实践周数安排基本相等（除上海师范大学和东北师范大学），最长为10周；安排学期基本在大四学年，唯一独特的是扬州大学把毕业论文安排在了六、七、八学期。"2+2"模式需要对毕业论文提出更高的要求（后面有详细论述），这也就需要相应提高其绝对学分以及所占总学分比例，并且从第二学期的教育实践开始就要提醒该专业学生注意观察并积累素材，带着研究目的进入教育实践。

表 6-5 相关高校小学教育专业毕业论文所占学分与时间安排

	毕业论文周数	毕业论文学分	毕业论文时间安排
上海师范大学	0（未明确规定）	6	第七学期
东北师范大学	0（未明确规定）	4	第八学期
临沂大学	10	10	第七学期
宁波大学	8	8	第七、八学期
扬州大学	8	8	第六、七、八学期
重庆师范大学	8	6	第八学期
杭州师范大学	8	6	第八学期

上述7所本科师范大学均开设了本科层次的小学教育专业,该专业的实践课程(教育见习、教育实习)均是与理论课程交叉进行,并分布在不同的学期。上海师范大学和重庆师范大学教育实践均有教育研习,分别为1周和3周,分别分布在第八学期和第五学期;宁波大学把教育见习分为了常规见习和特色见习两种,分别安排在第二、四学期,每学期1周;扬州大学把教育实习分为特色、综合和岗前实习三种,分别安排在第六、七、八学期,每学期分别为4周、6周、4周;扬州大学另外设置了教育调查,时长为2周,安排在第八学期;杭州师范大学还设置了实训和实践活动,其中实训为2周,分布在第一、七学期,实践活动为7周,安排在第一、二、三学期。教育研习、教育调查、实训、实践活动和教育见习、教育实习、毕业论文都属于教育实践的范畴。

从教育实践总时长来看(如图6-10所示),教育实践时间的延长是一种趋势。上述7所师范院校小学教育专业教育实践所占时间最长的为杭州师范大学,时常为35周,约为一学年时间。这与"2+2"所规划的两学年的教育实践时长趋于一致,即重视教育实践,延长教育实践的时间长度;其次,重庆师范大学,时长为30周,但相对于四年的本科培养过程,实践时间还是比较短,学分所占比例也相对较低。总之都没有突破现有的实践模式,特别是上海师范大学和东北师范大学,在教育实践的安排上需要做出一些调整。"2+2"模式就是要建立一个全新的小学教师培养模式,更加注重教育实践,将教育实践延长为两学年,把理论与实践更加紧密地结合起来。以理论学习指导实践课程,并以实践完善理论,两者交互进行,共同促进该专业学生理论和实践能力的共同提高,最终培养更加合格的高质量的小学教师。

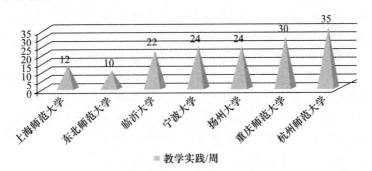

图6-10 相关高校小学教育专业教育实践时长对比

"2+2"培养模式两年教育实践分别为,教育见习安排在第二学期前半学期,主要任务以观察为主,观察对象包括小学教学环境设置、学生、教师等;教育调查安排在第二学期的后半学期,以调查为主,调查对象主要为学生、教师、教材、课堂教学等。第二次教育见习和教育调查安排在第五学期,只是观察要更为深入,调查也要更具有针对性,依据大二学年学习的相关理论知识进行主动观察和调查,选择有价值的信息进行观察记录、选择有价值的问题进行调查分析,并确定毕业论文的选题。第四学年(第七、八学期)安排为期一年的教育实习,主要内容为开展实际的教学活动,学习备课、写教学设计、授课、学习班级管理等实际教学中的一系列环节,同时完成毕业论文。教育研习伴随整个教育实践过程,在每学期的教育见习、教育调查、教育实习的持续期间,每月应该有一周的相关教育研习周,例如与教育见习相对应的是教育见习研习,与教育调查相对应的是教育调查研习，与教育实习相对应的是教育实习研习。教育研习的参与者有教育实践的学生、小学指导老师和大学专业教师，由参与实践的学生对教育实践中遇到的问题进行反馈和反思，由小学指导教师和大学专业教师共同给予指导，并对之后的实践活动提出改善建议和方法，同时也是加强对实践活动的督促和管理。

（三）从比较教育的角度寻找依据

美国小学教师培养有"专业发展学校"，它是一种融教师的职前培养、在职进修和学校改革为一体的教师教育模式。只要是拥有学士学位、志愿当小学教师者，通过审查和能力测验后会进入小学，在中小学开始为期一年的教育实习。在这一年实习中，实习生从有经验的教师那里学习编写教案和设计授课计划，并得到学区师资培训计划督导员、学区课程专家、校长及校长助理等人的指导。传统的以大学为基地的教师教育，使学生学习大量的理论课程，很少有机会实际操作知识和进行现场作业。以普通小学为基地的教师教育弥补了以大学为基地的教师教育的缺陷，是一种很有效的教师培养途径。这一年的教育实习等同于"2+2"模式最后一年（大四学年）的教育实践，同时完成毕业论文，这样的论文将会是有理有据、材料充实。

在英国小学教师培养模式中，本科层次小学教师培养的课程主要由"教育理论""教育技能""主要课程""学校教育工作体验"四部分组成。其中"学校教育工作体验"为教育见习、教育实习，一年级到三年级为70~75天，四年级为5~8周。教育实践分布在四个学年里，并与理论课程交叉进行，四学年教育实践总时长约为40周（73*3/7+7约等于40周），即相当于国内大学一学年的时间。国内本科阶段远远没有达到这个标准，"2+2"模式就是要突破和创新，延长教学实践的时长为两学年。而且英国小学教师培养模式强调大学教育学院和小学建立密切合作的"伙伴关系"。

法国的大学师范学院的小学教师培养课程由专业教育、普通教育、个别化教育和实习四个部分组成。其中，实习分为入学前的熟悉性实习和入学后的陪伴实践实习以及责任实习三种模式。熟悉性实习就相当于"2+2"模式大一学年下学期的教育见习；陪伴实践实习相当于"2+2"模式大三学年上学期的教育实习；责任实习则相当于"2+2"模式第四学年为期一年的教育见习。另外，个别化教育的第二个层次——个人学习计划也会包含教学内容和小学的实际工作，这也属于教育实践课程之内。

综上所述，发达国家小学教师培养模式体现出初级教师（包括小学教师）培养不仅仅靠教师教育院校本身，更依托于初等学校。以教师教育院校为主，初等学校提供实习训练的机会和条件，两者之间建立密切的联系，并以此来实现提高教师教育质量的目的。各国对教育实践课程尤为重视，并且都力图在教育理论和教育实践之间建立功能性联系。而这种有机结合交替进行，共同服务于小学教师的培养。"2+2"本科小学教师模式就是为了提供这样一种实践。

四、"2+2"培养模式的前提

若想将现行本科层次小学教师培养模式改革为"2+2"模式，则需要高等师范院校、师范院校教师以及学习该专业的学生做出以下努力。

（1）应该转变纯粹以大学为基地的本科小学教师培养模式，开辟以普通小学为基地的小学教师培养模式，建立教育学院与普通中小学的紧密联系，实现由一个"基地"向两个

"基地"的转变。小学教育专业学生的课堂不仅仅局限在大学课堂里，也应该在小学里。小学教育专业学生的老师也不仅仅是师范学院的教授，还应该有站在小学教学一线的优秀教师。

（2）建立更加完善、科学、合理、系统化的见习规划和实习规划，使每位师范生都能够得到全面的锻炼和实践；两年理论课程学习与两年实践课程交叉进行，相互促进和补充，做好两者在四学年内的统一规划；建立更加健全、成熟的见、实习平台和机制，加强对见习/实习的指导和考查。

（3）提高理论课效率，在有限的时间内实现其效率的最大化。适当减少理论课时；加强对教育学院教师的管理，在一个课时内给学生讲授最有价值的知识，而不是讲一些无意义的知识；教师也要转变观念，使课堂高效化运转。

（4）增加实践课学分比例，增加实践课时比例。

（5）专业学生培养实行"宽进严出"思想，提高专业招收生源的质量，并严格把关毕业生素质，强调培养过程和结果相结合。

（6）注重学生教育实践能力的培养，与理论知识齐头并进，把理论应用于实践。注重发展小学教育专业学生的教育科研能力，未来的教师不仅能够教知识而且要能够进行教育研究。

（7）提高对毕业论文的要求，不仅要材料充实、内容清晰、观点明确、理由充分，更要材料丰富、观点新颖、独创性、有充分的调查论证等。在两年的见习/实习期间，观察积累一手资料和素材。

（8）大学就应该立足于三个角度：一是一般学生，二是未来教师，三是教育研究者。另外，在大学四年在课外要注重文化修养的锻炼，博览全书，精读教育类、心理类、文学类、艺术类等书籍，阅读范围涵盖哲学类、社科类、经济类、自然类、综合类等图书，并精读自己感兴趣的书。注重三种"商"的培养，即智商、情商、搜商，其中智商包括学习能力、思辨能力等；情商包括沟通交往能力、组织能力、领导能力等；搜商包括搜索能力、综合整理信息的能力。在高速发展的信息时代，如何准确、全面、专业化、快速寻找到你所需要的信息显得尤为重要。

五、"2＋2"培养模式之反思

回到当初：本科层次小学教育专业毕业的小学教师其不可替代性何在？专业性在哪里？竞争力何在？

"2＋2"模式就是要培养不仅具有学习能力，而且具有很强的教育实践能力和教育研究能力的高质量小学教师。专业性、竞争性和不可替代性就体现在两年的教育实践以及在实践中积累的经验和教训，也体现在走上教师岗位之后更强的适应能力。教育理论和教育实践相结合，很多枯燥的教育规律和技巧，一旦到小学里、到实际的教学中一切都变得鲜活起来，教育理论也会得到巩固和发展。总之，两年教学经验的积累、两年教学实践的收获肯定远远大于仅仅在课堂上学到的东西。教学实践基地应以普通小学为小学教师培养的另一个基地，与高等院校教育学院紧密结合，相互补充和完善，把理论学习和实践有机融合，有效地实现实习生与成熟教师之间的衔接，培养兼具理论知识和实践能力、研究能力的本科层次小学教师。这也就是"2＋2"本科小学教师培养模式所期待达到的目标和全部精华所在。

（石永坤）

案例2 师范生的优势在哪里？

【案例介绍】

  姓名：王茜
  毕业学校：宣城中学
  录取院校：合肥师范学院
  录取专业：汉语言文学（师范）

  "去年的这个时候我们正在考'一模'，我们正在参加誓师大会，我们在……"

  高考前，每天都过得很充实，真可谓是心无旁骛地为了一个目标冲，白天在一张又一张的试卷和讲义中度过，晚上继续挑灯夜战，梦中似乎都有做不完的试卷，听不完的课程。

  当时只恨日子过得太慢，可转眼间同学们已各奔东西，决定着我们去向的便是2010年高考。"我的高考，我的大学"这两个名词终于很现实地摆在了我们面前，是去是留？这个问题困扰了我好久，因为高考分数已成定数，不管你选择离开还是留下，它都不会因你而改变。"我真的愿意再来一年吗？""不能！"我决定了，我要去上大学，我不想再过一年和去年一样的日子，前途充满未知，我得去闯一闯！

  于是，随之而来的高考志愿填报工作便如火如荼地展开了，高考不容易，志愿填报也不是件易事。还记得那段日子爸爸每天都围着我转，每晚临睡前都捧着本志愿填报指南翻个不停。选哪个学校、填哪个专业弄得他头痛我也头痛。因为这其中不仅要考虑个人因素，还要考虑学校、家庭、社会等方方面面。那时的我经常去学校咨询老师，和同学讨论，除此以外，爸爸还领着我去听教育界人士的指导，在炎热的夏天里四处奔波可真够累的。聆听了那么多人的建议和意见之后，便开始了我的志愿填报计划。

  第一步，确定大方向，一切从实际出发，实事求是，简而言之，就是根据自己的实际成绩，结合高考报考指南，划出我可以填报的院校的大致范围。

  第二步，正所谓"衣带渐宽终不悔，为伊消得人憔悴"想想自己喜欢什么专业，对什么比较感兴趣，毕竟兴趣是最好的老师，大学四年总不能抱着自己讨厌的专业度过吧。就我自身而言，在选专业这一方面，我的自由度比较大，因为我的父母尊重我的选择。就在填志愿的前一天晚上，爸爸突然问起我："想好填报什么了吗？""嗯，就是中文了。""中文什么专业呢？""编辑出版吧。""女孩子还是当教师的好，工作稳定。"我想这可能是大多数父母的想法。在中国，父母最大的愿望似乎并不是儿女的事业有多红火，而是盼望他们能够有份稳定的工作，一家人平平安安地过日子。我能体会到父母的良苦用心，他们为了我实在是付出了太多，我不愿违背他们的期望，更何况我并不讨厌教师这个职业。师者，所以传道授业解惑也。教师是文化传承的桥梁，是文化交流的使者，用一己之所学来为国家的教育事业做贡献，何乐而不为呢？

  终于，在最后一刻，我将编辑出版和汉语言文学（师范）的编号换了个位置，交完志愿表后我有种如释重负的感觉，很轻松，很轻松。

  关于征集志愿，其实我去填了，但我并没有抱太大希望，因为征集的名额毕竟有限，而且我的分数摆在那儿，自己估摸着也能猜到结果。

暑假的日子总是过得比平时快一些，转眼间到了录取结果出来的日子，说心里不紧张，那是假话。心急如焚的我从早上就开始守在电脑前等待着结果，我希望会被第一志愿录取，因为人们往往在填第一志愿时会往前冲一冲，填稍微好点的学校，当然我也不例外。时间一分一秒地过去，到傍晚时分，一张红色的镶着蝴蝶结花边的录取通知书呈现在我眼前，虽然不是第一志愿，但能被第二志愿录取我已经很开心了。

【案例分析】

案例中的女孩在很大程度上反映了师范生在填报志愿时的心情。从案例中不难看出，女孩首先根据自己的分数确定自己的专业范围，然后根据自己的兴趣挑选自己喜欢的专业，在专业上她选择的是编辑出版，对于这个专业，看起来是不够热门的，而且相对于其他专业而言，她毕业之后专业对口的工作会比较少。很显然，女孩的父母也意识到了这个问题，在不太偏离女孩心目中中文专业的基础上，向她提出了师范专业这个在父母看来很好的选择，父母的理由是"女孩子还是当老师的好，工作稳定。"我很赞同案例中的一句话，那就是"父母最大的愿望似乎并不是儿女的事业有多红火，而是盼望他们能够有份稳定的工作，一家人平平安安地过日子。"下面结合上海师范大学师范生的实际情况来说明目前师范生的境遇。

一、真实的师范生

师范生是一类特定的群体，所修专业属于教育方向，将来的就业目标比较明确，到各级各类学校或教育机构从事教学管理工作，是未来教师的预备者。所以相对于其他专业工作的不确定性，师范生在这一方面可以吸引很多的学生，而且教师也不失为一份很诱人的工作，稳定、工资不算低、福利好。很多父母会担心自己的孩子大学四年不在自己的管辖区域内，让孩子养成不好的习惯，学到不好的东西。但是如果是师范生的话就另当别论了，很多师范学院的标语都是"学高为师，身正为范。"由此可以看出师范院校对于师范生的管教是从各个方面入手的，不单单是个人的学习还有师范生们的言行举止等。在多数人的眼中，师范生应该是这样的，首先要有整洁的外表，穿着得体大方，不需要浓妆艳抹，要有良好的形象和气质，比较具有书生气，要有亲和能力，平易近人，有着丰富的知识等。从这些都可以看出师范生在大部分人的眼中拥有良好的形象。上述都是父母赞同推荐自己的孩子成为一名师范生的原因，那么身为学生的个人原因呢？成为师范生后可以拥有相对于其他专业更轻松的大学生活，在他人担心自己毕业后的去向时，师范生可以很淡定地一步一步朝着教师这个目标前进，最后成为一名教师。

那么成为师范生之后真是这样的吗？

很多学生发现师范生的大学学习生活根本没有想象中的那么精彩，那么丰富，甚至可以说是单调的、枯燥的。但是为什么师范生的课堂有的只是理论，没有其他呢？大学一年级的学习都是以这种模式告终——上课听老师讲，记好笔记，考试的时候紧赶慢赶地背书，通过考试结束这门课程的学习。大学专业课程的学习是基于学生的热情之上的，而不是简单地应付考试，争取学分。这样的大学与初高中有什么区别呢？

二、学习生活中遇到的疑问

师范生的课堂应该是怎样的？在有的同学看来，师范生的课堂是最应该接近国外大学课堂的，如果用几个词形容一下，那就是生动、活泼、互动、多样，是一个积极学习和思考，共同研讨问题的学习共同体。在教授授课时，如果有任何的疑问，学生可以举手提问，而且越多越好，讨论和争论在课堂上是常有的事。小组讨论和公众演讲几乎发生在每天和每堂课上。实际上，西方的课堂教学模式主要以启发学生探究为主，提倡多样性、个性化的合作学习。但是由于受中国传统教学思想的影响，国内的课堂还是不能完全摆脱说教式的教学方法，以教师的讲授为主。有的时候不是教师不想改变现状，而是学生不想积极参与到老师的课堂上。有的师范生将学生课堂表现分为两种情况：一是在比较严肃的教授的课堂上，学生大多在下面记记笔记，听听教师讲的内容，甚至还有玩手机完全不理睬教师的时候；二是在教师需要互动的课堂上，多半是教师点名让同学回答或者是布置下一堂课的任务时学生才会比较积极地完成任务，很多教师要求学生提问或者发言的时候，学生都是你看看我我看看你，但就是不会第一个起来回答教师的问题。改善中国这种教学方式的第一步应该从师范生的课堂开始。首先，师范生将来的职业是一名教师，身为一名教师在课堂上不能不发言，不能没有自己的想法，也不应该胆怯，要勇敢地提出自己的问题，表达出自己的思想。很多时候学生不发言不是因为自己没有想法、没有问题，而是因为大家求同的思想，不想成为班中特例的人。因此，如果要改变班级上课沉闷的气氛首先要从学生最基本的思想开始，要认识到大胆的发言、表现自己、提出自己的问题是正常的，只有不发表自己感想的人才是特例，如果扭转了这样的想法，其他问题就相对简单了。其次，是要营造课堂和谐轻松的气氛，教师应该以学生为主，将学生放在和自己平等的位置上，改善师生的关系。中国学生对教师的畏惧感似乎是与生俱来的，其实从小学开始就习惯听从教师的安排和指令，对教师的话言听计从的当代中国大学生，要改变甚至消除这样的观念是不太容易的。教师要想尽各种办法消除这种畏惧感，应该让所有的学生都认识到课堂中每一个人都是平等的，允许犯错误，允许不会，没有嘲笑和指责，只有在平等、和谐、宽松、民主的气氛中，才能真正发挥学生的自主性，教师要关心每一个学生，为学生提供更多的自主学习。这样学生才敢说"我不懂"，敢于问问题，敢于表达自己的观点，在充分讨论之中学会学习，真正感到求知是一件快乐的事。只有课堂变得更加自主，理论课程才不会显得那么单调无味，同学们就会自主地参与到教师的课堂中，课堂也就不会显得沉闷无趣了。

随着课程的学习，某些没有学科背景的师范生逐渐意识到自己所学专业相对于其他师范类如英语师范、小学教育、学前教育等专业的劣势，没有科目的针对性。乍看之下会认为这是一个优势，可以选择自己想教授的科目，但其实是另一个很大的问题，即没有科目的专业优势了。对于这个问题，有的师范生在语文、数学、外语中选择了自己擅长或者感兴趣的一门课程作为自己的第二专业。本来安心地上了一年，有的师范生以为这样至少可以弥补差距，但是有一所小学的校长在回答前来应聘的师范生时表明：如果在同等条件下，优先考虑第一专业就是语文、数学或英语的师范生，而不愿意选择第二专业是语文或数学或英语师范生。这位校长的一番真实坦诚的话，对于师范生来说是晴天霹雳，为什么选择了第二专业却依旧没有优势，既然其他师范专业具有科目优势那么教育学专业的优势到底在哪里？第二专业是否还有必要等一系列的问题，由于这个打击，师范生更加渴望提高自身专业的优势，缺乏学科背景的师范专业拥有其他专业没有的课程学习，所以师范生更加看重学校安排的课程学习。但是更多的问题随之而来，师范生对自己专业的课程充满了迷茫性，在一学期又一学期的学习过程中，大部分的专业必修课都已经修完，剩余的都是专业选修课和选修课。以上海师范大学为例，专业选修课是由教导处统一安排课程，剩下的选修课的学分是学生自行选择的。在大二第二学期学生学习了学科教育学——英语，学科教育学是针对学生科目差开设的，分别有语文、数学、英语三门，学生将从大二第二学期开始进行学习，先是英语学科，然后是语文学科，最后是数学学科。到了大三第一学期，学生的确学习了学科教育学——语文，而大三第二学期也有学科教育学——数学，但是令人疑惑的是，课表上还出现了语文课程的学习，这令学生很不解。某班25名同学只有3名同学选择语文作为自己的第二专业，也就是说只有3名同学可能有意向成为一名语文老师，既然如此，那么两个学期的语文学科教育学是不是显得有些多余呢？在这个问题上学生不清楚专业老师的用意，但是，为什么不能分开选择呢？其实，可以在同一时间段，分别开设语文、数学、英语三门学科教育学，同学们可以根据自己的兴趣或者第二专业选择，这样既可以节省时间又能让同学们学到真正自己想学习的东西，何乐而不为呢？

对于学校课程设置的茫然性，缺少学科背景的师范生不清楚哪些课程是必要的，哪些是选修的，很多师范生认为需要的课程没有出现在课表中，而课表中的很多课程师范生不知道学了有什么用或者说为什么要学这门课？这样的后果是，师范生浪费了很多的时间却没有学习到有用的知识。很多同学对于专业的课程表示很失望，于是寄希望于专业的实习，在大二一周的见习结束后，学生被告知大三没有实践的机会了。一周的见习流程如下：8：30到见习学校集合，跟随带队老师参观学校，听学校负责人汇报学校概况，然后结束了！此过程不超过两个半小时，并按照上面的流程连续四天参观了四所各式各样的学校。但是这不是我们想要的见习，理想的教育实践应该是3—4人跟随一名班主任，可以在他的课上进行听课，也可以了解他一天的工作流程，甚至可以参与一下他的工作。通常该专业的师范生会选择寒暑假的爱心学校，在那里担任爱心教员或者班主任，增加自己和小朋友接触的机会，给小朋友上课的机会以及管理班级的机会。但毕竟僧多粥少，爱心学校的时间不会太长，普通教员只有一天，班主任只有一周的时间。相较于其他专业各式各样转单、餐厅、展会的各类兼职，师范生的兼职就单一很多，基本是各类和教育有关的兼职。在很多家长眼中，师范生是教师的前身，所以他们将师范生当成是专业的，就拿笔者在家教中的事例来说，学生是一名六岁的幼儿园小朋友，在她第一天上课的时候她妈妈就向我提出这样的要求："我们不需要你教会她认识多少字，学会多少算数题，但是因为你是师范生，所以可不可以教会她学习习惯等。还有我们小孩受挫折自我调节能力较差，因为你是师范生所以比较专业，应该知道怎么可以纠正她。"但是有的时候师范生和很多普通大学生家教一样，依靠的仅仅是自己小学、初中学习的知识来教授学生，所学的知识还没有细致到可以纠正学生任何的个人问题，还没有这样的能力将所学的知识立马运用到实际中。所以笔者也比较赞同师范生选择做家教，做家教可以锻炼学生的表达能力、人际沟通能力。因为家教的过程其实就是如何与家长及其小孩沟通，如何将自己的知识传递给对方的过程。家教和课堂传授是两个完全不同的形式，家教对于思路的锻炼是有很大益处的。而且根据调查，如果大学生在介绍自己是一名师范生时会容易受到家长的关注，只要收费合理，师范生会是家长的首选。

三、师范生的前景

作为一名学生，每个人都会针对自己的专业设计自己的未来蓝图，可以根据自己的目标在大学四年中不停地奋斗，希望可以达到自己的目标要求。很多专业没有那么明确的工作定向，但是师范生的就业方向太明确了，就是成为一名教师。师范生这个身份对于学生在大学期间的学习具有一定的局限性，首先专业性就比其他专业强，所以会导致学生除了课堂上的学习以外对其他的学习没有积极性，因为成为教师具备的教师资格证不需要学生自行考试，当然现在已经对这一项进行了改革。而且很多考试是学校统一安排的，例如，普通话考试、四六级考试。总的来说，师范生不知道自己的课余生活应该如何正确地安排，不知道自己利用课余时间应该学习一些其他什么知识。有人会问，要不要学会计，或者其他感兴趣的课程？很多师范生的回答是不用了，这些对将来成为教师都没有用。为什么大多师范生确定自己一定能成为教师呢？为什么就不能把自己未来的道路在大学期间拓宽呢？为什么要让师范生这个身份局限自身的学习和发展呢？为什么很多师范生都以为师范生一定能成为一名合格的教师呢？就算师范生能确定自己今后要走的道路，但是现在的形势对于师范生来说也是不容乐观的。

在上海师范大学54周年校庆的《明日教师今日做起——上海市教育功臣对话师范学子》活动中，上海中学校长唐盛昌就表示：目前该校招收的教师基本上都是复旦大学的非师范专业的本科生和研究生，很少有师范生被录取。

师范学校一直以培养教师为己任，现在，师范生为何不再吃香，甚至有弄丢"铁饭碗"的危险？

"请你说说二期教改课程的教育新理念，并且设计一堂课来体现这种理念。"在上海某中学的一场应届生招聘面试中，考官抛出了这样一道考题。让人诧异的是"科班出身"的师范生们却很少有人能够交出令人满意的答卷，这种情况还出现在了各地不少学校的招聘会上。

根据教育部规划，2007年华东师范大学等院校推出免费师范生政策，2008年，更多师范院校加入这一免费行列。在师范生教育方面，国家向来投入大量的人力、财力，师范生在众多学生中被作为下一代灵魂工程师挑选出来培养，毕业生的素质在用人单位看来却不甚理想。

上海中学校长唐盛昌在表示该校教师招聘很少录取师范生时说："以国际部的招聘为例，我们要求的是全部双语面试。此外，因为需要被派到各个教学岗位上，成功的应聘者还应当能够教授语文、数学、英语等几门课程。现实情况却是师范生很少有人能够跨过这一关考验。"

上海市普陀区教育学院教研员叶佩玉也说："在普陀区班的学科竞赛辅导班教学中，表现出色的是一位非师范毕业的青年教师。"

随着职场竞争白热化，最终捧到教师"铁饭碗"的大多数是半路出家的非师范生。"我们当初考进学校就是作为未来的老师培养的，现在却当不了老师，我真不知道应该做什么工作。"上海师范大学一位同学表达了自己的迷茫和疑惑，师范生的就业面临着前所未有的窘境。

以上的报道是师范生的现状，同时，这个现象也传递了一个强烈的信号：师范教育、师范生培养面临着很现实的挑战，不改革创新，就不能适应基础教育发展的要求。为什么师范生在应聘教师时却没有优势？站在学校的角度来看，很大一部分原因是因为师范生没有和社会接轨，不能立即适应社会，师范生没有就业紧迫感，认为自己的能力足够担任一名教师。在蓝图中拥有空白的四年，无忧无虑度过了大学生活，在大学的四年中都没有为自己的未来做进一步的打算和筹备。想想招聘会的结果，大多都是非师范专业的毕业生获得工作，单单这一点就足够师范生们警醒，现在不是师范生无忧无虑的时候了。师范生学习的知识、素质能力与新课改的要求和中小学教育教学实际差距比较远，让他们丧失了科班优势、专业优势。上海师范大学副校长陆建非说："教学不仅是技术、学术更是一门艺术，教师这个行当也不只是专业、职业还是一份事业。"七宝中学校长仇忠海也指出："师范生首先要有一定的追求，在学生时代就确立自己当教师的理想，这样才能有所成就。"通过两位校长的话语，我们应该知道作为师范生除了有身为未来教师的意识，还要有成为一名教师的决心。事实上，除了招聘教师时看重专业课程知识、教学技能之外，学校招聘教师最关注的两点是师范生的悟性和作为教师的影响力。前者的意思是能使学生一点就通，后者则是能够让学生喜欢上自己继而喜欢上自己教授的课程。此外，是否有继续学习的能力也很重要。所以身为师范生并不是一件轻松容易的事，在大学四年中不能放任自己，不能只有电脑、电影和游戏。因为是师范生，所以要找的兼职是家教或者在教育机构；因为是师范生，所以课外学习应该要和教育、老师、学习相关；因为是师范生，所以……师范生的优势不应该只是这样的。

在这样的情况下，师范生更应该抓紧时间提高自身。师范生应该多学习综合性知识、多看书；多锻炼实际能力，提高自身素质和人格魅力；多了解课程教学改革实际；多了解自己未来的学生的现状，只有这样才能展现出自己成为一名老师具备的优势。只有具备过硬的专业学科知识，拥有良好的品德，在同等条件下，师范生相对于非师范生才会具有优势。师范生的优势不单单是身份，更重要的是专业素质，师范生只有提高自身的才能，才是扩大优势的唯一途径。

【启示与建议】

成一名优秀的师范生须有以下几点认知。

一、培养高尚的师德

教师道德是一种职业道德，它是教师和一切教育工作者在从事教育活动中必须遵守的道德规范和行为准则以及与之相适应的道德观念、情操和品质。作为一名教师，首先是品德的修养和情操的高尚，培养良好的道德修养，襟怀坦白，作风正派，可以立于讲台的具备良好品德修养之人，才可以成为教师，这也称之为教师的师德。目前的师范生，虽然还没有成为一名教师，但是要知道教师的一言一行对于学生的影响是很大的，应该谨记自己的行为不能违背师德，应该是学生们的榜样。从现在开始，努力成为一名拥有正派作风，言行得体的师范生，现在开始警醒自己，将一切身为教师不能做的举止排除在自身以外。

二、加强本专业知识和师范生的基本技能

无论师范生现在多么渴望得到实践的机会，但基础理论学习是不能忘记的。就好比一幢高楼大厦，理论知识是基石，只有奠定好基石，才能大显身手，造出理想的大厦。也许理论很枯燥，师范生不能改变理论，但是师范生可以改变学习理论的方式，可以改变课堂听讲模式，可以参与课堂的教与学，可以介入教师的思维世界，让教师了解师范生的所思所想。师范生的实践固然很重要，但是不应该急于将自己大学的大部分时间交给实践，要知道当你成为一名教师的时候，你所有的时间都是在"实践"，所以在校期间应把握好现在学习理论知识的时间。

三、丰富自己的知识面，博览群书

身为一名教师，只知道书本上的知识是远远不够的，所以师范生应该通过大学四年博览群书，可以泛读其他书，细读自己喜欢的书，可以是文学的、经济的、环境的等。师范生可以选择一本书，甚至可以背诵自己喜欢的段落以此来提高自身的文学素养。

四、积极参与教育实践活动

实践是检验真理的唯一标准，学习了那么多的理论知识、专业知识和基本技能，应该将它付诸实践。师范生可以在学习之余，空出一部分的时间（不需要太多），参加各类的教育活动，例如爱心学校，和小朋友们来一次亲密的接触，知道身为教师带一个班级的同学是多么的不易。也可以进行家教活动，了解现在学生学习的内容，了解现在学生的现状。这些对于师范生将来成为一名教师是十分有帮助的。师范生可以通过一次次的实践完善自己的理论，改良自己的上课方式。一点点地将理论知识运用到实践中去，逐步实现自己与社会的接轨，从而可以更早、更快地适应社会。

总而言之，在应聘时单凭"师范生"这三个字本身是没有任何优势可言的，师范生应该努力培养自己的能力。

（顾佳琦）

案例3 难道这就是师范课程？

【案例介绍】

小明在高考时，由于一分之差与自己心仪的教育学（师范）专业失之交臂，从而被调剂进入思想政治（师范）专业。经过大学两年的学习，小明对于思想政治学科毫无兴趣，因为他不想成为一名政治老师，而他曾经向往成为一名教育学者的梦想也渐渐破灭，他对自己的前途也越来越迷茫。

【案例分析】

从案例中不难看出，小明曾经立志投身教育学专业，可是如今的结果却事与愿违。是

什么导致了这个问题呢？是因为当下的师范生课程设置有问题？还是当下的师范生培养制度有问题？下面结合上海师范大学师范生的经历谈谈师范生培养体制。

课程是培养学生的核心手段和方式之一，什么样的课程就培养什么样的学生，通过课程学习学生掌握了相关知识，锻炼和提高了自身能力。所以必须先从课程设置入手探寻师范生培养制度中的端倪。

一、英语（师范）专业与非师范专业的课程比较

英语（师范）专业与英语专业的本科培养方案中都对该专业的培养目标进行了详细的阐述。英语专业的培养目标主要包括下列两种人才：

（1）能适应社会经济文化发展需要，德智体全面发展，能胜任社会各行各业，特别是外事、外贸、金融、会展、广播电视等对人才英语要求的中高层次的英语人才；

（2）能在本科学习的基础上在更高层次的院校或专业进一步深造，从而成为英语语言学或英美文学的研究者。

英语（师范）专业的培养目标主要包括下列两种人才：

（1）能适应中学教育改革和发展的需要，德智体全面发展，能胜任中学英语教学和科研的中等学校英语教师；

（2）能在本科学习的基础上在更高层次的院校或专业进一步深造，从而成为英语语言学、英美文学或英语语言教学的研究者。

我们不难发现，师范与非师范专业所希望培养的人才，其不同点在于师范专业希望培养能够胜任中等学校英语教学的人才，非英语专业希望培养具有中高层次英语水平的人才并能够胜任各行各业发挥自己的所长。此外在人才规格中，英语专业希望自己的学生具有较强的适应社会的能力，能在各类企事业单位胜任并以英语为工具为社会服务。而英语（师范）专业希望自己的学生不仅具有较强的适应社会的能力，还需要具有适应中学教育改革的能力，能胜任在中小学讲授各类英语课程和指导学生进行英语课外活动。

在两个专业教学计划中，均包含公共必修课、专业必修课（专业基础课、专业课）、限定选修课和实践性环节，如表6-6、表6-7所示。

表6-6 英语（师范）专业各类课程学分数和学时数

课程设置	学分数	%	学时数	%
公共必修课（学位课）	10	6.0	216	7.5
公共必修课（非学位课）	18	10.8	324	11.2
专业必修课（学位课）	35	21.1	738	25.5
专业必修课（非学位课）	30	18.1	612	21.1
限定选修课	34	20.5	576	19.9
任意选修课	24	14.5	432	14.9
实践性环节	15	9.0		
总计	166	100	2898	100

表 6-7 英语专业各类课程学分数和学时数

课程设置	学分数	%	学时数	%
公共必修课（学位课）	10	6.0	216	7.7
公共必修课（非学位课）	17	10.2	306	11.0
专业必修课（学位课）	36	21.7	684	24.5
专业必修课（非学位课）	30	18.1	540	19.4
限定选修课	34	20.5	576	20.6
任意选修课	26	15.7	468	16.8
实践性环节	13	7.8		
总计	166	100	2898	100

对比英语（师范）专业与非师范专业的课程设置，在公共必修课中，英语（师范）专业比英语专业多了1学分、18学时的课程；通过比较发现，英语（师范）专业的军事课程有2学分、36学时，而英语专业仅1学分、18学时。两个专业的限定选修课的课程相同且学分、学时相同。任意选修课与实践性环节总学分相同都是39，不过由于师范专业相比非师范专业增加了教育见习与教育研习环节。选修课的课程也多为自己选择，其课程与学生兴趣有关。我们可以将目光着重放在两个专业的专业必修课上，如表6-8所示。

表 6-8 英语（师范）与非师范专业必修课课程比较

专业必修课	英语（师范）专业	英语专业	备注
专业基础课	综合英语（一）	综合英语（一）	课时相同，英语（师范）专业缺少2学分
	英语语音	英语语音	课时相同，英语（师范）专业缺少1学分
	英语听说	英语听说	
	英语写作	英语写作	
	英语词汇扩展	英语词汇扩展	
	英语语法	英语语法	
	第二外语	第二外语	课时相同，英语（师范）专业缺少2学分
专业课	综合英语（二）	综合英语（二）	
	英国文学	英国文学	
	语言学	语言学	
	美国文学	美国文学	
	跨文化交流	跨文化交流	课时相同，英语（师范）专业缺少1学分
	翻译基础	笔译基础	英语专业多2课时、2学分
	—	口译基础	
	教育类课程I	—	英语（师范）专业多3课时、3学分
	教育类课程II	—	英语（师范）专业多6课时、6学分

在表6-8中，仅仅从课程数量上来看，英语（师范）专业的课程设置明显多于非师

范专业，师范专业比非师范专业多上了126学时的课程，仅多1学分。由于师范与非师范专业毕业的学分要求是一定的，所以师范专业上的课程要多于非师范专业。那几门多出来的教育类课程就是区别师范生与非师范生的主要特征，非师范生只要修读了这几门教育类课程就能成为一名师范生么？其实并没这么简单。在上海师范大学，师范类专业属于提前批次招生，而其他非师范专业多为第一批次与第二批次招生，由于学校转专业考试有明文规定，二本专业的学生无法转入一本专业，第一批次学生便无法转入提前批次。但是宁波大学规定凡是转入师范类专业的学生需自行修读师范类课程。从上海师范大学乃至全国来看，师范生的特殊性仅仅体现在几门师范类课程上，教师的专业性难以得到充分的体现。

二、各师范专业课程横向比较

从表6-9我们可以看出，在专业课程的设置中，除了上述需要的学科知识之外，师范类专业都需要修读几门名为教育类课程的师范生公共课，但是公共事业管理（师范）专业的课程中并未出现教育类课程I与教育类课程II，取而代之的是一项项与众不同的教师教育课程。这些课程的设置都体现着其针对性，并且其课程的数量与课时较之前的三个专业不仅有了量的提升，也有了质的提升。我们就需要对教育类课程的设置与安排进行研究，原来教育类课程是由教育学院的教师为全校师范生开设的课程，凡是本校的师范生均需要学习这几门教育类课程，这是他们与非师范生的显著区别。在表6-10的四个专业中，历史（师范）与汉语言文学（师范）属于人文与传播学院，英语（师范）属于外国语学院，公共事业管理（师范）属于教育学院。公共事业管理（师范）专业不学习教育类课程与英语（师范）专业不学习英语公共课，历史（师范）专业不学习近现代史公共课有着异曲同工之妙，因为本身的专业就是学这个的。教育学院所开设的专业取得的学位大多为教育学学士学位，所以就不需要学习统一的教育类课程了。如果学习统一的教育类课程，一方面是其内容太浅显，无法达到教育学学士的要求；另一方面就会造成学习内容的重复，导致学生学不到更多的知识。

表6-9 师范生教育类课程I、II

公共师范类课程（只限师范类）			
课程名称	开设年级	学时	学分
教育原理	大三（上）	18	1
教学与课程导论	大三（上）	18	1
德育与班主任	大三（下）	18	1
教育科研方法	大三（下）	18	1
心理学与教育	大三（上）	36	2
学习心理与教育	大三（下）	27	1.5
青少年心理与辅导	大三（下）	27	1.5

表 6-10　英语、历史、汉语言文学与公共事业管理专业课课程比较

英语（师范）	历史（师范）	汉语言文学（师范）	公共事业管理（师范）
综合英语（一）	文史工具书	基础写作	高等数学
英语语音	基础写作	文史典籍	大学语文
英语听说	中国历史文献	文史工具书	社会学
英语写作	中国古代史	现代汉语	管理学
英语词汇扩展	中国近代史	古代文学	经济学
英语语法	中国现当代史	现代文学	公共事业管理
第二外语	世界古代中世纪史	当代文学	公共管理伦理
综合英语（二）	世界近代史	文学概论	实用统计学
英国文学	世界现代史	外国文学	普通心理学
语言学	世界当代史	古代汉语	教育通论
美国文学	中国史学史	教材教法	文秘管理
跨文化交流	西方史学史	教育类课程Ⅰ、Ⅱ	公共政策
翻译基础	史学概论		教育组织行为学
教育类课程Ⅰ、Ⅱ	教育类课程Ⅰ、Ⅱ		统计软件
			公共部门人力资源管理
			管理定量分析
			教育管理学
			教师教育学
			专业外语
			教育科研方法

三、教育学院师范类专业课程设置横向比较

上海师范大学教育学院现设 5 个系：教育系、心理系、管理系、初等教育系、学前教育系。共有 5 个本科专业，分别为公共事业管理、小学教育、学前教育、教育学、心理学。其中，心理学为非师范类专业，小学教育分文科、理科两个方向。教育学院师范类专业课程设置如表 6-11 所示。各个专业师范类课程各有特色，课程设置与培养目标有着很强的针对性，专业课程大致分为三个板块，公共必修课、专业必修课和选修课。公共必修课培养专业基础素质，专业必修课培养学生所必备的文化科学知识、专业基础知识和专业技能的课程，选修课是为了进一步扩宽学生专业学科素养。其中，小学教育与学前教育专业最具有特色，因为这两个专业的方向十分明确，分别去小学和幼儿园当教师，所以在专业必修课的设置中，增加了教育专业技能课程。例如，小学教育专业的教师口语和写字，学前教育专业的美术基础和音乐基础课程。但是可以发现教育学（师范）专业的课程设置相对缺少实践性课程，与其他学科型师范类专业有着相似点，即理论课程偏多，这是由于

该专业的培养目标所造成的,因为该专业十分注重为教育类研究生培养高素养的后备人才。由于教育学院的公共事业管理(教育管理)、小学教育、学前教育和教育学专业并未开设非师范类专业(全国也无此4个非师范专业),所以无法进行师范与非师范类专业有关课程设置的比较。

表6-11 教育学院师范类专业课程设置

公共事业管理(师范)	小学教育(文科)	小学教育(理科)	学前教育	教育学
高等数学	教师口语	教师口语	普通心理学	教育原理
大学语文	写字	写字	儿童发展	中国教育史
社会学	素描基础	素描基础	学前儿童教育	普通心理学
管理学	视唱乐理	视唱乐理	幼儿教育史	大学语文
经济学	色彩基础	色彩基础	幼儿园课程	高等数学
公共事业管理	合唱指挥	合唱指挥	儿童教育科研方法	外国教育史
公共管理伦理	高等数学	大学语文基础	儿童与游戏	教育心理学
实用统计学	科学与技术	中外文化简史	幼儿园教育活动设计与组织	课程与教学论
普通心理学	人类与社会	人类与自然	语言发展与教育	德育原理
教育通论	现代汉语	物理学基础	儿童健康教育	终身教育概论
文秘管理	儿童文学	科技发展简史	儿童科学教育	教育哲学
公共政策	外国文学	微积分	学前卫生学	教育与心理统计
教育组织行为学	写作	初等数论	幼儿心理卫生	教育管理学
统计软件	中国古代文学	实数与级数	家庭教育	比较教育
公共部门人力资源管理	文学名著选读	线性代数与解析几何	学前教育政策与管理	教育社会学
管理定量分析	汉字文化	概率统计	教师教育学	教育科研方法
教育管理学	文学概论	数学思想方法	学前教育评价	教育技术
教师教育学	中国现代文学	数学文化	美术基础	教师教育
专业外语	经典诵读	小学生心理学	音乐基础	
教育科研方法	小学生心理学	初等教育学		
	初等教育学	教育心理学		
	教育心理学	初等教育课程与教学论		
	初等教育课程与教学论	教师教育		
	教师教育	教育科学研究方法		
	教育科学研究方法	小学数学课程与教学		
	小学语文课程与教学			
57学分	64学分	64学分	63学分	50学分
1044学时	1152学时	1152学时	1134学时	900学时

四、国内高校师范生课程设置

国内大多高等院校均采用与我校相类似的师范生培养模式，教育学院或教育科学学院负责对学科性师范生的教育类课程。

北京某师范学校教师教育类课程共30学分，包含三部分。

（1）必修课程：教育学基础（36课时、2学分）、教育心理学（36课时、2学分）、教育研究方法（36课时、2学分）、现代教育技术应用（36课时、2学分）、中学教师技能（36课时、2学分）。

（2）通识课程：在通识教育课程"教师教育"系列中选择，共8学分。

（3）教育实习6学分，教育见习4学分，共10学分。通过选课学习通识课程更能适合学生的需求，做到因材施教，各取所需，各学所感。

广东某师范学校教师教育课程共25学分，有心理学（54课时、3学分）、教育学（54课时、3学分）、中学教学论（68课时、4学分）、汉语口语（36课时、2学分）、现代教育技术（54课时、3学分）、教育统计与评价（18课时、1学分）、三笔字训练（3学分）、教育实习（6学分）。其中，汉语口语的学习更贴近师范生的实际，是一门不折不扣的专业课程。在上海师范大学仅小学教育专业开始"三笔字"训练，钢笔、毛笔和粉笔字训练安排在第一至第六学期不间断进行，不计学时。完成额定训练任务的学生，计3学分。教育专业的教育实习安排在第七学期以集中形式进行，共6周，计6学分。学生实习前必须在教师指导下进行微格教学训练，不计学分。看似仅仅只有25个学分，其实这所广东省的师范学校的教师教育课程远远多于北京这所高校。并且对于教师教育课程的学校贯穿整个大学生涯，不像上海师范大学那样仅在大三学年开设教师教育课程。

让我们再看下部属师范院校对于师范生的课程设置，从现有各校师范专业课程设置来看，各所学校主要由通识教育课程、专业课程、教师教育课程三大板块构成，专业课程在整个课程结构中占据主导地位，通识课程与教师教育课程所占比例稍小。三大板块的比例在北京师范大学约是27：52：21，东北师范大学是32：55：13，西南大学是34：43：23。而上海师范大学师范生课程仅为9学分占总学分5.42%、9课时占总课时5.59%。如果算上实习的15个学分，教师教育课程勉强有24个学分，占总学分数的14.4%。由此看来，教师教育课程开设数量较少，师范生与非师范生从开设的课程上来看差距较小。

在具体的课程设置上，各高校专业课程都由通识课和专业选修课组成，相差不大，通识教育课程几乎都由政治理论课和工具性学科组成。各院校在师范生课程设置上的区别主要体现在教师教育课程上。

北京师范大学强调重点加强了教育教学技能的培训、见习和实习环节，着力提高学生的实践能力。开设教师教育基础理论课程、学科教育类课程、教育研究与拓展类课程、实习支教等；同时，还在教育研究与拓展类课程中开设了基础教育改革实验研究。

华东师范大学正尝试将见习、研习、实习一体化，即师范生将从大二开始定期见习，直到大三结束，到了大四上半年，还要进行一个学期的实习。

华中师范大学加大了师范课程的比例，使师范课程和非师范课程的比例达到了3：1。学校发现一些师范生迫切需要加强能力培养，为此，学校积极筹划成立"华中师大教师职业能力拓展中心"，分别从师范生口语能力、书写能力、信息能力、沟通能力、教学能力、班级管理能力等方面进行拓展，并建立免费师范生到中学顶岗实习制度。

东北师范大学建立免费师范生到县级以下中小学顶岗实习制度，陕西师范大学强调要支援西部教育，学生赴甘肃、新疆实习锻炼等。我们可以看到，六所部属师范大学都突出了教育实践板块，尤其强调到中小学顶岗见习、实习以及前往落后地区支教等问题。

五、国外高校师范生课程设置

西方的师范教育大多是非定向性的，不是独立设置师范院校，而是在综合性大学中设置师范学院或教育学院。有些国家则是先进行综合培养，再进行职业的培养。

下面以英国剑桥大学开设的 PGCE 课程为例，来介绍课程设置。PGCE 课程是基于英国教师教育的《职前教师教育课程统一要求》和《合格教师资格标准》所制定的。PGCE 课程分为两大部分，即学前和小学教师教育课程、中学教师教育课程。

学前和小学教师教育课程规定需要在小学或幼儿园实习 18 个星期，其余 20 个星期在学校学习基础理论知识，理论学习和实践的比例大致为 1∶1。通过课程学习，希望师范生能够成为一名以多样化、人性化的方法教学的优秀教师、一个优秀的课堂管理者和与学生积极交流的伙伴，能够为学生提供优秀的学习环境和背景。学前和小学教师教育课程共有三类，分别是核心学科课程、基础学科课程、教学实践和研究。核心学科课程是培养儿童基本的学习能力的，基础学科课程是国家课程中规定的儿童基本生活、学习所需的课程，而教学实践和研究则是为了教师自身的发展而开设的。

中学阶段的教师教育课程特点基于专业并关注教学，要求申请课程的人必须具有该专业的学历。因为中学课程的学科知识难度在不断加大，要求学生学习基础知识，培养学生学习和研究的能力。课程主要是学习中学开设的各门课程的专业知识内容，侧重于课程、理论以及教学实践。专业学习，重点是教师与教学有关的方面。专业实习，师范生 24 周的时间应在至少是两个不同类型的合作学校中实习，通过实践发展自己的教学能力。

从教育课程的设置来看，西方教师教育专业化水平普遍较高，非常重视未来教师教育理论的培养。开设了众多教育学和心理学课程如：教育基础、中级或初级教育原理、教育评价与测量、视听教育。国外不仅重视理论的学习，而且对教师的实践要求也很高。比如，英国的教育学士学位课程规定在基地学校的教育教学时间是 24 周；德国要求师范生在大学阶段要安排实践，在毕业后还需要两年的见习。

六、对于师范生课程设置与培养制度的建议

（1）大学第一年师范生与非师范生共同授课，以通识课程为主，并开设师范生技能的选修课程供学生选修。这样有利于激励非师范生中有志成为教师的同学努力学习，向着师范生这个目标前进，并减少非师范生转入师范类专业的困难。大一下半学期开启师范生与非师范生互通通道，通过考试的方式，优秀的非师范生可以有机会成为师范生。出现多门挂科情况的师范生会被劝退或转入非师范专业。

（2）按照"厚基础、宽口径、高素质、强能力"的培养理想和文理渗透的原则，实施"2+2"教师教育人才培养模式改革，学生前两年按一级学科为基础的大类进行通识教育，后两年进行专业培养。学生可以自己所喜欢的专业进行学习，校方必须对每个专业的人数进行相应控制并且对热门专业进行预警。

（3）课程安排上实现理论课程和实践课程的交叉。如今我们的课程设置往往是前几年全是理论课程，后面一年突击见习、实习。这样设置的课程先紧后松，没有时间和精力前往小学义教。学校可以考虑前两年让学生多参加教学实践，因为实践才是检验真理的唯一途径，只有通过不断地实践，师范生的教学水平才会不断提升。提前开展教育见习，学习华东师范大学的做法，从大二开始定期见习，直到大三结束，到了大四上半年，还要进行一个学期的实习。而后两年则在注重教学实践的基础上，也适当增加教育教学理论等方面的课程。在专业课程的学习中安排实践教学，在教育实践课程的学习中穿插教育理论知识的培养。

（4）改变通识课程的课程架构，通识教育是为了培养大学生的人文素养、科学素养、艺术修养等。但是现在的通识教育平台课程显然没有达到预期的目的，相反它成为工具性学科的阵营，像英语、计算机、思想政治、体育课程几乎充满了整个通识课程。学校应该增加艺术、美学、逻辑等方面的课程，使师范生的德智体美得到全面发展，成为一位身心健康的合格教师。

（5）教师教育课程上继续增加实践性课程。如今师范院校设置的实习、见习时间不够，教师教育实践长期得不到重视。师范生在提高学科专业素质的同时也必须具备基本教师素质。学校应该开设专业能力课程，提高师范生口语能力、书写能力、信息能力、沟通能力、教学能力、班级管理能力等。同时，注重对师范生技能的培养，如三笔字和简笔画等。注重实践环节，为师范生提供实践机会，做到见习常态化，提供假期实习机会等。

（吴谷丰）

案例4 师范生的培养还有何缺失？

即将面临毕业的师范生仍然对于自己能否成为一名合格的优秀教师存在疑问和质疑。他们会担心自己所学到的理论上的知识，能否能够运用自如地去管理班级，能否上一堂精彩的课程，能否让自己成为一名合格的教师。在学习了许许多多关于教育的理论知识，拥有了自己的教育理念之后，仍然害怕面临的一切会颠覆之前的观念。为什么即将毕业的师范生在要走上工作岗位时仍然担心自己能否胜任教师一职呢？学校是否在师范生的培养上还存在缺失呢？

【案例介绍】

小C老师是一所小学学校的新老师，刚刚从师范学校毕业，在小学教学不到两年的时间，现在他却苦恼不已。一方面要适应工作环境，慢慢地进入角色——从学生转变为教师；另一方面他要面对的问题是：在学校时所学的知识与工作实际中遇到的问题相冲突，在学校4年的大学生活与实际的教学环境脱离，所接受的观念和知识无法解决工作中遇到的实际问题。因此教育观念与新课改的要求不一致，教学成绩提不上去，屡次受到主任的批评。而小C遇到更严峻的问题是他发现即使上了4年的专业课，也听了很多堂课，他上完课后发现自己仍然存在声音不够大声；分析不够透彻，讲解不够清晰；表情肢体语言不够丰富；语速控制不当；知识点与知识点的讲解之间留给学生思考的时间太少，以至于学生一时接受不了；板书不够简单明了，自己的黑板字也不是很过关。真正的教师工作和小C在大学中所想的出入很大。像小C遇到的问题很普遍，很多在师范大学毕业的学生都会遇到这类问题。

【案例分析】

一、师范生培养的缺失

（一）师范生专业技能不足

在现行师范生教学技能培养机制中，绝大多数专业课（比如说教育学、心理学和现代教育技术等课程）的教师采用讲授型的授课方式。这种授课方式为学生提供的教学实践机会比较少，必然导致知识迁移性较差。同时，微格教学课时少，经费投入不足；微格教学设备数量有限；微格教学理论的学习难以得到重视，所以微格教学训练也就流于形式，训练效果根本得不到保障。有一位刚刚实习完的师范生说，"虽然跟着听了好几节课后才开始正式讲课，但是一试讲就发现自己讲的课真的是错漏百出。本来信心满满的，一节课试讲完后发现自己还有那么多不懂的，还有很多需要改进的。"这说明，虽然师范生在学校学习了许多理论知识，但是真正走上讲台时，还是发现自己的教学能力存在不足。

有这样一个调查，通过将刚刚毕业的青年教师与入职多年的中老年教师比较，来发现师范生与教师之间在基础技能上的差异。调查将教师分为4个年龄段，并将他们的基本技能评分，1分为最高，5分为最低。通过比较基本技能评分的平均值并做相应的检验，就能证明这种差异是否存在以及师范生在哪些方面明显存在不足。

1. 信息技术应用能力

当今信息技术突飞猛进，其应用更是迅速渗透到社会的各个领域。从表6-12可看出，在计算机操作和课件制作方面，不同年龄教师之间是有差异的（Sig，0.001）。青年教师得分较高，具有明显的优势，这与青年人容易接受新事物，并且学习能力强有关。但是，青年教师又缺乏深入思考。因而有部分教师认为，编写和制作好了多媒体课件就等于把一堂课备好了，而没有进行细节设计。于是，教学活动就变成了幻灯片放映，受课件的编制形式所累，教学活动被课件材料牵着鼻子走。这种做法限制甚至遏制了学生思维能力尤其是求异思维的发展，不利于鼓励创新，也与素质教育的原则背道而驰。有些中老年教师认为与计算机有关的一切都是年轻人的事，对于计算机、网络等避之不及，他们决心用传统的教育方式坚持到退休。

表6-12 不同年龄段教师测评

基本技能＼年龄	25岁以下	26—35岁	36—45岁	46岁以上	F值	显著性Sig
计算机操作	2.29	2.44	2.89	3.34	17.815	0.000
课件制作	2.37	2.60	3.14	3.86	29.446	0.000

2. 书写技能和口语技能

在书写技能和口语技能方面，不同的年龄教师之间的差异也很显著（Sig<0.05），如

表 6-13 所示。青年教师得分普遍较低，而中老教师的得分较高，且年纪越大，得分越高。这说明青年教师需要在这些技能方面实现突破，加强自己薄弱的地方。事实上，口语与文字表达以及"三笔"的技能都是可以在师范院校通过专门的手段来加以提升的，无须等到教学实践时才临时抱佛脚。

表 6-13 不同年龄段教师书写技能和口才技能测评

年龄 基本技能	25 岁以下	26—35 岁	36—45 岁	46 岁以上	F 值	显著性 Sig
粉笔字	2.58	2.24	2.19	2.17	4.572	0.004
口语表达	1.97	1.81	1.78	1.51	4.410	0.005
文字表达	2.41	2.16	2.09	1.97	4.063	0.007
毛笔字	3.36	3.11	3.13	2.74	3.229	0.02
钢笔字	2.51	2.25	2.23	2.20	2.563	0.05

在调查中，一些中老年教师是这么评价刚毕业当教师的年轻人的，"现在上海的师范生虽然普通话大部分都是合格的，但是让他们上课还是不行，有的师范生语速过快，让学生听不清他在讲什么内容，或者就是根本没反应过来他刚刚讲了什么；而且大部分师范生的语调过于平淡，缺乏抑扬顿挫；又或语调生硬，缺乏激情和感染力，导致课堂气氛沉闷、枯燥、缺乏生气，使学生昏昏欲睡，根本就无心上课；有的师范生因为受到过度紧张等心理因素的影响，导致口语表达吞吞吐吐，结结巴巴；在课堂模拟教学和实习教学中，有的师范生因知识面狭窄而导致语言贫乏空洞；而且很多师范生的学科语言表达过于口语化，失去了教学的科学性；又或是教学语言过于学术化，失去了教学的趣味性。"

许多学生的教学口语很难体现出其应有的规律和要求，基本上是任意发挥，存在各种各样的问题。例如，讲析语不够透彻，归纳语不够系统，点拨语未能做到"适时""适度"，提问语中问题的设计及提问的策略不恰当（有的则根本不提问或很少提问），评价语难以达到"有见地，精当"的要求等。

3. 体态语言技能

体态语言，亦称"人体示意语言""身体言语表现""态势语""动作语言"等，是人际交往中一种通过面部表情、体态、动作等进行传情达意的方式。美国心理学家伯特·梅宾（Alber Mebrabian）总结出如下的公式：交流一项信息的总效果＝7％词语＋38％声音＋55％的面部表情。美国的另一位心理学家阿伯特·梅哈拉也说："在感情交流上，无言的举止往往比语言更传情。"可见，虽然体态语言是一种无声的语言，但是它对于课堂教学活动的影响却是巨大的。著名的教育家马卡连柯也指出："教育技巧，也表现在教师运用声调和控制面部表情上""我相信在高等师范学校里，将来必然要教授关于声调、姿态、运用器官、运用表情等课程，没有这样的训练，我是想象不出来可能进行教师工作的"。心理学调查也表明，如果教师在课堂上毫无表情地讲课，则学生只能接受课堂信息的25％；如果教师使用教具（如图表、字幕等），则学生接受的课堂信息能提高到40％～50％；如果使用手势、表情等态势语，则学生接受的信息则可达到75％以上。由此可见，能够很好地利用体态语言来辅助教学，应该成为教师一种必备的技能。

然而，很多师范生在这些方面存在不足。比如，师范生在讲台上的站姿、手势语、表情语的运用，甚至是翻书的方式，在教室中教师走路的姿势，都存在着许多问题。许多师范生在课堂中根本不能恰当地运用最基本的微笑和手势来感染学生，更多的则是一副忐忑不安或者面无表情的样子；在讲台上，许多师范生失去了年轻人应有的蓬勃朝气，他们弯腰驼背，或双手撑着讲桌，使学生觉得非常呆板僵硬，死气沉沉；很少有师范生善于运用这个"表现力最强、使用最灵活、最方便"的手势语来辅助教学，对教师眼神表情语随教学情境变化而改变，实习生的表现同样难以令人满意。

在与中老年教师交谈中他们也透露，"刚毕业的师范生反应太呆板了，不会根据所讲的内容不同，改变自己的动作，如面部表情、站着的姿态等；还有一些在站着的时候，小动作不断，如摸头发、拉衣服拉链等，很多小动作都在不经意间做出来了。"

4. 教学技能

师范生了解设计内容，但是不善于实际的操作。师范生对于备课环节的认识是较全面的，但是，师范生在研习教材重点难点、了解学生的基础知识与接收能力、进行教学方法的具体设计等方面的技能还比较差。

师范生虽然知道基本程序，但不会驾驭课堂。师范生对于"复习旧的知识—导入新的知识—讲授新课—复习巩固—布置作业"等课堂教学的基本程序是比较了解的，但是在进行实际教学的时候，对于如何恰当地提出难题、如何引导学生思考、如何开展良好的师生互动、如何建立和谐的课堂氛围等方面的技能比较欠缺。一些中老年教师说，"刚毕业的师范生，他们理论知识挺丰富的，他们的教学理论还是挺有一套的，但是，真的走上讲台上课，问题很多。例如，对于一堂课的节奏把握不准，提出来的问题难易有时候不是很适当，讲课不知道要深浅适度，不是讲的太深学生根本都不知道他们在说什么，就是太浅了，学生都懂了，还反复讲。"

（二）师范生对教师的身份认同模糊不清

教师的身份认同是指教师自我对社会所界定的教师内涵的认知与体验，确认自己作为一位教师，允诺和遵从作为教师的规范准则，把教师职业作为自己身份的重要标志。从某种意义上来说，教师的身份认同就是对于教师的这一职业的认同。

日常学习生活是师范生体验和追求教师身份价值和意义的现实基础。但是师范生日常学习并没有一改中小学课堂灌输式的教学，这样的日常学习使得师范生的日常生活显得单调和重复，而从小学至大学，我们已经习惯于被动学习、被灌输知识，这种学习态度造成师范生陷入一种"无意义感""无力感"的身份认同危机之中。有的师范生说："大一的时候，虽然只是上一些理论课程，但对教师行业还是有所期待的。但是等到大二后，依旧还是这种枯燥重复的学习让人感到十分讨厌。感觉真正有用的知识很少，许多课程在实际工作中，根本运用不到，比如'终身教育'。而且我们学的大部分都是应试知识，大都是考过就忘的，至于真正学到的知识，实在很少。理论课程学习起来十分无聊，只能以灌输式的教学为主，死记硬背，真的让我们有种无能为力的感觉。但是，我觉得我以后可能还是要做老师的，毕竟我是从师范专业毕业的。"日复一日的、枯燥重复的学习生活渐渐地侵蚀了师范生对于学习的激情，磨灭了师范生对于专业发展的行动意愿。有的师范生对教师这一职业没有更多的期望，也没有为之不断奋斗的激情，而仅仅是依赖于课程学习所获得的知识。学习之于他们就如同一叶随波逐流的小舟，没有给生活留下任何深刻而又强有力的目的感的东西,激情失落了,生活几乎没有留下任何渴望。

另一方面,大学里的教师大多数都是支持改革应试教育、倡导素质教育的,不希望学生只抓成绩和升学率,应该更注重科学探究,让学生拥有发散性思维和批判精神。所以师范生在学习的过程中也主动将这种观念作为自己最正确的价值观念。但是当师范生在真正参加日常教育实践工作时,教师所倡导的素质教育并没有真正动摇过应试教育,这两种观念的冲突不仅使教师在夹缝中艰难地、尴尬地生存,更严重的是造成了师范生"路在何方"的困惑,并且这两种严重对立与冲突的价值观念在师范生的心里造成了巨大的震撼,导致了他们自我价值定位的"摇摆"与"错乱",方向感的迷失使师范生陷入一种深深的"认同危机"之中。

从案例中我们可以看到,小 C 一直面临着"在学校时所学的知识与工作实际中遇到的问题相冲突,在学校 4 年的大学生活与实际的教学环境脱离,所接受的观念和知识无法解决工作中遇到的实际问题。"而正是因为这些问题,使得小 C 彷徨和摇摆,方向感渐渐迷失,只能陷入迷茫的困境之中,小 C 心中的教师和实际工作中的教师有一定出入,这种不认同感小 C 也无法通过自身调整过来,随着时间的累积,逐渐造成小 C 对于教师这一职业的怀疑。并且"像小 C 遇到的问题很普遍,一些在师范大学毕业的学生都会遇到这样的问题。"说明这种身份认同模糊在大学生之间是普遍存在的。

二、造成培养师范生缺失的由来

(一)重视师范教育的学术性、轻视师范教育的师范性

这主要体现在师范院校设置的课程内容和课程结构当中。开设的教师教育课程主要有教育学、心理学和学科教学论,总体而言内容相对老化,缺乏针对性,不利于教师教育专业发展所需要的知识与能力的培养,难以体现师范院校鲜明的师范特色;课程结构不合理,综合课程比例大,学科课程比例少;知识课程多,技能课程少。

(二)师范生的知识与技能严重割裂

在一般的师范教育的技能培养中,知识传授与技能培养是分开的,它割裂了知识与技能的内在联系。的确,在师范生未来成为教师教学时,是需要有一定的理论知识,但师范生仍然感到这些理论知识过于抽象,课堂变得过于枯燥乏味,使得他们不愿去学习这些知识。不管是否愿意承认,无论第一线的中小学教师,还是将来要做"人民教师"的现在的师范生,都是不会愿意仅限于只听教师抽象地谈论"教学论研究的对象是什么、任务是什么、学科性质是如何人如何"等内容的。

师范院校现行的教育学、心理学、课程论等课程内容的抽象程度很高,它过于强调学科的知识性和逻辑性,缺乏科学实证研究,不能用来分析和解释实际的教育问题,存在着原理多,缺乏与教育实践的紧密联系,不能够有效地提高师范生的教学技能和素养。这样一来,师范生的素质难以得到基层学校的认可,从而也影响学生的就业。

(三)实践环节相对薄弱

教育实践是师范生从学生身份向教师身份进行角色转换的重要过程。然而,师范生专业实习只有四周,只占四年总学时的 4%;教育见习的时间又不确定,并且流于形式。比如,见习只是让学生参观一下校园,根本就没有旁听课,这样的见习就无法为实习起到准备工作。此外,在教育实习前又缺乏必要的教学技能训练。在这短短的四周内,师范生既

要了解如何备课、写教案，又要走上讲台试讲，还要了解如何讲课和管理班级，很难取得良好的效果。

（四）师范生消极被动的学习态度

由于在高中学习阶段受到应试教育的影响，师范生大都养成了消极被动的学习态度，不仅影响了其教师身份认同的形成与发展，而且还让师范生对于理论知识和专业技能都不能很好地掌握。一方面，在师范院校较为宽松自由的学习氛围下，这种学习态度使他们变得懒散，对学习和工作没有了热情，失去了学习的目标和动力，没有学习热情和学习动力的师范生，如何能掌握书本上的理论知识呢？更进一步说，又如何自发地去提高自己的教学技能和专业技能呢？另一方面，师范生在学习过程中，往往是毫无批判地采纳或接受教师所传授的知识。这种消极被动的学习状态贬抑了师范生应有的批判性、自主性和创造性。这样，使得许多师范生对自己能否胜任教师这个职业"心里没底"，教学效能感普遍不高，进而导致他们自己对能否成为教师一员心存疑虑。

三、对策

（一）调整教师教育课程

随着社会的不断进步和基础教育改革的持续推进，教师教育应从关注数量转向关注质量。新时代的教师要具有教育信念与责任、教育知识与技能、教师实践与体验三方面的素养。为了培养符合时代要求、具有合格专业素养的新型教师，我们应调整和改革教师教育课程。

在选择课程类型时，应增设一些微型课程和有效规划的隐性课程为主，以学科专业课程的渗透为辅，保证课程设置的新颖性。在课程内容选择上，以实践事例为主，理论学习为辅，以确保课程学习的可读性，让学生有兴趣去学习这些知识。在课程形式上，以探讨为主，说教为辅，保证课程学习的实效性。

建立健全有针对性的师范生教学实践能力培养体系，加强相关课程的建设。师范生教学实践能力的培养是一个系统的培养和提高的过程。因此，无论是相关课程的设置，还是培养阶段的构成，都应该是一个系统的、循序渐进的过程，而绝不是简单地开设一两门课程就能达到的目标。此外，许多高校在相关课程的设置和培训体系上，也不够全面和充分，如有的仅仅是开设"教师口语""普通话训练"课程及三笔字等基本功过关培训。教师体态语言的使用技能也就是"教师口语"课程中一两节课的内容，有的只是放一些视频，让学生根据视频中老师的教态来模仿，这些课程的开设最多不过就是一个学期的时间，对于需要系统培养和逐步提高的教学实践能力而言，显然是远远不够的。

（二）构建多元化实践空间，促进知识与技能的有效融合

作为一门专业技能，教学实践能力当然需要在大量的教学实践活动中去培养，而不是仅仅在课堂上听教师讲授几门课所能培养起来的。这恰恰又是许多高校在对师范生教学实践能力培养上的一个薄弱环节，实践活动几乎就只剩下教育实习。这也是导致部分学生在进行教育实习时不知所措或漏洞百出的重要原因。因此，为有效培养师范生的教学技能，必须提供多样化的实践形式和足够的实践机会。

1. 提供丰富的课堂教学实践机会

各课程的课堂教学应当结合教学内容，充分利用计算机技术、网络技术和多媒体技术

为师范生创建课堂教学实践的机会。特别是结合学科教学内容,为师范生创作作为学习者或指导者参与到整合了多种技术的教学活动中的实践机会。师范生通过这些活动的参与,不仅充分掌握课程所教授的理论知识,而且相关教学法的使用规则和技术应用方法都将内化成为影响他们未来教学的隐性知识。

2. 完善微格教学技能训练机制,开展微格课例研究

结合所设置的课程,如"教育评价""教育原理""教育心理学"和"课程与教学论"等安排训练不同的内容。首先,师范院校一定要保障微格训练时间,保障每次训练都有教师临场指导,进而保障训练效果和质量。其次,开展微格教学与课例研究有机结合的微格课例研究,为教师提供一个面向真实教学问题并能在行动中学习、反思和提高的平台,拓展他们的知识。

3. 完善实习保障机制,提供教学实践机会

从实习基地建设和实习时间两个方面为学生的实习提供强有力的保障,从而为学生提供训练综合应用教学法知识和信息技术技能的机会。这些实践机会的获取与合理利用对其教学技能的提升有着深远的意义。

(三)促进师范生的自我反思

布鲁克菲德曾经指出:"如果不进行批判和反思,我们生活在当今也无异于生活在过去的牢笼里。如果不进行批判和反思,就会总是认为事情的对与错、是与非应当由专家说了算。于是,我们永远只能从别人那里明白做任何事的意义,于是任何时候的教学都是在实现别人的思想。"由此可见,反思对于师范生自我发展具有重要意义。

自我反思、自我批评能够使师范生更清晰地认识教育教学理论和教学现实,从而改变自身消极被动的学习状态,寻找自我"成为教师"的方向。师范生对于自身的生存状态、学习状态的反思和批评,有利于他们将个人生活与专业生活相互关联,在日常学习生活中体验教师身份的价值与意义。例如,如果师范生具备对自身教学专业技能的培养和增强意识,并且这种意识很紧迫,这无疑是可以辅助师范生自己解决这一问题,没有这一点,其他的努力都将失去意义。因此,只有当师范生反思自己的不足,才能充分认识到提高自身教学实践能力的重要性和紧迫感,不断自觉地增强学生提高自身教学实践能力的意识。就像案例中的小C,她对于在学校时所学的知识与工作实际中遇到的问题相冲突无法解决时,教师应及时发现并引导师范生自己反思并解决这种问题,这更有利于师范生对于教师这一职业的认同,弥补自身与教师角色的差距从而促进师范生对"我将要成为谁""我要成为怎么样的教师"的自我觉醒和慎思,确定自己继续前进的方向。

(四)加强师范生职业伦理教育和师德教育

教师职业伦理教育和师德教育是教师专业化发展的关键。尚未成为教师的师范生,其职业伦理的建设和师德的培养通常在成为教师之后才被重视。教师职业伦理的培养和师德的培养应该贯穿师范生在校学习和任教期间。

对教师职业伦理和师德的培养,应该从师范生填报志愿那天就开始,而不是等到师范生成为教师。此外,在高校学习期间就应该对师范生的教师职业伦理建设和师德培养高度重视。因此,转变高校教育不重视教师职业伦理建设与师德培养这一错误观念,强化教师教育职前与职后职业伦理建设和师德培养的理念势在必行。

首先,将"思想道德修养"的课程改革,使其从"一般思想道德"课程转向"教师职

业伦理"课程；其次，结合当前对教师的素养要求，增设教师教育课程中关于教师职业伦理的课程，防止教师职业伦理课程的边缘化；最后，加强在实习中逐渐形成教师职业伦理道德和师德。师范生的教师职业伦理道德既不是在教室产生的，也不是在教师对师范生进行专业理论灌输下产生的，更不是在师范生自我想象中产生的，而是在真实的教育教学情境中，学生真实地与师范生"面对面"地交往、沟通、达到心灵的碰撞、交融，并逐渐融入其对教育事业和学生无比的热爱、自发地投入真挚的情感这一过程中慢慢孕育而成。对于准教师身份的师范生而言，其教师专业伦理的养成同样需要真实的、长期的教育教学实践活动。

（杨希奕）

参 考 文 献

[1] 黄全愈.素质教育在美国——留美博士眼里的中美教育[M].广州：广东教育出版社,1999.
[2] 郭清芬.论新任教师的自我效能感及培养策略[M].天津：天津市教科院学报,2009.
[3] 〔苏〕B.A.苏霍姆林斯基.给教师的建议[M].杜殿坤,编译.北京：教育科学出版社,1984.
[4] 谢金国.走进杜朗口自主学习的教学模式[M].北京：中国林业出版社,2009.
[5] 联合国教科文组织教育发展委员会.学会生存——教育世界的今天和明天[M].北京：教育科学出版社,1996。
[6] 于承敏,张民.新课程标准下师范生培养的若干思考[J].高效讲坛,2009,(31).
[7] 刘兆伟主编,中华传统文化大略[M].沈阳：辽宁大学出版社,1994.
[8] 〔苏〕B.A.苏霍姆林斯基.帕夫雷什中学[M].赵玮等,译.北京：教育科学出版社,1983.
[9] 张万兴,赵平俊.促进学生的主体性发展[M].北京：中央民族大学出版社,2004.
[10] 肖文娥,石国兴,王德林.素质教育概论[M].北京：国防大学出版社,2000.
[11] 石国兴.现代教育理论与方法概要[M].北京：新华出版社,1998.
[12] 叶澜.教师角色与教师发展新探[M].北京：教育科学出版社,2001.
[13] 托尔斯泰.教育的果实[M].北京：作家出版社,1954.
[14] 王道俊,王汉澜.教育学[M].北京：人民教育出版社,1999.
[15] 潜苗金.学记[M].杭州：浙江古籍出版社,2011.
[16] 中华人民共和国国家统计局.中国统计年鉴(2011)[M].北京：中国统计出版社,2011.
[17] 黄希庭.心理学导论[M].北京：人民教育出版社,2007.
[18] 〔苏〕B.A.苏霍姆林斯基.给教师的一百条建议[M].王义高等,译.天津：天津人民出版社,1981.
[19] 贺光雄.能力本位师范教育[M].高雄：复文图书出版社,1984.
[20] 特拉弗斯.教师个性品质的塑造[A].瞿葆奎.教育学文集·教师[C].北京：人民教育出版社,1991.
[21] S.拉塞克,G.维迪努.从现在到2000年教育内容发展的全球展望[M].马胜利等,译.北京：教育科学出版社,1996.
[22] 〔罗马〕昆体良.昆体良教育论著选[M].任钟印,译.北京：人民教育出版社,2001.
[23] 〔英〕约翰·洛克.教育漫话[M].北京：人民教育出版社,1985.
[24] 傅道春.教师的成长与发展[M].北京：教育科学出版社,2001.
[25] 联合国教科文组织.全球教育发展的历史轨迹——联合国教科文组织国际教育大会建议书专集[C].赵中建,主译.北京：教育科学出版社,2005.

[26] 胡森. 国际教育百科全书[M]. 第8卷. 贵阳：贵州教育出版社，1990.
[27] 黄希庭. 心理学导论[M]. 北京：人民教育出版社，2007.
[28] 佐藤学，钟启泉译. 课程与教师[M]. 北京：教育科学出版社，2003.
[29] 〔日〕黑柳彻子. 窗边的小豆豆[M]. 赵玉皎，译. 海口：南海出版公司，2003.
[30] 胡塞尔. 欧洲科学的危机与超越论的现象学[M]. 北京：商务印书馆，2001.
[31] 钟启泉，崔允漷，张华. 基础教育课程改革纲要（试行）解读[M]. 上海：华东师范大学出版社，2001.
[32] 亚米契斯. 爱的教育[M]. 夏丏尊，译. 南宁：广西师范大学出版社，2004.
[33] 陆有铨. 教育是合作的艺术[M]. 北京：北京大学出版社，2012.
[34] 马克思. 1844年经济学哲学手稿[M]. 北京：人民出版社，2000.
[35] 刘次林. 道德教育的另一种思路[M]. 北京：教育科学出版社，2008.
[36] 〔加〕范梅南. 教学机智：教育智慧的意蕴[M]. 李树英，译. 北京：教育科学出版社，2001.
[37] 〔美〕诺丁斯. 学会关心：教育的另一种模式[M]. 于天龙，译. 北京：教育科学出版社，2003.
[38] 〔美〕杜威. 民主主义与教育[M]. 王承绪，译. 北京：人民教育出版社，1984.
[39] 佟立. 西方后现代主义哲学思潮研究[M]. 天津：天津人民出版社，2003.
[40] 金生鈜. 理解与教育[M]. 北京：教育科学出版社，1997.
[41] 张民选. 比较初等教育[M]. 北京：中央广播电视大学出版社，2004.
[42] 任文田. 掀起课堂教学小高潮艺术[M]. 北京：中国林业出版社，2001.
[43] 〔苏〕马卡连柯. 论共产主义教育[M]. 北京：人民教育出版社，1979.
[44] 金美福. 教师自主发展论[M]. 北京：教育科学出版社，2005.
[45] 王汝印. 大学生应养成良好的生活习惯[J]. 中国校外教育，2009，(34).
[46] 任自然. 浅议如何加强大学生自我管理[J]. 哈尔滨职业技术学院学报，2011，(3).
[47] 棒喝时代：大学生，你们应该学会怎样做儿子. http://edu.163.com/edu2004/editor_2004/school/041227/041227_171382.html.
[48] 杨小芳. 新时期师生关系状况的理性审视与重建[J]. 教育学术月刊，2010，(12).
[49] 黄国红. 大学新生人际关系适应不良的心理咨询案例报告分析[J]. 九江学院学报，2010.
[50] 田雨普，朱佳滨，明君. 独生子女与我国学校体育的改革[J]. 体育学刊，2001，(3).
[51] 陈安名. 浅谈师范生就业应具备的条件[J]. 当代教育论坛，2008，(11).
[52] 段丹东. 师范生就业难的表现特征及失业的类型[J]. 科学咨询，2008，(13).
[53] 管元生. 师范生就业困境及出路[J]. 重庆电子工程职业学院学报，2012，(2).
[54] 周贤. 浅析师范生就业难问题及对策[J]. 科教导刊（上旬刊），2011，(12).
[55] 周仕敏. 师范大学一群大学生坚持五年义务支教故事[N]. 中国教育报，2012-12-17.
[56] 张晋兰，于丽萍. 谈21世纪人才必备的素质[J]. 社科纵横，1995，(3).
[57] 李翠英. 新形势下师范院校如何适应基础教育的改革[J]. 忻州师范学院院报，2010，(6).
[58] 盛迪韵. 教学实践能力的涌现——从日本教师教育课程模式谈起[J]. 上海师范大学学

报,2012,(1).

[59] 史宁中,董玉琦.提高中小学教师培养质量的若干策略[J].东北师大学报,2008,(6).

[60] 张祥浩,石开斌.中国传统文化与思想政治教育的创新[J].东南大学学报(哲学社会科学版),2008,(5).

[61] 谭小宝.对当今大学生传统文化教育的思考[J].当代教育论坛,2008,(8).

[62] 王琳.当代大学生对传统文化认识问题的调查与分析[J].传承,2010,(21).

[63] 冯彪,祝璇.当今社会中国传统文化现状分析及解决对策[J].中国电力教育,2010,(33).

[64] 汤耀平."90后"大学生对传统文化的认知和态度——广东10所高校大学生的问卷调查与分析[J].思想教育研究,2011,(6).

[65] 李凯,张烨,楼天宇."90后"大学生传统文化教育研究[J].文教资料,2012,(6).

[66] 全国斌.师范院校传统文化教育的缺失与对策[J].教育理论与实践,2011,(9).

[67] 宁传华.谈高师院校的传统文化教育[J].教育探索,2012,(2).

[68] 刘鸿雁.关于高校资产管理的思考[J].华北煤炭医学院学报,2009,(5).

[69] 芮忠,高忠芳.新形势下大学生传统文化教育路径探析[J].北京教育,2012,(3).

[70] 赵君尧.台湾高校传统文化教育的有益启示[J].福建省社会主义学院学报,2012,(5).

[71] 张红霞,曲铭峰.研究型大学与普通高校本科教学的差异及启示——基于全国72所高校的问卷调查[J].中国大学教学,2007,(4).

[72] 高迎浩.从国外公开课反思国内大学课堂教学——关于"逃课"和"淘课"的一些思考[J].河北农业大学学报(农林教育版),2012,(4).

[73] 董开荣.新课程理念下课堂教学的几点思考[J].2009,(9).

[74] 王宏歌.教育不是克隆——谈教育创新的个性化[J].郑州铁路职业技术学报,2008,(3).

[75] 曹献方.对高校课堂教学的反思与对策[J].改革与开放,2010,(6).

[76] 宋立泽.英国基础教育状况观察与思考[J].基础教育外语教学研究,2003,(6).

[77] 王素霞.扫描英国中小学教育[J].外国中小学教育,2006,(3).

[78] 黄金愈.素质教育在美国. http://www.doc88.com/p-999390076744.html,2011-11-21.

[79] 范建梅.你的教鞭下有瓦特[J].江西教育.2011,(Z2).

[80] 王玉兰.对教育理念的若干思考[J].现代教育科学,2002,(12).

[81] 李海,邓娜,杨小雯.论教学理念及其对教学的影响[J].教学研究,2004,(3).

[82] 王继华.教育潜规则与师德积弊辨析[J].河南教育学院学报(哲学社会科学版),2010,(5).

[83] 杨万义.当前高校师德建设的主要问题与解决路径研究[J].中国青年研究,2009,(9).

[84] 唐亦勤.从中华传统师德看当代师德的构建[J].北京教育学院学报,2003,(4).

[85] 章泽.中国古代教师素质观浅论[J].徽州师专学报,1997,(11).

[86] 李静.从中国传统的师德观浅谈当代高等学校的师德建设[J].黑龙江教育学院学报,2008,(2).

[87] 景明明.信息时代师德现状分析及其对策[J].科技信息,2012,(10).

[88] 张艳.师德缺失现象的原因分析及对策研究[J].教育理论,2011,(6).

[89] 汤林春,张文周,朱光华.城市中小学教师工作压力的现状与对策[J].上海教育科研,2009,(9).

[90] 刘一丁.馆陶县高三班主任之死[N].新京报,2012-05-28：A14.

[91] 袁柳.体检结果吓一跳多数老师"压力山大"患上精神疾病[N].无锡日报,2012-11-2：A4.

[92] 张谷风.全省高考前100名无一报读师范[N].钱江晚报,2009-07-30：A14.

[93] 麦可思研究院.奈何明月照沟渠——大学毕业生从教分析[J].麦可思研究,2012,(124).

[94] 吴秋芬.教师专业性向的内涵及其特征[J].中国教育学刊,2008,(2).

[95] 朱永新.透视教师"职业倦怠"呼吁重建职业认.http://www.old.hnedu.cn/web/0/200907/16211329296.html.

[96] 徐学俊,吕莉.大学优秀教师心理素质结构的理论建构及量表编[J].湖北大学学报(哲学社会科学版),2011,(6).

[97] 迟秀铭,王焕景.浅析师范生教育实习中的专业发展问题[J].曲阜师范大学高教研究,2012,(31).

[98] 孙正聿.理论及其与实践的辩证关系[N].光明日报,2009-11-24.

[99] 钟启泉.教学实践与教师专业发展[J].全球教育展望,2007,(10).

[100] 高月琴.我的教师之路[J].中小学教师培训,2007,(1).

[101] 看看国外各国的语文课都教些什么.http://edu.online.sh.cn.2011-02-16.

[102] 孙建兵."舍弃"是一种艺术——关于语文教材解读艺术的思考[J].教育科研论坛,2010,(8).

[103] 雷实.借鉴国外经验改进我国语文教学[J].湖北教育,2002,(7).

[104] 蒋军晶.我们不是"一般"的读者——从"文本解读"走向"教学解读"[J].语文教学通讯,2011,(6).

[105] 王俊亮.培养健康成熟的教育心态——着眼于教师成长深处的思考[J].齐鲁师范学院学报,2011,(6).

[106] 段丹东.师范生就业困难的自身原因及对策思考[J].科学咨询,2008,(15).

[107] 何菊玲.教师专业成长的现象学旨趣[J],教育研究,2010,(11).

[108] 叶澜.新世纪教师专业素养初探[J].教育研究与实验,1998,(1).

[109] 丁念金.有效校本课程决策的条件分析[J].全球教育展望,2010,(8).

[110] 上海市教育委员会."2012年上海市中小学和幼儿园教师资格考试改革试点工作实施方案"的通知[R].http://www.shmec.gov.cn/html/xxgk/201205/406022012001.php.

[111] 陈文琦,韩彬.由教师资格证书制度引发的高师教育改革的思考[J].教育与职业,2006,(5).

[112] 房春艳,王中兴.从知识载体的历史变迁看教师职业未来发展趋势[J].山西教育(高教版),2008,(9).

[113] 郭祥超.教育实践的受动性与教师的"不做"[J].教育研究,2012,(11).

[114] 郭思乐.静待花开的智慧：教育是效果之道还是结果之道——关于有效教学的讨论

[J].教育研究,2011,(2).

[115] Fran Sendbuehler. (1993). Silence as Discourse. http://www.mouton-noir.org/writings/silence.html.

[116] 王娜娜,李德显.沉默:一种被忽视的教学机智[J].全球教育展望,2007,(7).

[117] 谢培松.综合培养 分向发展——本科层次小学教师培养模式的构建[J].湖南师范大学教育科学学报,2007,(01).

[118] 2011年高考之案例篇:做个师范生也挺好.http://www.anhui.cc/news/20110511/42379.shtml 2011-05-11.

[119] 葛圣洁,肖春飞.教师招聘,师范生为何不吃香了.http://news.xin-huanet.com/focus/2008-10/30/content_10243536.htm 2010-10-30.

[120] 陈文娇.关于师范生专业技能状况的调查与分析[J].大学(研究与评价),2008,(6).

[121] 周福雄.论高校师范生教学实践能力的不足及其培养[J].中国电力教育,2011,(1).

[122] 林一钢,冯虹.师范生教师身份认同危机及其原因探析[J].全球教育展望杂志,2011,(8).

[123] 谢冬平.地方综合性院校师范生技能培养中存在的问题及策略探讨[J].红河学院学报,2012,(4).

[124] 刘雄英.师范生教育信念的养成——基于课程与教学论的视角[J].教育与职业,2010,(24).

[125] 刘义兵.论师范生的教师专业伦理建构与培养[J].西南大学学报(社会科学版),2011,(5).

后　记

美国社会学家卡尔·桑德斯认为:"所谓专业是指一群人从事一种需要专门技术的职业。专业是一种需要特殊智力来培养和完成的职业,其目的在于提供专门性的服务。"美国的卡内基工作小组、霍姆斯小组相继发表《国家为培养21世纪的教师作准备》《明天的教师》两个重要报告,提出创立全国教师专业标准委员会,确定教师应该懂得什么,应该会做什么,并在制定的《教师专业化标准大纲》中提出,教师的专业教育应包括:把教学和学校教育作为一个完整的学科研究,学科教育学的知识,课堂教学中应有的知识和技能,教学专业独有的素质、价值观和道德责任感以及对教学实践的指导,而以什么为标准来确立教师发展的价值取向日益成为学界研究的重点,由此可以确定未来教师的价值观必须得到关注。

本书是由上海师范大学教育学院师范生通过小组发表、相互质疑、全班研讨、达成共识而执笔成文的。尽管他们的思想还未成熟、羽翼尚未丰满,但他们依然有自己独到的见解,从他们各自的课堂学习、课外学习、现实生活、职业认同、未来发展及学生培养等六个维度来探讨他们在成长中的困惑,并对教师这一事业具有美好的愿景。

本书是上海市教委"085"工程资助上海师范大学"教师教育学科群内涵与特色建设"项目和"教育学"一流学科建设项目的主要研究成果之一,系教育部人文科学研究规划基金项目"教师专业发展的实证研究"(批准编号:14YJA880010)的最终成果。本书各篇章编写分工如下:第一篇由邓玫琦负责,第二篇由施帅负责,第三篇由颜雯负责,第四篇由鲍明洁负责,第五篇由李亚琳、顾乃琛负责,第六篇由吴谷丰负责,全书的组织及最后统稿工作由吴艳负责,2012级硕士生肖楠楠、张诗雅、赵鑫、李尚洋参与统稿和文字编辑。

衷心感谢上海师范大学教育学院和北京大学出版社的大力支持,特别感谢陈永明院长的精心指导,感谢本丛书负责人姚成龙和编辑温丹丹的无私帮助。在此,还要感谢教育学院2010级教育学专业同学和部分2012级研究生,他们对学术的执着追求和对教育问题的探索是本书问世的价值所在。

夫君子之行,静以修身,俭以养德,非淡泊无以明志,非宁静无以致远。是为后记。

吴艳

2015.5